中小企業のための
事業承継ハンドブック

事業承継スキームと
関連法規・税制、各種評価方法

日本公認会計士協会東京会［編］

清文社

序　文

　わが国の企業全体に占める中小企業の割合は会社数で考えれば、99％以上となっており、中小企業は地域経済のみではなく、雇用の確保等わが国経済においても極めて重要な役割を果たしています。近年は、経営者の高齢化や少子化等による後継者不足など、事業承継が円滑に進んでいない中小企業が増加傾向にあることから、国の施策として、平成20年5月に、①遺留分に関する民法の特例、②事業承継時の金融支援措置、③相続税・贈与税の納税猶予の特例（いわゆる事業承継税制）を柱とする「中小企業における経営の承継の円滑化に関する法律」が成立しました。平成25年度税制改正において、これらが拡充され、中小企業にとって、一層活用しやすいものになりました。また、平成18年5月に施行された会社法は、種類株式等中小企業の事業承継対策に活用できるスキーム等が用意され、その後の改正でさらに多様化され、選択肢が広がっています。このような様々な法制度が整備されているにもかかわらず、まだまだ十分には認知されておらず、活用もこれからかと思われます。

　日本公認会計士協会でも、中小企業支援を協会としての中心活動の一つとしてとらえ、平成25年9月に、中小企業支援対応プロジェクトチームを設置し、平成26年8月には、常置委員会として中小企業施策調査会を立ち上げ、事業承継もその支援事業の柱の一つとして掲げ、活動を既に開始しております。

　本書は、当協会の会員のみならず、中小企業支援に携わる全ての方、また、事業承継に問題を抱える経営者の方々のご参考となるよう、事業承継概論、事業承継スキームと関連法規、事業承継に係る各種評価方法等多岐にわたって解説をしております。

　本書の全体的構成は以下のとおりです。

　第1章では、事業承継概論として、事業承継対策の全体像についてその考え方を整理しています。

　第2章から第6章では、事業承継スキームの選定と関連法規の解説をしております。第2章は事業承継に係る民法の定め、第3章は事業承継に係る会社法

の定め、第4章は事業承継に係る税制全般について解説しています。第5章では、組織再編・M＆A等の活用した事業承継手法について解説し、第6章では、従業員持株会、信託、投資育成会社、財団等の事業承継検討時の活用について解説しています。

　また、事業承継に係る各種評価方法として、第7章で企業価値評価について、第8章で財産評価基本通達に基づく株式評価について解説しています。

　本書は、執筆にあたった日本公認会計士協会東京会の出版委員会委員・専門編集員・担当事務局、レビューにご協力いただいた日本公認会計士協会租税調査会・経営研究調査会の委員、日本公認会計士協会東京会税務第一委員会研究成果物編纂会議の専門編集員及び日本公認会計士協会東京会研修出版部担当役員他関係各位の尽力により刊行されたものであり、心から感謝の意を表します。また本書の刊行にあたってお世話になりました、株式会社清文社のご担当者諸氏に衷心より厚く御礼申し上げます。

　平成28年3月

日本公認会計士協会東京会

会長　柳澤　義一

執筆者一覧（公認会計士）

（五十音順）

＜平成25年度出版委員会委員＞

秋山　　丈

小澤　公一

亀尾　友人

北野修一郎

神足　勝彦

津谷　晴一

奈良　　真

成田　礼子

森山　武芳

山本　孝之

＜専門編集員＞

加藤　　茂

鯨岡健太郎

佐藤　敏郎

関口英二郎

花島　宣勝

平野　智彦

吉田　博之

目次

Ⅰ　事業承継概論

第1章　事業承継概論

Q1-1　事業承継とは……………………………………………………………　4

Q1-2　事業承継における後継者の選定……………………………………　13

Q1-3　事業承継対策の全体像………………………………………………　18

Q1-4　経営者の財産状況の把握と問題点の整理の仕方…………………　24

Q1-5　自社株を後継者に集中させて議決権を確保するための手法、
　　　　株式の分散を防止する手法………………………………………　29

Q1-6　事業承継に必要な資金と後継者の自社株承継に必要な資金の
　　　　確保………………………………………………………………………　38

Q1-7　事業承継における自社株評価引下げ対策…………………………　45

Q1-8　親族内に後継者がいない場合………………………………………　53

Ⅱ　事業承継スキームと関連法規

第2章　事業承継に係る民法の定め

Q2-1　法定相続人と法定相続分に関する民法の規定……………………　62

Q2-2　遺産分割に関する民法の規定………………………………………　69

Q2-3　遺贈と死因贈与に関する民法の規定………………………………　74

Q2-4　遺留分と遺留分減殺請求に関する民法の規定……………………　79

Q2-5　事業承継における遺留分減殺請求の問題…………………………　83

| Q2－6 | 遺留分に関する民法特例（除外合意、固定合意、付随合意） …… | 86 |
| Q2－7 | 相続人が不存在の場合 | 101 |

第3章 事業承継に係る会社法の定め

Q3－1	安定株主対策のための会社法の基礎知識	106
Q3－2	株式の譲渡制限	117
Q3－3	自己株式の取得における会社法の規制	122
Q3－4	種類株式	127
Q3－5	属人的株式	143
Q3－6	種類株式と属人的株式の相違点	151
Q3－7	新株予約権	154
Q3－8	単元株	160
Q3－9	株式併合	163
Q3－10	相続人等に対する自社株式の売渡請求制度	166
Q3－11	特別支配株主による株式等売渡請求制度	175

第4章 事業承継に係る税制

Q4－1	相続税の基礎知識	180
Q4－2	課税原因と納税義務者	182
Q4－3	課税財産と非課税財産	185
Q4－4－1	財産評価	189
Q4－4－2	小規模宅地等の計算の特例	196
Q4－4－3	株式及び出資の評価	200
Q4－4－4	その他の財産の評価	202
Q4－5	債務控除	203
Q4－6	相続税額の計算	205
Q4－7	贈与税の基礎知識	209
Q4－8	暦年課税の場合	216

Q4－9	相続時精算課税の概要	220
Q4－10	中小企業経営承継円滑法の概要	225
Q4－11	未上場株式等の贈与税の納税猶予制度	229
Q4－12	未上場株式等の相続税の納税猶予制度	238
Q4－13	贈与者が死亡した場合の相続税の課税の特例と相続税の納税猶予制度	247
Q4－14	未上場株式の相続税及び贈与税の納税猶予の税額	250
Q4－15	納税猶予制度を親族外承継等で活用する場合	253

第5章 組織再編・M＆A等の活用

| Q5－1 | M＆Aを活用した事業承継 | 256 |
| Q5－2 | 組織再編を活用した事業承継 | 262 |

第6章 従業員持株会、信託、投資育成会社、財団等の活用

| Q6 | 事業承継における財団、投資育成会社、従業員持株会及び信託 | 270 |

Ⅲ 事業承継に係る各種評価方法

第7章 企業価値評価

Q7－1	企業価値評価が必要な理由	282
Q7－2	企業価値評価の方法	284
Q7－3	インカム・アプローチとは	288
Q7－4	マーケット・アプローチとは	292
Q7－5	ネットアセット・アプローチ（コスト・アプローチ）とは	297

第8章　財産評価基本通達に基づく株式評価

Q 8 - 1　法人税法、所得税法、及び相続税法上の取引相場のない株式の
　　　　　評価方法‥‥‥‥‥‥‥‥‥‥‥‥‥‥‥‥‥‥‥‥‥‥‥‥　302

Q 8 - 2　上場株式の評価方法‥‥‥‥‥‥‥‥‥‥‥‥‥‥‥‥‥‥‥‥　308

Q 8 - 3　取引相場のない株式の評価（株主の態様による評価方法の選定）
　　　　　‥‥‥‥‥‥‥‥‥‥‥‥‥‥‥‥‥‥‥‥‥‥‥‥‥‥‥‥‥　316

Q 8 - 4　会社規模の判定及び採用する評価方法‥‥‥‥‥‥‥‥‥‥‥　321

Q 8 - 5　類似業種比準価額による評価方法‥‥‥‥‥‥‥‥‥‥‥‥‥　328

Q 8 - 6　純資産価額による評価方法‥‥‥‥‥‥‥‥‥‥‥‥‥‥‥‥　335

Q 8 - 7　取引相場のない株式の評価 - 配当還元方式‥‥‥‥‥‥‥‥　340

Q 8 - 8　株式保有特定会社の株式の評価方法‥‥‥‥‥‥‥‥‥‥‥‥　342

Q 8 - 9　営業権の評価方法‥‥‥‥‥‥‥‥‥‥‥‥‥‥‥‥‥‥‥‥　348

Q 8 -10　種類株式の評価方法‥‥‥‥‥‥‥‥‥‥‥‥‥‥‥‥‥‥‥　353

Q 8 -11　中小企業投資育成株式会社が投資する場合の株式の評価方法‥　360

（利用上の注意）

　　本書は、日本公認会計士協会東京会出版委員会の研究成果として公表す
るものであり、日本公認会計士協会の公式見解ではございません。
　　記載内容の利用に伴い結果として発生した不利益については、日本公認
会計士協会及び同東京会並びに当委員会では一切の責任を負いかねますの
で予めご承知おきください。

凡　例

本文中の主な法令通達等の略記は、下記によります。

民　　：民法
会　　：会社法
法法　：法人税法
所法　：所得税法
所基通：所得税基本通達
相法　：相続税法
相令　：相続税法施行令
相規　：相続税法施行規則
相基通：相続税法基本通達
評基通：財産評価基本通達
措法　：租税特別措置法
措令　：租税特別措置法施行令
措通　：租税特別措置法関係通達
経承法：中小企業における経営の承継の円滑化に関する法律
円滑化規則：中小企業における経営の承継の円滑化に関する法律施行規則
一般法：一般社団法人及び一般財団法人に関する法律
特別法：公益社団法人及び公益財団法人の認定等に関する法律
災免法：災害被害者に対する租税の減免、徴収猶予等に関する法律
災免令：災害被害者に対する租税の減免、徴収猶予等に関する法律の施行に関する
　　　　政令

I 事業承継概論

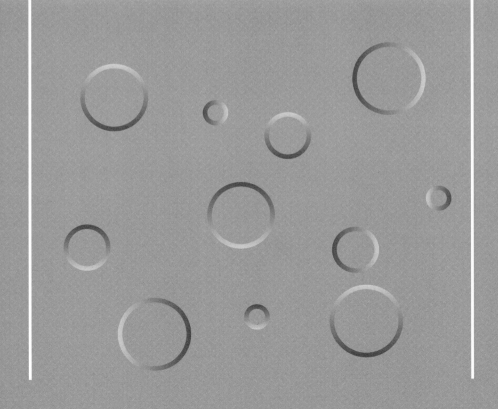

第 1 章

事業承継概論

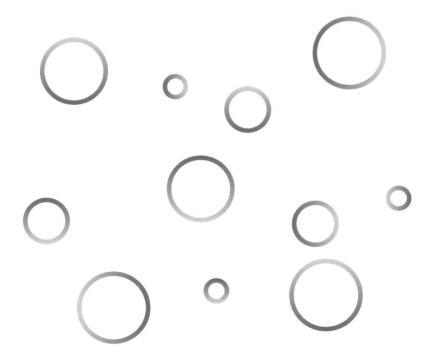

Ⅰ 事業承継概論

 1-1.
事業承継とは

事業承継対策の全体像について説明してください。

Answer ....

▶ポイント
- 事業承継対策とは、「事業における重要な業務や地位を引き継ぐ準備、もしくは引き継ぐ権利のための準備」を意味します。

1.「事業承継」とは

「事業承継」に明確な定義（誰もが知りうる定義）を与えている文献や書物はわが国には見当たりません。それぞれの立場や役割によって考え方が異なることから、一般的に受け入れられるように定義することは難しいと考えますが、その中で、独立行政法人 中小企業基盤整備機構は、「中小企業経営者のための事業承継対策（平成27年度版）」で、「事業承継とは、"現経営者から後継者へ事業のバトンタッチ"を行うことですが、企業がこれまで培ってきたさまざまな財産（人・物・金・知的財産）を上手に引き継ぐことが、承継後の経営を安定させるために重要です。」と定義しています。

また、アメリカでは日本で言うところの事業承継に該当する"Succeeding Business"、"Business Succession"についても、明確な定義が存在するわけではありません。ちなみに、海外で普及率の高い The Longman Dictionary of Contemporary English Online[1] で succession を引いてみると、以下の様な定義がされています。このうちの3が事業承継の「承継」に該当します。

【succession】

1 in succession happening one after the other without anything different happening in between:

2 a succession of something a number of people or things of the same kind following, coming or happening one after the other:

---

1 http://www.ldoceonline.com/dictionary/succession

第1章　事業承継概論

3　［uncountable］the act of taking over an official job or position, or the right to be the next to take it

この3を訳すと、「重要な業務や地位を引き継ぐ行為、もしくは次に受け継ぐ権利」となります。この定義がわかりやすいので便宜的に本書における事業承継の定義を、「事業における重要な業務や地位を引き継ぐ行為、もしくは引き継ぐ権利」としておきます。

２．「事業承継対策」とは

事業承継を便宜的に「事業における重要な業務や地位を引き継ぐ行為、もしくは引き継ぐ権利」としましたので、ここでも便宜的に事業承継対策を「事業における重要な業務や地位を引き継ぐ準備、もしくは引き継ぐ権利のための準備」と定義しておきます。

ただし、こうした定義だけでは、実務家としてはあまり役に立ちませんので、物事を考えるときの"5W1H"を若干アレンジして"4W3H"の考え方に従って、事業承継対策を定義します。具体的には、以下のとおりです。

「何を」（What）

「誰から」（from Who）

「誰に」（to Whom）

「どれだけ」（How much, many）

「いくらで」（How much）

「いつ」（When）

「どのように」（the way How）

以下、それぞれについて表形式で具体的に検討します。また、この検討の順番も大切です。

⑴　「何を」（What）

事業承継対策の対象となる権利等は経営権と財産権という分類がされることがありますが、会社法上の種類株式等により株式に表象される議決権相当と財産権相当を切り離して考えることが可能になりました。一方で、経営者の個人所有財産で会社の担保に供されているものや会社に対する貸付金等も当然に事

5

Ⅰ 事業承継概論

業承継対策の中で検討すべき財産であることから以下の３つに分類して検討する必要があります。

対　　象	内　　容
経営権	代表取締役や社長等の地位
議決権	株主総会等で行使できる会社法上の議決権
財産権	対象会社の株式、事業用資産等事業運営上必要となる財産を所有する権利。また、経営者が金融機関からの借入等に関し、債務保証をしている場合の簿外負債はマイナスの財産権を構成する。

⑵ 「誰から」（from Who）

多くの場合、直系親族である先代経営者からとなるのですが、最近では、傍系親族や次世代経営者が育つまでの一定期間を会社に長年勤めてきた全くの親族外である役員等に任せるケースもあります。また、⑴で記した「何を」が全て同一の者に帰属しておらず、例えば、議決権は創業時の単独所有から数代に渡って分散していることや最近では事業承継ファンドや中小企業投資育成等が保有していることも想定されます。財産権では、経営に参画していない親族の不動産等が金融機関の借入等の担保に供されていることもあるので、これらを整理して考える必要があります。そのため、「誰から」については、「直系親族である先代経営者」、「直系親族でない先代経営者」、「経営者ではない傍系親族」、

対　　象	直系親族である先代経営者	直系親族でない先代経営者	経営者ではない傍系親族	経営者ではない第三者
経営権				
議決権				
財産権				

「経営者ではない第三者」から対象となる財産等を引き継ぐ可能性について検討することになります。

(3) 「誰に」（to Whom）

「誰に」引き継ぐかの点でも上記(2)で検討したことと全く同じことを検討しなければなりません。すなわち、引き継ぐ者は必ずしも「直系親族である次世代経営者（もしくは現経営者)」でない可能性があるということです。具体的には、以下の表のような検討が必要です。「誰から」と「誰に」によるそれぞれの組み合わせに記載のある「何を」が事業承継対象となる具体的な検討対象となるものです。

誰から／誰に	直系親族である先代経営者	直系親族でない先代経営者	経営者ではない傍系親族	経営者ではない第三者
直系親族である次世代経営者	経営権 議決権 財産権	経営権 議決権 財産権	議決権 財産権	議決権 財産権
直系親族でない次世代経営者	経営権 議決権 財産権	経営権 議決権 財産権	議決権 財産権	議決権 財産権
傍系親族である次世代経営者	経営権 議決権 財産権	経営権 議決権 財産権	議決権 財産権	議決権 財産権
第三者	経営権 議決権 財産権	経営権 議決権 財産権	議決権 財産権	議決権 財産権
法人	議決権 財産権	議決権 財産権	議決権 財産権	議決権 財産権

I　事業承継概論

⑷　「どれだけ」（How much, many）

　⑶までの検討で、少なくとも、事業承継の対象となる財産等を誰から誰に引き継ぐのかまでの検討を終えています。次のステップは、経営権を除く「議決権」と「財産権」について、どの程度、引き継がせるのかの検討になります。この時に、例えば、相続時精算課税方式による贈与を活用して2,500万円までの非課税枠を使いたいとすると、その枠内で検討することになりますので、一度決めた「どれだけ」であっても以下の⑺の検討時に見直しをすることもあります。

対　象	一度に全部	段階的に全部	一　　部
議決権			
財産権			

⑸　「いくらで」（How much）

　この検討は、実務的には非常に重要になります。財産権の移動には当然に資金負担が生じますが、スキームの選択（移動方法の選択）によって財産権の移動に伴う税金を誰が実質的に負担するかが変わってくるからです。よって、このステップの検討も以下の⑺の検討時に見直しをすることもあります。また、財産権を移動するに際しては移動価額決定のための評価の問題も考慮しなければなりません。買い手はより安く、売り手はより高くと利害の相反する第三者間取引では移動価額の問題が生ずることは少ないですが、同族間の移動等では、いわゆる「お手盛り」になりやすいことから、税務上移動価額に制限が加えられる場合があります。正確には、当事者間での移動価額が税務上の算定方式等で求められる価額と異なる場合、通常の税負担に加えて、プラスアルファの税負担を強いられる可能性があるということです。これらをまとめると以下のようになります。

8

第1章　事業承継概論

取引形態 / 税負担		同族（個人間）		同族（個人→法人間）		第三者間（個人間）		第三者間（個人→法人間）	
		移動元	移動先	移動元	移動先	移動元	移動先	移動元	移動先
譲渡	通常の税負担	所得税	登録免許税 不動産取得税	所得税	登録免許税 不動産取得税	所得税	登録免許税 不動産取得税	所得税	登録免許税 不動産取得税
	追加的税負担の可能性	みなし譲渡益課税	贈与税	みなし譲渡益課税	法人税（株主に贈与税）	—	—	—	—
贈与（寄附）	通常の税負担	—	贈与税 登録免許税 不動産取得税	—	法人税 登録免許税 不動産取得税	—	贈与税 登録免許税 不動産取得税	—	法人税（株主に贈与税）
	追加的税負担の可能性	—	—	みなし譲渡益課税	株主に贈与税	—	—	みなし譲渡益課税	—
相続（遺贈）	通常の税負担	—	相続税 登録免許税	—	法人税 登録免許税 不動産取得税	—	（遺贈の場合）相続税 登録免許税 不動産取得税	—	法人税 登録免許税 不動産取得税
	追加的税負担の可能性	—	—	みなし譲渡益課税	株主に相続税	—	—	みなし譲渡益課税	—

9

Ⅰ　事業承継概論

　また、議決権の取得に関して財産権の取得とは別に資金負担等が生じる場合があります。通常株式を取得する場合、財産権の取得に伴い、議決権が付随してついてきますので、議決権の取得だけを意識することはありません。ただし、将来の議決権確保のために新株予約権を活用して潜在議決権を今の段階から取得しようとすることを検討していますと、新株予約権を行使して財産権である株式を取得する時点であらかじめ定めた行使価格相当の資金負担が生じますが、新株予約権の付与時点でも新株予約権の価値に対して対価を支払う可能性があります。実際には新株予約権という固有の財産に価値を認めているので、財産権に対する対価を支払っているのですが、ストックオプション的な（報酬としての）新株予約権の活用でなければ理論的には議決権の取得のための行使に対価を支払っているのであって、議決権を担保するための一時金的な意味合いになります。実際に新株予約権を行使すると、新株予約権の取得対価は、行使した株式の取得対価に含められるので、最終的には財産権の取得対価となります。

(6)　「いつ」（When）

　この検討は主として、先代経営者の「相続」時点を軸にその前後の期間で検討します。これは、多くの事業承継対策のために準備されたスキームや法律が、「相続」時点の前後でその適用の可否が異なるためです。具体的には、以下のとおりの時間軸で検討します。なお、相続開始3年前をもう1つの区切りとしているのは、相続時からさかのぼって3年内になされた贈与は相続税の申告書上、当該贈与は贈与加算として相続による財産の承継があったものとみなされることによります（相法19）。

また、会社が成長期にある場合には、新株予約権を活用して会社の成長速度と後継者の財産形成速度の格差を埋めることもできます。新株予約権の発行に際し、行使によって新株予約権と引き換えに受け取る株式数、行使価格、及び行使期間を定めることになっています（会236①一、二、四）。そのため、株価が比較的低い時期に新株予約権の行使価格を定め、比較的長めの行使期間とすれば、上記の格差を活用することができます。

⑺ 「**どのように**」（the way How）

ここで、考えるべきことは、大きく2つに分かれます。すなわち、経営権、議決権、財産権の承継を①一体承継するのか分割承継するのか、また、②同時承継と時間差承継するのかです。以下のケースを考えてみます。

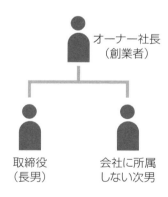

Ⅰ　事業承継概論

① 　一体承継と分割承継

　オーナー社長である創業者は、会社経営は取締役である長男に、しかしながら、個人の財産は2人に公平に、と考えていたとします。この場合、経営権と議決権は取締役である長男に、株式を含めた財産権を公平に分けようとすると、株の評価によっては兄弟間の問題が生じかねません。そこで、オーナー社長は自らの有する自社株式を会社に金庫株として取得させること、もしくは退職金を受け取ることによる資金化等を検討する可能性があります。

② 　同時承継と時間差承継

　長男は経営者としてもう少し経験が必要ですが、経営者としての資質に問題がなく、会社自体は優良企業で将来の株価は上がることが想定される場合、先行して議決権と財産権を次世代に譲渡し、経営権は一定の期間を置いてからとすることがあります。以下のマトリックスで、承継すべき財産を個別にあてはめて考えると便利です。

	同時承継	時間差承継
一体承継		
分割承継		

第1章　事業承継概論

Q 1-2. 事業承継における後継者の選定

事業承継における後継者の選定について説明してください。

Answer

▶ポイント
- 事業承継の選択肢は大まかに、①同族等で継続、②同族以外の第三者による継続、③非継続、の3つに分類できます。

1．事業承継の類型

　事業承継をパターン別に整理すると、次の3つに整理されます。本来、③の非継続は、事業承継のパターンとして捉えにくいかもしれません。しかしながら、昨今、後継者不足等で廃業するケースも見受けられることから、経営者にとって選択肢の1つとしてここで取り扱うことにします。図表1で、具体的な経営者の事例について整理しています。

　①　同族等で継続
　②　同族以外の第三者による継続
　③　非継続

13

I　事業承継概論

図表1　事業承継の類型

株式の所有	後継経営者	具体的な経営者例
先代経営者一族が続けて所有する	親族	①直系親族（子供）
		②傍系親族（甥姪等）
	同族以外の第三者	③社内の人材の登用
		④社外からの招聘（取引先、銀行）
		⑤株式上場
先代経営者一族が続けて所有しない		⑥社内の人材へ売却（MBO^2、EBO^3）
		⑦社外へ売却（M&A^4：民事再生等継続型の法的整理を経由する場合を含む）
	非継続	⑧解散→清算
		⑨破産等の法的整理

参考：森富幸『事業承継の基礎と実務』23頁、日本評論社、平成26年

２．承継方法の検討

　事業承継を検討する際に他に優先されるべき事項は、会社が承継後にいかに成長・発展するかということです。その点だけからすると、後継経営者は親族に限定せず、第三者を含めた最適な人材に託すのが理論的に正しいこととなります。

　後継者が親族とそうでない場合の、メリット・デメリットをまとめたのが**図表2**です。

2　MBOとは「役員」による買収のことで、Management Buy-outの略。
3　EBOとは「従業員」による買収のことで、Employee Buy-outの略。
4　M&Aとは「企業」による合併と買収のことで、合併（Merger）、買収（Acquisition）の略。ここでは、第三者による資本参加等を含む広い意味で使用している。

14

第1章　事業承継概論

図表2　後継経営者の選択

後継経営者	メリット	デメリット
①　直系親族	・周囲から、心情的に受け入れられやすい。 ・一般的に後継者を早期に決定でき、後継者の教育のための準備期間を十分に確保することができる。 ・事業承継税制等相続税リスク軽減のための制度を活用できる。	・能力の点で会社経営を任せるに足りない可能性がある。 ・相続人が複数いる場合、後継経営者のために議決権を集中させる必要性と後継者以外の相続人への財産権の分配に係る公平性との点で矛盾する可能性がある。
②　傍系親族	・直系親族ほどでないにしても、周囲からは心情的に受け入れられやすい。 ・事業承継税制等が活用できれば、議決権に対する経済的負担を縮小して事業を承継することができる。	・経営に関与しない相続人がいる場合、事業承継税制の活用により、生前贈与等による議決権の移譲に比して相続税リスクが増加する可能性がある。
③　親族外（役員・従業員等）承継	・適材適所の考え方による、後継者候補を選ぶことができる。 ・特に社内で長期間勤務している役員・従業員から後継者を選定する場合は、経営の一体性を保ちやすい。 ・同族経営からの脱却等親族外の役員・従業員にとって、モチベーションが向上する可能性がある。	・議決権の確保に関し、税負担と資金調達の両面で精緻なスキームが要求される。 ・会社に借入がある場合、担保提供や個人債務保証等で金融機関の十分な了解を得るためのスキーム構築が難しい場合が多い。
④　M&A等	・適材適所の考え方による、後継者候補をより広い分野から選ぶことができる。 ・自社株の評価が高い場合等、売却資金により相続税の納税リスクを軽減できる。 ・売却先の信用力により、個人債務保証を外せる可能性がある。	・取引先や従業員等へ信用不安を引き起こすことなく、円満なM&Aとなるケースが比較的少ない。 ・中小規模のM&Aの場合、シナジー効果を得る点からこれまでの経営環境から大きく変化する可能性があり、これが従業員等のモチベーションの低下につながる場合がある。

参考：日本公認会計士協会「経営研究調査会研究報告第45号　事業承継支援マニュアル」（平成23年10月11日）

I　事業承継概論

3．株式上場の検討

　事業承継の1つのかたちとして、株式上場はこれまでも活用されてきました。商号に創業一族の名前を含む上場企業は、内外ともに数多くあります。しかしながら、昨今は上場維持コストが上昇していることや、開示規制も従前より厳しくなる傾向にあることから、上場を目指す場合でも、その事前の検討が重要です。図表3は、オーナー一族の視点から株式上場のメリット・デメリットをまとめたものです。

図表3　オーナー一族からの視点で見た株式上場のメリット・デメリット

メリット	デメリット
・上場準備を通して会社の管理体制が整備される。 ・市場からの資金調達が可能となる（特に株価好調時には低コストでの調達が可能となる）。 ・外部株主が増加することで経営に対するモニタリング機能が強化される（デメリットとしてとらえる場合もある）。 ・株式上場時に一定の資金化が可能となり、初期段階での創業者利潤を得ることができる。 ・上場企業として、新卒や中途採用の幅が広がる。	・オーナー一族の有する自社株の評価は、株式市場での時価でなされることになる（→事実上、株価対策を講ずることができない）。 ・監査を含む開示体制の構築等に伴う上場維持コストが必要となる。 ・オーナー一族のシェアが高いままで株式上場をし、その後、市場で保有する自社株を売却しようとする場合、インサイダー規制や株式市場での需給のバランス等のさまざまな問題から一定の時間を要する。

4．非継続

　事業活動は、経営を承継する者が存在することによって、維持継続することができます。しかしながら、事業の将来性もなく、親族及び親族外の第三者にまで候補者を選択する範囲を広げたにもかかわらず後継者が見つからない場合や、長期間の債務超過等で仮に能力のある後継者がいても現状では立て直しが困難な場合等は、事業承継しないという選択、すなわち、非継続とせざるを得なくなります。法的整理に関しては、類書が多数あり、また、本書の目的でも

16

第 1 章　事業承継概論

ないことから、ここでは、先代経営者が自ら事業非継続とせざるを得ない場合
の検討段階でのポイントのみ記しておきます。

- M&A 等による売却可能性も含めて会社存続価値があるか否かの見極めを
  すること
- 清算貸借対照表の作成（特に、オフバランスの負債に注意する）により非継
  続手法を選択すること
- 取引先及び従業員への配慮を優先した非継続のためのスケジュール表を作
  成すること

17

Ⅰ　事業承継概論

事業承継対策の全体像

事業承継対策を検討する際に着目すべきポイントについて説明してください。

▶ポイント
- 事業承継対策を検討する際には、対象会社の「属性」に応じて重視すべきポイントが異なります。
- 対象会社の「属性」は、株式の流通性の観点（上場会社・非上場会社）及び株主構成の観点（同族会社・非同族会社）から、その組み合わせによって大きく4つのパターンに分類できます。

1．対象会社の「属性」に着目する必要性

Q1-1で説明されているように、事業承継の検討に当たって考慮すべきポイントである「4W3H」（いつ、誰から、誰に、何を、どれだけ、いくらで、どのように）の具体的な検討に当たっては、まず最初に、事業承継の対象となる会社が置かれている状況を整理して一定の属性に分類し、その属性ごとに重視すべきポイントを踏まえた対策案を検討します。

これは、事業承継のなかでも「ヒト」の承継（経営権の承継）や「モノ」の承継（議決権・財産権の承継）の実施について、対象会社を取り巻く状況によって実行順序が異なることが考えられることから、実現可能性に重視した対応策を考えるためには、会社の属性を考慮する必要があるためです。

具体的には、株式の流通性に着目した分類と、株主構成に着目した分類が考えられます。

2．対象会社の属性と特徴
(1) 株式の流通性に着目した分類

株式の流通性に着目すると、会社は「上場会社」と「非上場会社」の2つに分類されます。

第1章　事業承継概論

　上場会社とは、株式の流通市場にその株式を上場している会社をいい、非上場会社とは、上場会社以外の会社をいいます。

　会社法には「公開会社」という用語がありますが、「上場会社」とは異なります。会社法上の「公開会社」とは、その発行する全部または一部の株式の内容として譲渡による当該株式の取得について株式会社の承認を要する旨の定款の定めを設けていない株式会社をいいます（会２五）。すなわち、会社法上の「公開会社」は、株式市場に上場しているかどうかという観点ではなく、会社の発行する株式に譲渡制限が付されているかどうかという観点からの分類であることから「上場会社」の範囲とは一致しませんが、「上場会社」は会社法上の譲渡制限を付すことができませんので、結果「公開会社」に含まれるという関係にあります。

① 　上場会社の特徴

　事業承継対策を検討する観点から注目すべき上場会社の特徴は２点あります。

　第一に、株価は株式市場の需給関係によって形成されることから、一般的には大量の株式を一度に売却すると株価が大きく下落してしまい、財産価値がその瞬間に減少してしまうという点が挙げられます。このため、株式の取得・売却を行う場合には、株価の動向や株式市場に与える影響について留意する必要があります。また、経営の中枢たる同族経営者等にとっては、取得・売却のタイミング等もインサイダー規制等で厳しく制約されており、希望するタイミングでの取得・売却が実現できない可能性もあります。

　第二に、上場会社の株式は原則として自由に流通することが予定されていることから、不特定多数の株主が絶えず変動するという点が挙げられます。このため、例えば、同族経営者等の筆頭株主とその他の少数株主の利害が対立する局面も少なからず生じる可能性があることから、会社経営に当たっては他の株主（少数株主）の利益についても配慮する必要性が高まります。

　なお、株式取得・売却は原則として株式市場を通して行われますが、上場会社の場合でも株式市場を通さない相続又は贈与による取得・売却も考えられます。譲渡スキームによる場合には売買代金の決済（資金負担）が必要になるとともに、売主側では売却益に係る所得税の負担が生じるほか、相続又は贈与によって取得した場合には、取得者において相続税や贈与税の負担が生じること

Ⅰ　事業承継概論

となります。これらの課税関係については、Ｑ1-1を参考にしてください。

　このように、上場会社における事業承継では、経営権及び議決権の承継とスキーム実行に伴う資金負担及び税負担がほぼ同時に生じるという点が特徴的です。

②　非上場会社の特徴

　①と同様に、非上場会社の特徴も2つ挙げられます。

　第一に、市場性のない未上場株式には、相手や移動スキームもしくはそのタイミングにより様々な株価算定の手法が存在します。そのため、株式の移動を検討している場合には、あらかじめ株価を引き下げるための対策を講じることが可能となります。

　第二に、非上場会社の株式は一般に譲渡制限が付されている（株式譲渡には取締役会等の承認が必要）ことから、株主構成が安定的である点が挙げられます。このため、たとえ後継者が株式を取得していなくとも、既存株主間の合意（調整）があれば議決権の移動を最小限に留めて経営権を承継させることも可能であり、そのための手法も上場会社の場合と比較して柔軟な方策が考えられます。

　このように、経営権の承継に伴う議決権の異動が必要条件ではないことから、非上場会社における事業承継では、経営権及び議決権の承継とスキーム実行に伴う資金負担及び税負担のタイミングを分けて考えることができるという点が特徴的です。

⑵　株主構成に着目した分類

　株主構成に着目すると、会社は「同族会社」と「非同族会社」の2つに分類されます。

　法人税法上、同族会社とは、発行済株式総数の50％超を3名以下の個人株主（及び株主の特殊関係者）並びに法人株主によって保有されている会社をいいますが（法法2十）、実際には、血縁関係等の一定の関係のある一族により支配されている会社（いわゆる「オーナー企業」）と理解して差し支えないでしょう。

　同族会社の特徴は、血縁関係等の一定の関係のある株主が発行済株式総数の過半数を保有しており、所有と経営が一致している点にあります。このため、誰が株主や経営者になるかという点が非常に重要な関心事となることから、事業承継対策を検討する際には、議決権ができるだけ分散しないように配慮する

ことが求められます。

　これに対し、理論上非同族会社は不特定多数の株主が参加することが想定されていることから、会社の所有と経営が分離されているといえます。このため、会社の株式が多数の株主に分散する可能性があることから、後継者の選定に当たっては、多数の株主が参加する株主総会において取締役として選任されるための「安定株主対策」が重要となります。

3．事業承継の4パターンと注目すべきポイント

　以上のように、対象会社を2つの視点から分類することによって、以下の4種類にパターン化することができます。

		株式の流通性に着目した分類	
		非上場会社	上場会社
株主構成に着目した分類	同族会社	(1)非上場・同族	(2)上場・同族
	非同族会社	(4)非上場・非同族	(3)上場・非同族

(1)　非上場会社＋同族会社

　このパターンの会社は、所有と経営が一致しており、株式は特定少数の同族関係者が所有しており【同族会社】、かつ、株主構成は安定的です【非上場会社】。特に経営者は筆頭株主として経営権（議決権）の過半数を保有している状況にあると考えられます。

　このとき、同族関係者の中で後継者を選定することができれば、比較的スムーズに事業承継対策を進めていくことが可能と考えられます。

　さらに、後継者の議決権の承継タイミングと、スキーム実行に伴う資金負担及び税負担のタイミングを区別して考えることができます【非上場会社】。たとえば、事業承継スケジュールの検討に際し、資金負担や税負担を最小化させるための対策として、株価の引き下げ対策や中長期にわたる株式の譲渡や贈与などの方策を検討することができます。ただし、上場株式ではないために、自社株の換金化が難しいことは常に考慮しておかなければなりません。

I　事業承継概論

⑵　上場会社＋同族会社

　このパターンの会社は、所有と経営が緩やかに分離しており、株式市場を経由して不特定多数の株主が絶えず変動する【上場会社】ものの、議決権の過半数は同族関係者で確保している【同族会社】という特徴があります。

　後継者は引き続き同族関係者の中から選定されることが多いと考えられますが【同族会社】、その際には、少数株主への配慮が重要です【上場会社】。

　さらに、後継者に議決権を承継させるために株式を譲渡する場合、株価や株式市場に与える影響を考慮する必要があるほか、スキーム実行に伴う資金負担及び税負担がほぼ同時に生じる点も考慮しなければなりません【上場会社】。

⑶　上場会社＋非同族会社

　このパターンの会社は、所有と経営が完全に分離されており、不特定多数の株主の参加が予定されており【非同族会社】、かつ、株主構成も絶えず変動する【上場会社】という特徴があります。

　特定の非同族の事業承継者が経営権を承継する場合には、安定株主対策が必要となります【非同族会社】。また、その過程で株式を取得する際には株式市場を経由して取得する必要がある【上場会社】ため、資金負担への対応策が重要になります。

⑷　非上場会社＋非同族会社

　このパターンの会社は他の分類と比べると絶対数では少ないと思われます。所有と経営がゆるやかに分離されており、不特定多数の株主が参加することが予定されている【非同族会社】ものの、株主構成は安定的である【非上場会社】という特徴があります。経営者は筆頭株主ではありませんが、株主の委託を受けて経営権を有している状況が考えられます。

　このパターンの会社の事業承継を検討するうえでは、後継者に経営権（議決権）を承継させるために必要な「安定株主対策」が重要です【非同族会社】。その際には後継者（及びその関係者）が一定割合以上の議決権を取得して株主としての権利をとりまとめる必要が生じますが、必ずしも経営者からの株式取得だけでは十分でない場合には、他の株主からも株式を取得すること等も検討

しなければなりません。

　この場合においても、スキーム実行に伴う資金負担や税負担を最小化させるための対策として、株価の引き下げ対策や中長期にわたる株式の譲渡や贈与などの方策を検討することができます【非上場会社】。

4．パターン別の事業承継対策（手法と留意点）

　それぞれのパターン別に想定される事業承継対策についてとりまとめると以下のようになると考えられます。

パターン	ポイント	想定される手法
①非上場・同族	・少数の同族関係者株主による支配 ・株式が分散しないような対策 ・議決権の承継と資金負担・税負担タイミングの区別 ・株価対策が可能	・種類株式 ・経営円滑化法の活用 ・自己株式の取得 ・財団法人への寄附 ・相続時精算課税方式による贈与 ・暦年贈与 ・投資育成の活用 ・組織再編・持株会社化 ・株式上場 ・Ｍ＆Ａ
②上場・同族	・過半数は同族関係者 ・少数株主への配慮 ・大量の株式移動は株価下落要因 ・議決権承継と資金負担・税負担の同時発生	・Ｍ＆Ａ ・財団法人への寄附 ・ＭＢＯ（非上場化） ・自己株式の取得 ・相続時精算課税方式による贈与 ・暦年贈与
③上場・非同族	・安定株主対策 ・議決権承継と資金負担・税負担の同時発生	・ＴＯＢ ・ＭＢＯ（非上場化）
④非上場・非同族	・分散した株主権の集約 ・議決権承継と資金負担・税負担の区別 ・株価対策	・種類株式 ・経営円滑化法の活用（親族外承継） ・自己株式の取得 ・投資育成の活用

23

I 事業承継概論

Q1-4. 経営者の財産状況の把握と問題点の整理の仕方

経営者の財産状況の把握と問題点の整理の仕方について説明してください。

Answer

▶ポイント
- 「事業における重要な業務や地位を引き継ぐ準備、もしくは引き継ぐ権利のための準備」を進める上で障害となりうる事項の事前の把握が重要です。

1．事業承継資財産と単純個人財産の把握

Q1-1で説明したとおり、事業承継の対象は、経営権、議決権、財産権の3つに分類することができます。このうち、財産権は、事業承継対象会社の株式、事業用資産等事業運営上必要となる財産を所有する権利と定義しました。また、経営者が金融機関からの借入等に関し、債務保証をしている場合の簿外負債はマイナスの財産権を構成するものとしました。一方で、事業承継対策の対象外ですが、当然に相続の対象となる個人資産も含めて考えなければなりません。これらの峻別をいかに行うかについてここで整理します。

◉STEP1

最初に事業承継対象者たる経営者と次世代経営者のために、全体の概念図で理解してもらうことが肝要です。事業承継対策は相続対策と表裏一体であって、それぞれを切り離して対応することはできません。また、事業用資産等を個人で所有している場合は法人個人間の取引等ではそれをいかに解消するのか、解消しないまま相続財産として検討すべきなのか等の問題を提起することになります。

法人 B/S

（諸資産）	（諸負債）
役員貸付金	金融機関借入金
その他の資産	役員借入金 未払退職金
	（純資産） 資本金 資本剰余金 利益剰余金
固定資産等含み益	

個人 B/S

（諸資産）	（諸負債）
金融資産	法人借入金
貸付金 未収退職金	金融機関借入金 納税引当金
法人株式	正味相続資産
（含み益相当）	
保険積立金	
不動産 （法人の事業用）	
	保証債務

◉STEP2

　詳細な財産明細を作成するためのリストを作成します。リスト作成に際しては、その後必要になる名義の確認のための書類、評価をするための基礎資料等を予め準備してもらい、正しい情報に基づく問題点の把握ができるようにします。以下のリストを参考にしてください。

Ⅰ　事業承継概論

種　類	内　容	チェック	担保提供の有無	法人等の事業用資産
土　地	登記簿謄本	☐		
	固定資産税評価証明書	☐		
	名寄せ帳	☐		
	公図	☐		
	測量図	☐	☐	☐
	住宅地図	☐		
	賃貸借契約書	☐		
	無償返還に関する届出書	☐		
		☐		
建　物	登記簿謄本	☐		
	固定資産税評価証明書	☐		
	名寄せ帳	☐	☐	☐
	賃貸借契約書	☐		
		☐		
預貯金	各銀行の相続開始日現在の残高証明書	☐		
	各口座の預金通帳（相続開始以前 6 年分）	☐	☐	
		☐		
一般有価証券	金融機関の相続開始日現在の残高証明書	☐		
	直近の取引残高報告書	☐		
	配当金領収証	☐	☐	
	（株券）	☐		
		☐		
生命保険	死亡保険金の支払明細書	☐		
	被保険者≠被相続人の生命保険契約がある場合には保険証券	☐	☐	
		☐		
退職金	支払明細書	☐		
	過去に受け取った退職金支払明細書	☐		
		☐		
その他の財産	公的年金の支払通知書	☐	☐	☐
	書画・骨董品等に関する資料	☐	☐	☐
	金地金など貴金属に関する資料	☐	☐	☐
	自動車に関する資料	☐	☐	☐
	ゴルフ会員権に関する資料	☐	☐	☐
	被相続人に譲渡収入等があった場合にはその明細と使途	☐	☐	☐
	その他個人の事業用財産に関する資料	☐	☐	☐
	電話加入権	☐	☐	☐
		☐	☐	☐
債　務	平成　　年度所得税確定申告書	☐		
	平成　　年度住民税納税通知書	☐		
	平成　　年度固定資産税納税通知書	☐		
	平成　　年度個人事業税納税通知書	☐		
	公的年金の精算に関する資料	☐		
	健康保険料精算に関する資料	☐		
	介護保険料の精算に関する資料	☐		
	未払医療費の領収証	☐		
	相続開始日以後に支払った費用の領収証	☐		
	金銭消費貸借契約書	☐		
	借入金の相続開始日現在の残高証明書	☐		
	会社への債務保証に関する書類	☐		
未上場株式（自社株式）	直近 3 期分の法人税・地方税・消費税申告書・概況書、決算書一式	☐		
	登記簿謄本	☐		
	定款	☐		
	株主名簿	☐		
	固定資産台帳	☐		
	固定資産税納税通知書	☐		
	会社が契約者となっている生命保険契約の保険証券・契約書	☐		
	株券の有無	☐		
		☐		
その他	相続開始前 3 年以内の所得税確定申告書	☐		
	過去の贈与税申告書	☐		
	相続時精算課税の適用有無	☐		
		☐		

26

第1章　事業承継概論

２．問題の整理の仕方

Ｑ1-1で整理した財産権の承継対策の基本的な考え方である、「何を」（What）、「誰から」（from Who）、「誰に」（to Whom）、「どれだけ」（How much, many）、「いくらで」（How much）、「いつ」（When）、「どのように」（the way How）の各事項について、その障害となりうる事項の把握をすることになります。

対象	障害となりうる項目の例と対処方法	参照Ｑ
「何を」 (What)	・資産が共有になっている→一体として保有しないと権利関係が複雑になる。 ・株式が分散している→集約をしないと経営が安定しない。 ・資産が会社借入等の担保に供されている→納税資金等で活用できない。 ・換金化できる資産が少ない→納税資金を担保できないので事業承継スキームが限定される。 ・会社に対して多額の貸付金があり、会社からの返済目途もついていない→資金化できない資産については、ＤＥＳ等で株式への転換等を考えなければならない。 ・個人資産の多くに、会社の事業用資産として賃貸している物件が多い→これにより十分な納税資金が担保できない場合、会社への売却等も検討する。 ・会社で使用している特許等の無形資産が存在する→権利義務関係を整理する必要がある。評価の問題も生ずる可能性がある。	
「誰から」 (from Who)	・傍系同族や親族外も株式等を保有している。→相続関連のスキームが適用できず、資金移動を伴うスキームを選択せざるを得ない。また、売渡条件付株式や種類株式等の活用も視野に入れる必要がある。 ・株主自体を正確に把握できない→株主の確認手続き等が必要になる。 ・名義株が存在する→名義株の解消等の手続きを実施する必要がある。	

27

Ⅰ　事業承継概論

「誰に」 (to Whom)	・事業承継者が決まっていない、もしくは複数候補から絞り切れていない→経営権だけでなく、議決権財産権の分配が決められない。 ・経営に関与していない相続人が存在する→自社株の評価が高いと財産を公平に分配することが困難になる。 ・直系の後継者がいない→親族外承継やM＆A等を視野に入れる必要がある。
「どれだけ」 (How much,many)	・経営者の配偶者への財産確保→配偶者控除等のことも視野に入れ、二次相続とのバランスを考慮しなければならない。 ・遺言等がある→遺留分を侵害している可能性がある。 ・自社株が資産のほとんどである→議決権と財産権を分離して承継するスキームを検討する必要がある。
「いくらで」 (How much)	・資産の評価額が高い→納税資金が担保できず、売却や換金化の手続きが必要になる可能性がある。 ・個人の借入が多い→売却等による換金化が必要になる。 ・納税資金がない→中長期的に納税資金を確保するとともに、贈与等の活用により資産の承継を進める必要がある。
「いつ」 (When)	・承継者に資金がない→議決権の承継と財産権の承継を分離して考える必要がある。また、承継のための資産形成を同時に考える必要がある。
「どのように (the way How)	・納税猶予制度等の要件を満たさない→要件を充足するための準備をするか、他のスキームを選択する。 ・相続時精算課税方式を過去に選択して贈与を行っている→贈与による資産承継のスキームが限定される。

28

第1章　事業承継概論

 1-5.
自社株を後継者に集中させて議決権を確保するための手法、株式の分散を防止する手法

事業承継を考える際に、具体的には自社株を後継経営者に集中させるスキーム等を検討することから始めることが多いと聞きます。これに関し、その理由と自社株を後継者に集中させて議決権を確保するための手法、株式の分散を防止する手法について説明してください。

 nswer

▶ポイント
- 自社株を後継者に集中させる必要性やどの程度集中させるべきか、会社法の知識と関連させて理解する必要があります。
- 非上場会社は一般に利害関係者が少ないため、企業の事業承継を促進するための政策的な観点から様々な手法が認められています。一方、上場会社はお互いを知り得ない多くの株主が存在するために、株式の異動等に関し選択できる手法は限定され、また上場会社特有の法令や規制の遵守が求められます。

1．自社株を後継者に集中させ、分散を防止する必要性
(1) 自社株を後継者に集中させる必要性

　会社が経営上の重要な事項について機動的に意思決定を行える状況にすることは、経営の安定性確保や利害関係者保護の観点から、事業承継上、重要な課題となります。

　株主は議決権のある株式の保有比率に応じて株主総会における意思決定権限が与えられるため、後継者が経営を安定的に運営するためには、会社法上求められる株主総会決議の成立要件を満たすため一定の議決権を確保することが必要になります（会309②、図表1）。

29

Ⅰ　事業承継概論

図表1[5,6]

決議の種類	決議要件	
	定足数	可決要件
普通決議（会309①）	議決権行使可能株主の議決権の過半数（※1）	出席した当該株主の議決権の過半数
特別決議（会309②）	議決権行使可能株主の議決権の過半数（※2）	出席した株主の議決権の3分の2以上（※3）
特殊決議（会309③）	議決権行使可能株主の議決権の過半数（※4）	議決権行使可能株主の議決権の3分の2以上（※5）
特別特殊決議（会309④）	総株主の半数以上（※6）	総株主の議決権の4分の3以上（※7）

※1　定款で別段の定めがある場合は、それに従います。すなわち、普通決議の定足数は、定款によって引き上げることも軽減することも可能です。ただし、役員の選任及び解任の株主総会の決議は、定款によって軽減できるのは3分の1までです。（会341）。
※2　定款により、3分の1まで軽減することが可能です。
※3　定款により、3分の2以上の要件を引き上げることが可能です。この場合においては、当該決議の要件に加えて、一定の数以上の株主の賛成を要する旨、その他の要件を定款で定めることができます。
※4　定款により、過半数の要件を引き上げることが可能です。
※5　定款により、3分の2以上の要件を引き上げることが可能です。
※6　定款により、総株主の半数以上の要件を引き上げることが可能です。
※7　定款により、4分の3以上の要件を引き上げることが可能です。

5　定款により全部の株式について譲渡制限株式とする場合（会309③一）、及び、剰余金配当請求権、残余財産分配請求権および議決権ついて株主ごとに異なる取扱いを行う旨を定款で定める場合（会109②、309④）、組織変更（会776①）等を行う場合等は、特別決議よりも厳格な成立要件（特殊決議、特別特殊決議、株主全員の同意）が求められています。
6　特別決議は事業承継対策の実施において必要となる場合もあるため、自社株が分散している会社においては、事業承継対策の実施に先立ち、後継者や協力者にとともに一定の議決権を確保する必要があります。

第1章　事業承継概論

図表2

特別決議が要求される主な決議事項（会309条②）
譲渡制限会社における株式譲渡又は取得の承認（会140②）
特定の株主からの自己株式の有償取得（会156①、160①）
全部取得条項付種類株式の全部取得（会171①、175①）
株式併合（会180②）
募集株式の募集事項の決定等（会199②、200①、202③四、204②）
募集新株予約権の募集事項の決定等（会238②、会239①、241③四、241③四、243②）
監査役、累積投票で選任された取締役の解任（会339①、342）
役員等の損害賠償責任の一部免除（会425①）
資本金の額の減少（定時総会における欠損の額を超えないものを除く）（会447①）
配当財産が金銭以外の現物分配の決定（会454④）
定款変更・組織再編（会309②十、十一）

(2)　自社株の分散を防止する必要性

　非上場会社の場合、通常定款による譲渡制限は、一般承継である相続には及ばず、相続が発生した場合には自社株が分散する可能性があります（会134条④）。経営者に相続が発生した場合だけでなく、後継者以外の第三者（例えば、役員や従業員、取引先等）に自社株が分散している場合に、これらの第三者に相続が発生すれば同様の問題が生じます。こうした相続による株式の分散は、事業承継において障害となる可能性があるため、相続開始までに株式の分散を防止する一定の措置を講ずる必要性があります。

　一方、株式の譲渡制限を付すことができない上場会社では、一般株主に株式が広く分散しており、また、一般の多くの株主にとっては株価や配当性向のみが唯一の関心事であることも多く、非上場会社に比べて分散防止の必要性は乏しいとも考えられます。しかしながら、我が国の上場会社に占めるいわゆる同

31

Ⅰ　事業承継概論

族経営の企業の割合は過半数を超えているとの調査結果もあり[7]、通常このような上場会社は敵対的買収に関する防衛規定を含め安定株主対策を講じています。このような同族企業の場合、上場会社であっても支配権を維持するためには株式の分散を防止する措置を講ずる必要性があります。

2．自社株を後継者に集中させ、分散を防止する具体的な手法

⑴　上場会社と非上場会社の違いによる手法の特徴

　非上場会社は、上場会社に比べ株式の流通も制限され利害関係者も上場会社ほど多くはない中小企業が多くを占めます。そのため、中小企業の事業承継を促進するための政策的な観点から、民法、会社法、税法上様々な手法が認められています。また、株式の評価額は税法上認められる方法により算定した評価額であり、会社の規模、従業員数、株主の属性等によって様々な算定手法があります。

　一方、上場会社は、株式が株式市場に上場し広く一般株主に流通するため利害関係者が多数に及びます。そのため、上場会社は会社法に加え金融商品取引法や取引所規則による規制を遵守する必要があります。また、一般に株式の評価額は株式市場で形成される市場価格に基づき決定されます。

⑵　自社株を後継者に集中させ、分散を防止する具体的な手法

　上記の違いから、上場会社は非上場会社に比べ事業承継対策で選択できる手法が限定され、金融商品取引法等上場会社特有の規制がある点に特徴があります。

　以下では、自社株を後継者に集中させ、分散を防止する具体的な手法に関して、非上場会社において認められる各手法を中心にその概要と留意点を解説し、上場会社において利用できる場合にはその概要と留意点を解説します。なお、各手法に関する具体的な説明は関連する Q を参考にしてください。

7　日本経済新聞社　日経電子版2015年 9 月30日記事「「同族」は 5 割以上に　上場3600社・最新調査」

第1章　事業承継概論

手　　法	各手法の説明
株式譲渡、第三者割当増資、新株予約権の発行、暦年贈与 【Q3-1、Q3-7、Q4-8】	・後継者に資金がある場合には、後継者が現オーナーの保有する自社株を譲受け、または会社が後継者に対し新株を割当（会199①②、201①） ・将来株価が上昇することが見込まれる局面では、会社が後継者に対し新株予約権を割当（会2二十一、会238） ・後継者に資金がない場合には、年間110万円の非課税枠を活用した（相法21の5、措法70の2の2）暦年贈与
遺言による遺産の分割指定 【Q2-3】	・遺言（民960,967）により後継者を指名し、後継経営者に自社株を集中（法定相続人以外の第三者を後継者として自社株を贈与することも可）
経営承継円滑化法上の支援策（除外合意、固定合意） 【Q4-10】	・民法上、相続人の生活保障や相続人間の公平性の観点から、一定の相続人に相続財産の一定割合を留保する遺留分（民1028）が認められており、経営承継円滑化法上の除外合意、固定合意の制度により、相続人全員の合意という厳しい条件はあるが、後継者が承継する自社株に対する遺留分減殺請求を回避または限定する上記民法の遺留分制度の特例（経承法4①）として設けられた制度[8]の活用 ・除外合意とは、相続人全員の合意を条件に贈与により取得した自社株を遺留分の算定基礎財産からする方法（経承法4①一） ・固定合意とは遺留分の算定基礎財産の価格を固定する方法（経承法4①二）
自己株式の取得 【Q3-3】	・会社法上、資本の維持や株主平等原則の観点から限定列挙（会155、160、162、174、165②） ・自己株式には議決権等が認められない（会308、453等）ため、一定の取得財源の範囲内で現オーナーの株式を取得しまたは後継者以外の株主の株式を取得することにより、後継者の議決権比率を高め、及び適正な株主構成が実現可能[9,10]

8　ただし、除外合意、固定合意は、後継者が旧代表者の推定相続人であることが要件とされているため、後継者が相続人以外の第三者である場合には要件を満たしません。
9　自己株式の取得は、資本維持の観点から財源規制があり分配可能利益の範囲内のみ取得が可能となっています（会461①五）。
10　自己株式の取得は、自社株式の売り手にみなし配当課税（所法25①四）、譲渡所得課税（措法37の10③四）が生じる可能性があるため、納税額について検討する必要があります。

Ⅰ　事業承継概論

手　　法	各手法の説明
株式併合、単元株制度、株式等売渡請求制度 【Q3-8 ～11】	・株主総会の特別決議により数個の株式を併合し、より少数の株式とし１株未満の端数を生じさせる株式併合（会180、235②、234④）や、株主総会の特別決議により１単元の株式を定款で定め、議決権のない単元未満の端数を生じさせる単元株制度（会189、466、309②十一）により一定の議決権行使制限が可能 ・平成26年改正会社法により、総株主の議決権の10分の９以上を有する株主（特殊支配株主）が株主総会決議を要せずに他の株主全員に対して所有株式の全部を売渡請求できる制度が創設（会179） ・これらの制度は、株主管理コストの削減、長期的視野に立った経営、意思決定手続の迅速化を目的として認められた制度であり、事業承継においては、上記制度趣旨に反しない範囲で後継者以外の株主をキャッシュアウトする手法[11,12]
種類株式 【Q3-6】	・定款の定めにより権利内容の異なるいわゆる種類株式が発行可能（会108、109）[13] ・典型的な活用例として、現オーナーの保有株式のうち後継者以外の相続人に相続させる株式について無議決権又は議決権を制限した株式（会108①三）とし代わりに配当優先（会108①一）とする方法が考えられます。後継者に取得資金が少ない場合でも遺留分の問題を解決することが可能 ・種類株式のうち全部取得条項付種類株式（会108①七）又は取得条項付株式（会108①六）を発行し、将来後継者以外の相続人に相続が発生した場合に会社が自社株を取得することも可[14]

11　キャッシュアウトとは、一般に少数株主の個別の承諾を得ずに金銭を交付して保有する株式の全部を取得すること定義されます。スクイーズアウトともいわれます。

12　なお、不当な株式併合は少数株主保護の観点から総会決議取消しの対象となる可能性があり、また、特殊支配株主の株式等売渡請求には売渡株式等の取得の差止めや無効の訴え（会179の7、846の2）が認められているため、実施にあたって留意が必要です。

13　種類株式の発行または既存株式を種類株式に変更する場合には、株主総会の特別決議等一定の手続が必要になります（会309②十一、322①一、324②四など）。

14　後継者に議決権を集中する目的以外にも、現オーナーと後継者との利害調整を目的として、拒否権付株式（会108①八）や取締役／監査役選解任権付株式（会108①九）を発行し、一定の拒否権や議決権を現オーナーに留保する方法も考えられます。

第1章　事業承継概論

手　　法	各手法の説明
従業員持株会 【Q6】	・一般に従業員の財産形成、経営参加意欲向上、安定株主対策等の経営目的で導入され、民法上の組合（民667①）、任意団体、人格なき社団のいずれかの法的形態をとって設立される会社から独立した組織 ・非公開会社の事業承継で後継者に議決権を集中させる観点からは、現オーナーが保有する株式の一部を従業員持株会に譲渡し、または従業員持株会に対し新株を発行することにより、経営的に中立な安定株主を作り結果的に後継者に承継する株式を減らしつつ後継者の議決権比率を高めることが可能[15]
公益法人等 【Q6】	・公益法人等は公益に資する活動を行う民間団体で、現行法上、民間の公益活動を促進するために法人格と公益性の付与が区別され、公益性の有無に関わらず法人登記のみで設立が認められる一般社団・財団法人と公益目的事業を主たる目的として公益性の認定を受けた公益社団・財団法人に分類（一般法22、163、認定法5、法2六、別表第2） ・非公開会社の事業承継で後継者に議決権を集中させる観点からは、現オーナーが公益法人等に対して株式の一部を寄附[16]し安定株主とすることで、後継者の議決権比率を高めることが可能[17] ・社会貢献に意欲的なオーナーで受け皿がある場合には、後継者の議決権確保にも資する手法として活用

15　非公開会社の場合、従業員持株会は税法上の特例的評価方法で計算した配当還元価額により自社株を取得できます。配当還元価額は一般に支配株主に適用される原則的評価方法による価額より低いため、現オーナーからの自社株取得や新株引受けにより現オーナーの相続財産評価額を引下げる効果もあります。
16　生前贈与、遺贈による贈与、及び現オーナーの相続人からの贈与を含む。
17　寄附にあたっては寄附者と公益法人等に所得税、贈与税、または相続税の課税が発生することが原則（所法59、相法66④）ですが、一定の要件を満たす場合には非課税となり相続税を軽減する効果もあります（措法40、70）。ただし、公益法人等の種類によっては一定の要件を満たす余地がないものがあるため寄附先が一定の要件を充足するか留意が必要です。

35

Ⅰ　事業承継概論

手　　法	各手法の説明
信託 【Q6】	・信託とは、信託の委託者が信託行為より信託の受託者に財産を託し、受託者は信託の目的に従い信託の受益者のために当該財産の管理又は処分等をすること（信託法2、3） ・信託財産の所有権は委託者から受託者に移転し、受益者は信託の受益権を取得 ・後継者と他の相続人について異なる信託受益権を設定し後継者の受益権のみに議決権の指図権を付与することで、後継者の議決権比率を高める方法が可能
MBO（EBO） 【Q1-8】	・MBO（EBO）とは、自社の役員（Management）又は従業員（Employee）が現オーナーから自社株を取得（By-Out）すること ・一般に受け皿として設立した買収会社が買収対象となる自社の信用力を背景に金融機関等から自社株取得資金を調達して自社株を取得[18] ・MBO（EBO）は、後継者が親族内にいないが社内に後継者候補がいる場合において、資金力に乏しいが後継者として高い経営能力を有する役員や従業員に議決権を集中させる手法として活用 ・後継者の資金負担を軽減できる一方で、金融機関等からの資金調達が必要になるため、金融機関等との事前協議、返済計画の策定、金融機関等によるモニタリング等一定のコストが必要
投資育成会社 【Q6】	・投資育成会社とは、中小企業の自己資本の充実とその健全な成長発展を図ることを目的として中小企業投資育成株式会社法（昭和38年法律第101号）に基づき設立された経済産業省所管の投資業務に関する政策実施機関 ・一定の投資条件を満たし投資決定を受けると、投資育成会社は長期安定株主として継続的に株式を保有し経営をバックアップ ・経営の自主性を尊重し原則として経営には関与しない。そのため、主として投資育成会社に新株を割当てることにより後継者の支配権を高め、安定的に後継者に事業を承継することが可能[19]

18　金融機関以外に詳細のIPOや転売によるキャピタルゲインを目的とした投資ファンドなども資金供給の担い手となる場合もあります。また、資金調達の内容も単なる借入による調達以外に劣後債や種類株式等いわゆるメザニン・ファイナンスによる調達もあります。
19　MBO（EBO）における資金の出し手として、投資育成会社からの資金調達を受けることも考えられます。

手　　法	各手法の説明
M＆A 【Q 5 - 1】	・親族内又は会社内の後継者探しが功を奏しない場合には、第三者に対して事業の全部又は一部を承継することを検討 ・M＆Aは、現オーナーからみれば事業存続や相続税対策を目的とし、買い手からみれば技術・ノウハウ・ブランド・人材等の獲得やシナジー効果が目的となるため、現オーナーと事業の買い手双方にとって合意可能な手法を選択し条件を決定する ・具体的なスキームとして、株式譲渡、事業譲渡、合併、会社分割、株式交換が考えられる
株式上場 【Q 1 - 2】	・株式上場は、自社の株式を証券取引所[20]に上場し、自社株を流通市場において売却等することで少ない持株で経営権を確保すると共に、換金化による納税資金対策を講ずることも可能 ・上場する証券取引所の上場審査基準をクリアすることが必要 ・株式上場は会社を公の器として位置づけ上場審査基準や各種法令、規制に耐える態勢を自社に構築するため、一般的に現オーナーによる会社支配力や経営への影響力は低下する傾向があるものの、一定の株式を所有しつつ、上場会社として優秀人材を確保することも可能[21]

20　現在、証券取引所（東京、名古屋、福岡、札幌）と新興市場といわれるマザーズ（東京）、JASDAQ（東京）、セントレックス（名古屋）、Q-Board（福岡）、アンビシャス（札幌）があります。

21　一方、株式上場は以下のようなデメリットもあるため、検討において留意が必要です。
①　通常数年の準備期間を要し上場基準をクリアするためのコストも多額にのぼることから上場できる可能性は必ずしも高いとはいえないこと
②　株式の上場により換金可能性は高まる一方で、金融商品取引法上の内部者取引規制（金商法166）、相場操縦に関する規制（金商法166の 2 ）などより柔軟に自社株を売却できない可能性があること
③　株式の評価方法が異なるため、未上場会社で認められる自社株の評価対策が上場会社では実施できない可能性があること

Ⅰ　事業承継概論

Q 1-6.
事業承継に必要な資金と後継者の自社株承継に必要な資金の確保

事業承継に必要な資金と後継者の自社株承継に必要な資金の確保について説明してください。

Answer

▶ポイント

- 事業承継に必要な資金は、主に、事業用資産等の権利関係を整理するために必要な資金、後継者の自社株取得資金、自社株等の取得に伴う納税資金、事業承継に伴い必要となる会社の一時的な資金があります。
- 必要な資金の検討にあたっては、①相続対象財産を調査し現状における移転コストや納税額等必要資金の把握、②事業用資産や自社株の移転手法や自社株の評価引下げ対策の検討と実施、③状況の変化に対応した随時見直しの実施が必要です。
- 自社株承継のための必要資金は、主に、相続対象財産の現金化、会社財産の活用、市場からの調達、税制・各種支援制度の利用等によって確保します。納税資金が確保できない場合には、延納や物納の制度があります。
- 各種手法や制度のうち、上場会社においては利用できないものもあるため留意が必要です。

1．事業承継に必要な資金

事業承継に必要な資金は、主に、以下の4つが挙げられます。

① 事業用資産が会社所有でない場合に当該資産を会社に帰属させるなど、事業の安定的運営の観点から事業用資産の権利関係を整理するために必要な資金

事業用資産の権利関係が複雑でなく、会社に資金が潤沢で、かつ後継者が自社株の取得資金及び納税資金を十分に保有している場合には、事業承継における資金の確保のための対策は要しません。

この点、上場会社の多くは上場審査により上場準備の段階で事業用資産の権

利関係は整理されており[22]、また、所有と経営の分離が進んでいるため現オーナーの交代に伴う信用力の低下の影響は比較的少ないと考えられます[23]。一方、非上場会社では、現オーナーやその一族が事業用資産を所有し事業用資産の権利関係が複雑なケースがあり、また、現オーナー個人の信用に依存するケースもあるため、事業用資産の権利関係の整理や一時的な運転資金の必要性があると考えられます。

② 　後継者が現オーナーや第三者から自社株を取得するために必要な資金

上場会社は、非上場会社と比べて企業規模が大きいため創業者だと自社株の評価額も多額になり、自社株の取得資金や納税資金を確保する必要性は高いものと考えられます。非上場会社においても、相続対象財産に占める換金可能性の乏しい自社株の割合が高く評価額が多額になると、自社株の取得資金や納税資金を確保する必要性は高いと考えられます。

③ 　自社株等の譲渡、贈与、相続時の納税のために必要な資金

上場・非上場を問わず、一般に後継者が自社株の取得及び納税に必要な資金を有するケースは少なく、そのため、後継者の保有資金に加えて、会社が保有する資金、金融機関などの外部の資金、および補助金等各種の優遇制度を活用して、事業承継に必要な資金確保のための対策を検討することになります。

④ 　経営者の交代に関し一時的に必要な資金

対策の実施にあたっては専門家報酬やスキームの組成・維持費用等も考慮する必要があります。

２．事業承継に必要な資金の確保

事業承継に必要な資金を確保するためには、まず、現オーナーの相続対象財

22 　例えば、東京証券取引所の有価証券上場規定では、上場審査において企業経営の健全性の審査が求められており、役員等関連当事者等との取引により一般株主の利益が害されるおそれがないか審査を受けることになります。事業に不可欠な資産を役員に依存している場合などは当該取引の解消が求められます（東証有証規定207①二、上場審査に関するガイドラインⅡ3(1)）。

23 　特に新興市場における新規上場の場合、一族を含むオーナーの持株比率が高いことも多く、自社株が株価対策の取りにくい上場株式になることで、相続リスクがむしろ高まることもあります。

Ⅰ　事業承継概論

産の調査を行い１．①から④に必要な資金を概算で算出し、調査時点における
後継者及び会社が保有する資金で事業承継に必要な資金を十分に担保されてい
るのかを検討します。

　あわせて事業用資産や自社株の移動、評価額引下げにかかる各種手法を検討
し、移転コストや納税額の節約のためのシミュレーションを行います[24]。
　その結果、なお事業承継のための資金確保が困難な場合には、必要に応じて、
以下の手法を活用することになります。なお、上場会社の場合、資産管理会社
を通じて自社株を保有している場合も多いため、手法の選択にあたっては利用
の可否を検討する必要があります。

(1)　相続対象財産の現金化

　相続対象財産に占める自社株や不動産の割合が高い場合、評価額が高い一方
で売却が一般に困難と考えられるため、相続税の納税が困難になる可能性があ
ります。そのため、現経営者の相続対象財産の全部又は一部を組み替え、分割
しやすく納税しやすい資産にすることが考えられます。
　例えば、稼働率が低いマンション、収益を生まない土地等の不動産を売却に
より現金化しまたはその全部もしくは一部を他の優良な収益物件に組み替える
ことが考えられます[25]。

24　相続対象財産に占める自社株や不動産の割合が高い場合、会社の経営状況や不動産市
　況等により評価額が変動する可能性があります。また、買取り価格や納税額は、採用す
　る手法、当事者が法人か個人か、検討のタイミングにより変動する可能性があります。
　さらに、税制改正によって将来の納税額が変動する可能性があります。したがって、必
　要な資金額は随時見直しを行う必要があることに留意すべきと考えられます。
25　相続対象財産を組替えまたは資金化することは、現オーナーの引退後の生活資金を賄
　うことになるため、資産（ストック）が多く役員報酬以外の収入（フロー）が少ないオー
　ナーの生存対策としても有効です。

(2) 会社資産の活用

手　　法	各手法の説明
役員報酬の増額	・会社法上、役員報酬の総枠決議をした中で、一般に代表取締役に個別の分配権が一任 ・定期同額役員報酬、増額所得税負担[26]も考慮
遊休資産の売却や運用	・会社に遊休資産がある場合には、運転資金や納税資金等の事業承継資金の確保のために、処分や資産の組替えを検討[27]
生命保険金、役員退職金	・生命保険の保障機能のほかに、所得税、法人税、相続税法上認められる一定の課税上の取扱いにより、事業承継における納税資金を確保するための手段として活用 ・活用に際し、生命保険契約の種類、契約者、被保険者、保険金受取人を誰にするかによって課税関係が異なるため注意が必要
自己株式の取得	・会社に資金がある場合、現オーナーが保有する自社株を会社が買い取ること（会155）によって自社株が分割可能な資産にかわり、納税資金を確保することが可能[28,29]
事業の売却	・会社が複数の事業を営んでいる場合にその一部を事業譲渡等の手法により売却し、運転資金や納税資金等の事業承継資金を確保することが可能[30]

26　我が国の役員報酬(給与所得)にかかる所得税は超過累進税率を採用し、所得の増加に応じて5％から40％の6段階(平成27年分以降は5％から45％の7段階)に区分されています。また、給与所得の金額は給与等の収入金額から給与所得控除額を差引いて算出しますが、給与所得控除額には給与等の収入金額に応じ一定の上限があります(所法28③)。

27　上場会社の場合、利害関係者が多数に及び事業承継のみを目的として資産を処分するようなことは一般投資家の利益を害することにもなるため、会社法上の株主総会承認等の手続きに加え、金融商品取引法上の臨時報告書や取引所規則に基づく開示規制の適用を受けます。

28　非上場会社は、株主総会の特別決議により特定の株主から合意により自社株を取得することができます(会160、162)。また、上場会社においては、定款で定めることにより取締役会決議によって市場取引等により自己株式を取得することができます(会165②)。ただし、上場会社における市場取引よる自己株式取得にあたっては、金融商品取引法上の内部者取引規制(金商法166)、相場操縦に関する規制(金商法166の2)に留意する必要があります。

29　自己株式の取得は、自社株式の売り手にみなし配当課税(所法25①四)、譲渡所得課税(措法37の10③四)が生じる可能性があるため、納税額についても考慮する必要があります。

30　上場会社の場合、利害関係者が多数に及び事業承継のみを目的として事業を売却するようなことは一般投資家の利益を害することにもなるため、会社法上の株主総会承認等の手続きに加え、金融商品取引法上の臨時報告書や取引所規則に基づく開示規制の適用を受けます。

Ⅰ　事業承継概論

⑶　株式上場

　非上場会社の場合、株式上場を目指し上場時の売出しや上場後に自社株を市場で売却することも考えられます[31]。

⑷　税制、各種支援制度の利用

手　　法	各手法の説明
相続時精算課税制度 【Q 4 - 9 】	・相続時精算課税制度は、非上場会社において、一定の要件のもと、2,500万円まで贈与を行った場合に贈与税の納税が猶予され、将来、相続時に他の相続対象財産とあわせて相続税を納付することができる制度（相法21の 9 、21の12、**Q 4 - 9** 参照） ・贈与時の時価が割安な不動産や自社株の場合、評価額の固定効果があるため、将来の価格上昇に伴う相続税負担を軽減することが可能[32]
経営承継円滑化法 【Q 4 -10】	ア．相続税及び贈与税の納税猶予制度 ・経営承継円滑化法における税制面からの支援として、平成21年度税制改正により、経済産業大臣の認定を受けた一定の非上場会社について、一定の要件のもと議決権の 3 分の 2 に達するまでの自社株について相続税及び贈与税の納税が猶予される制度[33] ・要件を満たした場合、自社株の贈与や相続等における後継者への自社株移転の税負担を軽減することが可能

31　株式上場は以下のようなデメリットもあるため、検討において留意が必要です。
　①　通常数年の準備期間を要し上場基準をクリアするためのコストも多額にのぼることから上場できる可能性は必ずしも高いとはいえないこと
　②　株式の上場により換金可能性は高まる一方で、金融商品取引法上の内部者取引規制（金商法166）、相場操縦に関する規制（金商法166の 2 ）などより柔軟に自社株を売却できない可能性があること
　③　株式の評価方法が異なるため、非上場会社で認められる自社株の評価対策が上場会社では実施できない可能性があること
32　ただし、相続時精算課税制度は一度選択すると暦年贈与の非課税枠（相法21の 5 、措法70の 2 の 2 ）を利用することができず、特に、将来贈与した自社株や不動産の時価が下落した場合にはかえって多額の相続税を負担することになる可能性があります。そのため、将来贈与した相続対象財産の時価が上昇することが確実な場合など、利用にあたって十分な検討が必要です。

42

第 1 章 事業承継概論

	イ．金融支援
	・経営承継円滑法における金融面からの支援として、事業承継に係る事業資金需要に対応するため、一定の要件のもと経済産業大臣の認定を受けることを条件に、通常の保証枠とは別枠の信用保険枠を設ける中小企業信用保険法の特例制度（継承法13）
	・後継者である代表者個人の事業承継資金の需要に対応するため、一定の要件のもと経済産業大臣の認定を受けることを条件に、株式会社日本政策金融公庫等の融資対象に代表者個人を加える特例制度（経承法14）[34]
政府系金融機関等からの低利融資等	・日本政策金融公庫等の融資制度のほかにも、例えば、株式会社商工組合中央金庫や地方自治体の政策特別融資等、事業承継のための融資制度
	・民間の金融機関の補完等の観点から、優れた技術やノウハウを有する中小企業に対する支援としての中小企業基盤整備機構によるファンド出資事業
投資育成会社【Q6】	・投資育成会社は、中小企業の自己資本の充実とその健全な成長発展を図ることを目的として中小企業投資育成株式会社法（昭和38年法律第101号）に基づき設立された経済産業省所管の投資業務に関する政策実施機関
	・投資決定を受けると、長期安定株主として経営のバックアップを受けることができ、後継者が事業を承継する際の資金の出し手の一つとしても活用可能

33　相続税の納税猶予制度とは、一定の要件を満たす非上場会社において、議決権の３分の２に達するまでの自社株を相続または遺贈により取得した後継者の当該自社株の課税価格の80％に対応する納税を猶予する制度です（措法70の７の２①）。
　　贈与税の納税猶予制度とは、一定の要件を満たす非上場会社において、議決権の３分の２に達するまでの自社株を贈与により取得した後継者の当該自社株に関する贈与税全額を猶予する制度です（措法70の７①）。
34　なお、金融支援措置の利用件数は、経済産業大臣の認定数で平成26年３月末現在85件と伸び悩んでいますが、納税猶予制度については、制度開始後の利用状況等を考慮して、平成25年度税制改正により要件が一部緩和される等従前より制度を利用しやすくするための改正が行われています。

Ⅰ　事業承継概論

(5)　延納、物納

　上記(1)から(4)までの各手法を用いても納税資金を確保できず、現金による贈与税や相続税を一括納付できない場合には、一定の要件のもと延納制度が認められています（相法38）。例えば、収益不動産や自社株式を贈与又は相続で取得した場合に、延納申請し、当該資産から生ずる賃料収入や配当金に基づいて分割納付していくといった利用の仕方が考えられます[35,36]。

　また、延納によっても相続税の納付が困難な場合には、一定の要件のもと物納制度が整備されています（相法41、42）[37]。物納は相続税についてのみ認められる制度です。

35　延納期間は原則5年とされていますが、直ちに換金が困難な不動産等の割合が高い場合に最長20年とされるなど、一部例外が認められています（相法38）。

36　延納は、原則として延納税額に相当する担保の提供が求められ、また、延納税額に対し不動産等の割合に応じ一定の利子税が課されます（相法52①、措法70の10、11）。ただし、担保可能な資産は、原則として換金の確実性や換金が容易であることとされ、非上場会社の場合、取引相場のない自社株を担保提供する場合には、一定の要件が満たす必要があるため注意を要します（相基通39-2）。

37　ただし、担保権等が設定されている不動産や譲渡制限株式が物納財産として不適格な管理処分不適格財産（相令18）に含まれていること、担保権や譲渡制限の解除手続は煩雑でコストも要することから、非上場会社の場合、事業承継における利用は限定的と考えられます。

第1章 事業承継概論

1-7.
事業承継における自社株評価引下げ対策

親族内に後継者がいる場合の、事業承継における自社株評価引下げ対策について説明してください。

nswer

▶ポイント

- 事業承継における自社株評価引下げ対策は、「1株当たりの評価額」の引下げ対策と移転させるべき「株式数」の減少(移転)対策をあわせて検討します。

ここでは、所有と経営が一致しており、経営者は筆頭株主として経営権（議決権）の過半数を保有している「非上場会社＋同族会社」（Q1-3を参照）における自社株評価引下げ対策について検討します。

自社株式の評価額は、一般に以下の算式で計算されます。

自社株式の評価額＝「1株当たりの評価額」×「株式数」

親族内承継の自社株対策は、「1株当たりの評価額」の引下げ対策と、現経営者から後継者への「株式数」の減少（移転）対策とに区分されます。

1．「1株当たりの評価額」の引下げ対策

親族内承継において、後継者が自社株式を取得する場合の評価額は、相続税の財産評価基本通達に定める、原則的評価方式が適用されます。

原則的評価方式には、類似業種比準方式と純資産価額方式があります。これらの評価方法をいかに引き下げるかが、対策のポイントになります。（Q7-4、7-5参照）

(1) 類似業種比準方式（詳しくはQ8-5参照）

類似業種比準価額は、業種が類似する上場会社の業績（「配当」「利益」「純資産」の3要素）の平均値と評価会社の業績を比較して、比準割合を求め、その割合

45

Ⅰ　事業承継概論

に類似業種の上場会社の平均株価を乗じて計算します。

> 類似業種比準価額
> ＝ 類似業種の上場　×　評価会社の業績（「配当」「利益」「純資産」）
> 　　会社の平均株価　　　業種が類似する上場会社の業績（「配当」「利益」「純資産」）

　計算式の分子となる評価会社の業績が上がれば、株価もそれに連動して高くなり、反対に業績が下がれば、株価は低くなります。

　また、評価会社の業績とは関係なく、類似業種の上場会社の平均株価が上がって1.5倍になると、評価会社の株価も連動して1.5倍になります。

　業績は、決算を経るたびに変動し、株式評価額もその変動に応じて変わることになりますので、会社の業績が一時的に良くない場合など、株価が下がったタイミングで後継者への株式の移転を計画的に行うことができます。

　対策として、次の方法などがあります。

- 「配当」の引下げは、配当率の引下げや特別配当を利用します。
- 「利益」の引下げは、役員退職金の支給（Q1-8参照）や高収益部門の分社化（Q1-8参照）など、利益を圧縮することで可能となります。
- 「純資産」の引下げは、次の(2)**純資産価額方式**の株価対策と同様です。

(2)　純資産価額方式（詳しくはQ8-6参照）

　純資産価額方式は、課税時期における資産から負債及び、評価差額に対する法人税額等相当額を控除して評価額を求める方式です。

　したがって、純資産の金額を減らすか、または、含み益を減らすことにより、純資産価額を引き下げることが可能です。

　対策として、次の方法などがあります。

- 役員退職金の支給などの損失計上は、ここでも有効な対策となります。
- 多額の含み益を抱えた資産がある場合の、会社分割（Q5-2参照）。
- 一般的に、不動産は取引価額（時価）よりも相続税評価額のほうが低いため、純資産評価額を引き下げる効果があります。逆に、相続税評価額よりも時価の方が低い不要な不動産がある場合には、これを売却することにより、純資産価額を引き下げることも可能です。ただし、不動産を取得すると資金は減少するので、他の対策（退職金の支給、自社株の買取り等）との

第1章　事業承継概論

バランスにも注意が必要です。

なお、自社株評価時点前3年以内に取得した土地や建物は、相続税評価額によらず、時価（通常の取引価額）での評価が強制されるため（評基通185）、取得後3年間は評価引下げ効果がありませんので、留意する必要があります。

「1株当たりの評価額」の引下げ対策をまとめると、**図表1**のとおりです。

図表1　「1株当たりの評価額」の引下げ対策

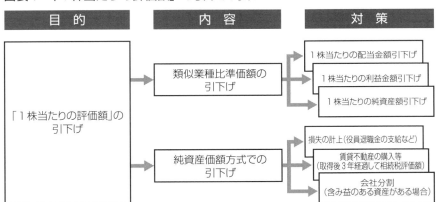

(3)　オーナーへの役員退職金の支給

非上場の同族会社においては、資金及び内部留保に余裕があれば役員退職金を支払うのが通常です。オーナーへの役員退職金の支払は、上記(1)及び(2)で見てきたように、会社の利益の減少、純資産の減少を通じて、類似業種比準価額及び純資産価額を大きく引き下げる効果があります。ただし、非上場の同族会社で、役員退職金を支給するための事前・事後の準備が不足していることも多いので、これらに関し**図表2**でまとめています。

47

Ⅰ　事業承継概論

図表2　株式の移転のタイミングと必要な手続き

必要な手続	
【オーナー経営者の退任と役員退職金の支給】 ・事前に役員退職金規程の作成（取締役会等の承認）[38] ・株主総会の決議（支給の承認） ・取締役会の決議（規程に基づいた支給額の決議）[38] ・役員退職金の支給（源泉所得税・住民税の源泉徴収） 【後継者の代表取締役就任】 ・株主総会の決議（取締役選任、取締役の報酬額承認） ・取締役会の決議（新代表取締役の選任、取締役の報酬額）	【株式の移転（贈与・譲渡・信託等）】 ・退職金を支給した年度の翌事業年度に株式の移転

贈与	後継者（受贈者）に贈与税（確定申告）	
譲渡	オーナー（譲渡者）に譲渡所得税（確定申告）	
信託	後継者（受益者）に贈与税（確定申告）	

参考：松浦真義「事業承継プランニングにおける役員退職金の位置付け」税経通信
　　　2015年9月号、48頁・50頁、税務経理協会

⑷　高収益事業の分離（詳しくは Q 5 - 2 参照）

　高収益部門を分社型新設分割の方法により子会社化することで、「分離後の子会社」株式評価額は、含み益相当額（「評価時の時価－分離時の簿価」）の38％相当額を控除した分だけ相続税評価額を低くすることができます。

　また、後継者等の相続人が会社を設立し、オーナー会社の高収益部門を新設会社に事業譲渡する方法もあります。これにより、高収益部門から将来発生す

---

[38]　役員退職金規程を作成する多くの企業で、その具体的な算出方法として「最終月額報酬×在任年数×役位別功績倍率」の算式を定めているケースをよく見受けます。この場合、理由なく最終月額報酬が上昇していたり、もしくはそもそも会社の財政状態等からして高額であったり、また、類似する企業の功績倍率と比較して当該倍率が高すぎたりすると、過大退職金として調査等で否認されるリスクもあります。

る資金により、譲渡対価を精算するとともに、その後の追加的に生ずる資金で納税資金を担保することが可能となります。

⑸　株式移転による持株会社の設立（詳しくは Q 5 - 2 参照）

　株式移転の方法により持株会社を設立します。適格株式移転に該当すれば、含み益に対する課税は非課税で設立できます。また、株式移転による資金も不要です。

　オーナー社長が所有している自社株式を、直接保有から持株会社を通じた間接保有に変更して、持株会社の子会社にします。これにより、オーナーの「移転後の親会社である持株会社」株式評価額は、含み益相当額（「評価時の時価−移転時の簿価」）の38％相当額を控除することになるため、移転後の株式の評価の上昇率を抑える効果があります。

２．「株式数」の減少（移転）対策

　所有「株式数」の減少（移転）対策は、一方で、現経営者の相続財産を減少させ、他方で、後継者へ自社株式を移転させる側面を持ちます。

　自社株式移転する主な方法として、**図表３**の４つの方法、すなわち、「**生前贈与**」、「**自社株式の譲渡**」、「**第三者割当増資**」、「**信託**」などがあります。

Ⅰ　事業承継概論

図表3　「株式数」の減少（移転）対策

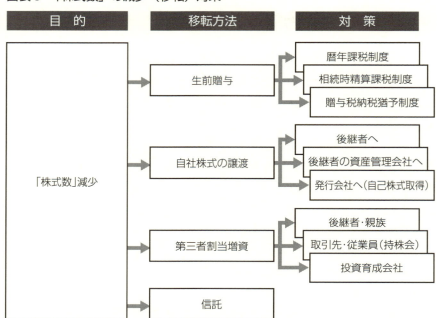

(1) 生前贈与の利用（詳しくは第4章参照）

後継者へ株式を移転する方法として、まず生前贈与が挙げられます。生前贈与の手法として「暦年課税制度」と「相続時精算課税制度」があります。

① **暦年課税制度**

「暦年課税」の基礎控除（年間110万円）による贈与が基本ですが、贈与税率が譲渡所得に対する税率より低い範囲での贈与であれば、同族全体で見た場合の財産の流出を低く抑えることも可能です。

贈与税＝[（贈与を受けた財産の合計額）－（基礎控除額110万円）]×税率

（贈与税速算表は、217ページを参照のこと）

② **相続時精算課税制度**

相続時精算課税制度は、1年間に贈与を受けた財産の価額の合計額から2,500万円の特別控除額を控除した残額に対し、贈与税を納付し、相続税の計算時に

第1章　事業承継概論

精算（合算）される制度（暦年課税制度との選択制）です。

> 贈与税＝［(贈与を受けた財産の合計額) －（特別控除額2,500万円)］
> 　　　　×税率（一律20%）

⑵　譲渡

　贈与の場合、現経営者は後継者に自社株式を渡すだけで、贈与税の申告・納付はもらった側の後継者が行うのに対し、譲渡の場合は、売った側の現経営者が譲渡所得の申告・納付を行い、買った側の後継者は買取り資金が必要となることも考慮しなければなりません。

【株式等の譲渡益課税】

　株式等の譲渡益には申告分離課税が適用され、税率は原則20%（所得税15%・住民税5%）です。

> 株式等の譲渡益×20%（所得税15%・住民税5%）

　平成25年から平成49年までは、復興特別所得税として各年分の基準所得税額の2.1%、所得税とあわせて20.315%を申告・納付することになります。

　財産評価基本通達により評価した価額は支配株主（原則的評価方式の対象者）と少数株主（特例的評価方式の対象者）とで、異なる評価が算出される方式になっています。

　後継者の資金負担を考慮して、親族等への譲渡の他に、法人を含めた関係会社や取引関係のある会社に譲渡し、保有してもらうのもひとつの方法です。

　また、支配株主には該当しない、原則的評価方式の対象ではない社内外の組織、従業員持株会や投資育成会社を活用も検討の余地があります。

⑶　従業員持株会の利用（詳しくは第6章参照）

　従業員持株会は、従業員の財産形成の促進や生活の安定をめざしたもので、非同族の従業員が組合規約を作ることによって成立する民法上の組合です。

　組合が間接所有することにより、従業員個人に帰属しないので、議決権行使

I　事業承継概論

がバラバラになるのを防ぐことができます。

　従業員持株会は、同族株主以外の株主に該当するため、従業員持株会にオーナーの自社株式を移動する場合は、原則として配当還元価額（通常は最も低い株価）によることができます。

(4)　信託の活用

　代表取締役を退任して、経営を後継者に引き継いだ後も、会社支配を現経営者に残すために、信託を活用する場合があります。

第1章　事業承継概論

Q 1-8.
親族内に後継者がいない場合

親族内に後継者がいない場合の事業承継対策について説明してください。

A nswer ··

▶ポイント

• 親族外承継は、一般的に自社株式を親族外の第三者に譲渡する等による事業承継の一形態です。

• 親族外承継に用いられるスキームは、その相手方の属性によって異なります。

　オーナー経営者の中には自分の子どもを含む親族（以下、「親族等」という。）には会社経営をさせないという考え方を持つ方がいます。さらには、親族等を自分の会社で働かせないという方針の経営者もいます。一方で、親族に会社経営を承継させたいが、残念ながら、適任者がいないために、親族内での承継を断念せざるを得ないケースも目にします。こうした事例を最近目にすることが増えてきましたが、これは、上場、非上場にかかわらず親族外の第三者である企業等に自社株式を譲渡し実質的に親族外へ事業承継する事例、もしくは株式移転等の組織再編手法を活用して非上場株式を上場株式に転換する事例等、オーナー経営者が様々な親族外承継の事例を知る機会が増加し、オーナー経営者が事業承継を考えるに際し、親族内承継だけが事業承継ではないと理解し始めたこともひとつの要因と考えます。

　それでは、具体的にどのような方法があるのかを、事業を委ねる相手方の属性によって考えてみます。

53

Ⅰ　事業承継概論

1．上場企業の場合

　上場企業を相手にする場合、オーナー経営者にとって何より魅力なのは、会社が上場企業グループに入ることで知名度や外部からの信頼度が飛躍的に向上ることと、あわせてオーナー経営者個人としては物的にも人的にも実質的にイグジットできることです。上場企業を相手とする事業承継の場合、一般的には、株式譲渡か株式交換を用います。それぞれの特徴は以下の図表のとおりです。なお、これらに係る詳しい説明は**第5章**を参考にしてください。

	対価	譲渡対象株式数	実行時の課税関係
①株式譲渡	現金	一般的に、上場企業が会社法上の親会社（会2四、会規3②）に該当する議決権数以上の株式を取得する	譲渡益課税
②株式交換	原則として上場会社株式	発行している株式の全部（会2三十一）	適格組織再編のケースでは、対価である上場会社株式を売却するまで、譲渡益に対する課税は繰り延べられる

２．非上場企業の場合

　上場企業が相手の場合とは異なり、市場性のある株式を取得することができないので、株式交換が用いられることはほとんどありません。一方で、税制適格要件を満たす組織再編スキームを用いようとするとオーナー一族は現金によるイグジットが原則としてできません。そのため、多くの場合、上場企業を相手とする場合と同様に株式譲渡が用いられるか、もしくは事業譲渡をした後に、会社が対価として受け取った現金を退職金等で受け取る方法が用いられます。

	譲渡対象	対価	実行時の課税関係	実行後
①株式譲渡	一般的に、オーナー一族の所有する株式の全部	現金	譲渡益課税	特になし
②事業譲渡	事業の全部（会）又は一部(参考条文：会467、468)	現金	法人が譲渡した財産に関し、含み益があれば法人課税	オーナー経営者は退職金支給、配当、自己株取得等のスキームで実質的なイグジットを検討する

I　事業承継概論

3．親族外の第三者である個人の場合

　余裕資産を有する親族外の個人が相手であれば、これまでの説明と同じく株式譲渡か、もしくは一旦、第三者割当増資の引受けによりオーナー一族の持株比率を低下させた上で、別途株式譲渡をすることで100％子会社化するケースも見受けられます。また、余裕資産を持っていないことが想定される親族外の役員等に自社株を承継させる場合には、納税猶予制度を活用することも想定されます（詳細は、Q4-11からQ4-15を参考にしてください。）。また、Q1-5で説明したMBOやEBOも親族外承継の手法として用いられることがあります。

	移動対象	対価	実行時の課税関係	実行後
①株式譲渡	一般的に、オーナー一族の所有する株式の全部	現金	譲渡益課税	特になし
②第三者割当増資	特になし	特になし	資本金が増加することに伴う登録免許税	第三者割当増資で増加した現金等を活用し、オーナー経営者は退職金支給、配当、自己株取得等のスキームで実質的なイグジットを検討する
③親族外への納税猶予制度	先代経営者の有する株式	発行済み株式総数の3分の2に達するまでの部分であること	Q4-10から15参照	

４．事業承継ファンド等の場合

　事業承継ファンドとは、オーナー一族の有する株式を取得し、事業をブラッシュアップしながら、保有している間は一定の期間保有した後に、投資した企業による自己株式取得や外部に売却する等のイグジットを前提にするファンド等をいいます。ただし、オーナー経営者から見たスキーム自体はこれまでに説明したものと変わりませんので、ここでは割愛します。

II

事業承継スキームと関連法規

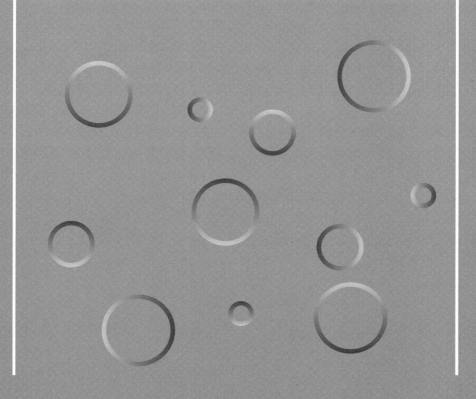

第2章

事業承継に係る民法の定め

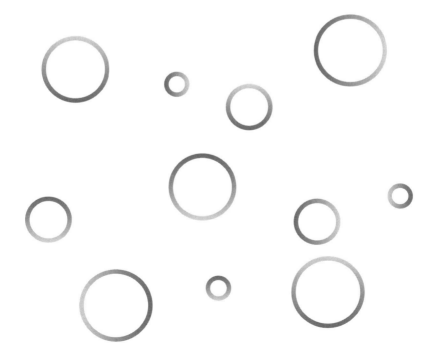

Ⅱ　事業承継スキームと関連法規

Q2-1.
法定相続人と法定相続分に関する民法の規定

法定相続人と法定相続分について説明してください。

Answer ···

▶ポイント

• 相続人となることができるのは、被相続人の①子、②直系尊属、③兄弟姉妹、④配偶者で、配偶者は常に相続人となり、配偶者以外は相続できる順位が定められています。

• 法定相続分とは、被相続人の遺言がない場合、遺産をどのように分けるかの基準となるものです。

1．法定相続人

死亡によって相続が開始されます（民882）。死亡した人（被相続人）が所有していた財産を受け継ぐ人を相続人といいます。

相続人は、相続開始の時から被相続人の財産に属した一切の権利義務を承継します（民896本文）。「一切の権利義務」とありますので、動産・不動産だけでなく、著作権・特許権のような権利等の無形資産や借入金などのマイナスの財産も含まれることになります。ただし、例えば被相続人が使用していた賃貸借物件に関する借主の地位等、被相続人の一身に専属する権利義務関係は相続の対象にはなりません（民896但書）。

相続人は、民法によって定められており、これを法定相続人といいます。

法定相続人は、以下のとおりであり、また、順位が定められています。

62

第2章　事業承継に係る民法の定め

図表1　法定相続人

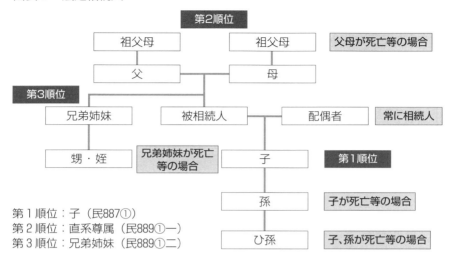

第1順位：子（民887①）
第2順位：直系尊属（民889①一）
第3順位：兄弟姉妹（民889①二）

　第1順位の人がいない場合、第2順位の人が相続人となり、第2順位の人がいない場合は、第3順位の人が相続人になります（民889①本文）。

　なお、配偶者は常に相続人となり、上記の順位の人と同順位となります（民890）。

　以下では、相続人になるのかならないのかについて、留意点を説明します。

(1)　配偶者

　法律上婚姻していることが必要であり、いわゆる事実婚又は内縁の状態では、配偶者として相続人にはなりません。

　また、離婚をした場合も、それにより夫婦は他人となりますので、配偶者としては認められません[39]。

---

[39] 相続人が不在の場合で、かつ一定の条件のもと特別縁故者として相続財産の分与を受けることができる可能性はあるが（民958の3）、配偶者として相続はできない。

63

Ⅱ　事業承継スキームと関連法規

(2)　子

子については、実子、養子、嫡出子、非嫡出子の区別なく相続人となります。

ただし、非嫡出子については、父親が認知しない場合は、父親からの相続は受けることができません（母子の関係は、母親の分娩の事実により証明されますので、母親の認知は必要とされていません[40]）。

なお、胎児については、死産でない場合は、相続についてはすでに生まれたものとみなされます（民886）。

配偶者に連れ子がいる場合、当該連れ子は、被相続人の子ではないため相続人にはなりません。ただし、養子縁組を組めば連れ子を相続人にすることができます。

(3)　直系尊属

被相続人に直系卑属がいない場合や直系卑属が相続放棄をした場合には、第2順位である直系尊属が相続人になりますが、被相続人に父母も祖父母もいる場合は、親等の近い者、すなわち、父母が相続人になります（民889①一ただし書）。

また、実父母と養父母がいる場合は、同順位で相続人となります。

(4)　兄弟姉妹

被相続人に直系卑属、直系尊属がいない場合、兄弟姉妹が相続人になりますが、父母の双方が同じ兄弟姉妹（全血兄弟姉妹）と父母の一方のみが同じ兄弟姉妹（半血兄弟姉妹）のいずれも相続人となります。

(5)　代襲相続

被相続人の子が、相続の開始前に死亡したとき、または相続人の欠格事由に該当する場合や廃除に当たることにより相続権を失った場合には、その者の子が代襲して相続人となります（民887②）。また、兄弟姉妹についても代襲相続が認められています（民889②）。

40　親子関係存在確認請求事件（最判昭和37年4月27日）

第2章　事業承継に係る民法の定め

　子の代襲相続に関しては、代襲相続できる者が被相続人の直系卑属に限られるので（民887②ただし書）、すでに子を持つ人を養子にした場合の当該養子の子は養親の直系卑属ではないため、代襲相続できません。しかし、養子縁組をした後に生まれた養子の子は養親の直系卑属になるため、代襲相続することができます。

　また、直系卑属の場合は、代襲者も死亡等の場合は、代襲者に子がいれば、代襲者の子に再代襲することができます（民887③）。

　兄弟姉妹の場合は、甥・姪への代襲が認められています。しかし、民法889条2項では直系卑属の再代襲の規定を準用していないため、兄弟姉妹の代襲者の子、すなわち甥、姪の子への再代襲は認められていません。

　なお、代襲相続は、直系尊属と配偶者には認められていません。

2．相続分

⑴　法定相続分

　相続人が複数いる場合で、被相続人が遺言でその財産を誰にどれだけ相続させるかを決めていない時は、共同相続人の協議で決めることになります。その際に各相続人がどれだけ相続するのかの基準となるのが、民法で定める法定相続分となります。この法定相続分どおりに分けなければいけないということではありません。

　民法では、法定相続分について以下のように規定されています（民900）。

　①　相続人が子と配偶者の場合

　　　子の相続分と配偶者の相続分は各2分の1。

　②　相続人が配偶者と直系尊属の場合

　　　配偶者の相続分は3分の2、直系尊属の相続分は3分の1。

　③　相続人が配偶者と兄弟姉妹の場合

　　　配偶者の相続分は4分の3、兄弟姉妹の相続分は4分の1（ただし、半血兄弟姉妹の相続分は、全血兄弟姉妹の相続分の2分の1）。

65

Ⅱ 事業承継スキームと関連法規

図表2　法定相続分

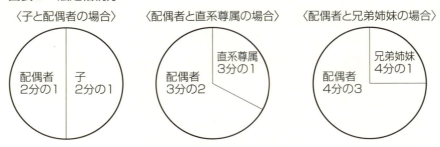

　上記の場合で、子、直系尊属、兄弟姉妹が複数いるときは、各自の法定相続分はその人数の値をそれぞれの法定相続分の分母に乗じた割合になります。例えば、子供が2人の場合、上図の子の法定相続分である2分の1の分母にこの数である2を乗じますので、それぞれの子供の法定相続分は4分の1となります。

　なお、嫡出子、非嫡出子の法定相続分については、平成25年12月5日に民法の一部を改正する法律が成立し、非嫡出子の相続分が嫡出子の相続分と同等になりました。当該改正法は、平成25年12月11日に公布、施行されています。

　改正前は、「嫡出でない子相続分は、嫡出である子の相続分の2分の1」とされていました（旧民900四ただし書）。

　改正後は、この部分の条文が削除され、平成25年9月5日以後に開始された相続については、改正後の民法が適用されます。すなわち、嫡出子も非嫡出子も区別されることなく、同額の相続分となります。

　代襲相続がある場合の相続分については、本来相続されるべき相続分が代襲相続される相続分となります（民901①本文）。

　上述のように、被相続人が遺言でその財産を誰にどれだけ相続させるかを決めていない時の基準となるものが民法で定める法定相続分となりますが、被相続人は、遺言で共同相続人の相続分（指定相続分）を定めることができます。

　また、第三者に相続分を決めることを委託することもできます（民902①）。ただし、この場合、被相続人は、遺留分に関する規定に違反することはできない（民902①ただし書）とされています。遺留分についての詳細は、Q2-4を参照ください。

３．特別受益がある場合の相続分

　共同相続人に特別受益者がいる場合は、この特別受益を受けた分を勘案し、法定相続分を計算しなおすことになります（民903①）。

　特別受益者とは、以下のものをいいます。

① 　被相続人から遺贈を受けた者

② 　被相続人から婚姻のため贈与を受けた者

③ 　被相続人から養子縁組のため贈与を受けた者

④ 　生計の資本として贈与を受けた者

　特別受益者の相続分は、相続開始の時に有していた財産の価額にその贈与の価額を加えたものを相続財産とみなし、法定相続分（代襲相続分、指定相続分を含む）に係る規定により相続分を算定し、そこからその遺贈又は贈与の価額を控除した残額となります。

　算式で示すと次のようになります。

　　特別受益者の相続分

　　＝（相続開始時の財産の価額＋特別受益額）×法定相続分－特別受益額

　したがって、上記の計算の結果、特別受益者の相続分がゼロ又はマイナスとなる場合は、当該特別受益者は相続分を受けることができません（民903②）。

　ただし、被相続人が上記民法の規定と異なった意思を表示したときは、遺留分に違反しない範囲であれば、その意思表示は有効であるとされています（民903③）。

４．寄与分

　共同相続人の中に、特別の寄与をした者があるときは、相続開始の時に有していた財産の価額から寄与分を一旦控除し、これに法定相続分の規定により算定した相続分に寄与分を加えた額をその者の相続分とするとされています（民904の２①）。

　特別の寄与をした者とは、次の方法により被相続人の財産の維持又は増加について特別の寄与を行った者をいいます。

① 　被相続人の事業に関する労務の提供

② 　被相続人の事業に関する財産上の給付

Ⅱ　事業承継スキームと関連法規

③　被相続人の療養看護

④　その他の方法

算式で示すと以下のようになります。

特別寄与者の相続分

＝（相続開始時の財産の価額−寄与分）×法定相続分＋寄与分

　寄与分は、共同相続人の協議で定めますが、その協議が整わない時又は協議ができない時は、寄与した者の請求により、家庭裁判所は、寄与の時期、方法及び程度、相続財産の額その他一切の事情を考慮して寄与分を定める（民904の2②）とされています。

　なお、寄与分は、相続開始の時に有していた財産の価額から遺贈の額を控除した残額を超えることはできません（民904の2③）。

5．事業承継との関係

　事業承継する後継者が誰であり、法定相続人が誰であるか、また、その法定相続人に対して、法定相続分がいくらになるのかについて以下で整理しておきます。

　後継者＝法定相続人であり、法定相続分どおりの相続をすることと事業を承継していく上での利害等が一致していれば問題はありませんが、後継者が1人で法定相続人が複数いる場合や、例えば、自社株式については1人の後継者に集中させたい場合は、法定相続分での相続とは一致しないことがあります。

　後継者にとって事業を承継していくに当たり必要な財産を相続していった場合、各法定相続人に法定相続分とは異なる財産を相続しなければならないことも考えられます。

　遺産をどのように法定相続人に分割していくかという遺産分割の問題（Q2-2参照）、遺言（遺贈と死因贈与についてはQ2-3参照）、また、遺留分についての問題は生じないか（遺留分と遺留分減殺請求権についてはQ2-4参照）などを検討していく上で、法定相続人と法定相続分の把握がまず必要となります。

Q 2-2. 遺産分割に関する民法の規定

遺産の分割に関する民法の規定を説明してください。

Answer

▶ポイント
- 相続の開始後、一旦、相続人全員の共有財産になった被相続人の財産を、具体的に各人に分けることを遺産の分割といいます。

1．遺産分割の基準

遺産の分割は、遺産に属する物又は権利の種類及び性質、各相続人の年齢、職業、心身の状態及び生活の状況その他一切の事情を考慮してこれをする（民906）と規定されています。

遺産がすべて現金で、法定相続分で分割することができるのであれば、何ら問題はありませんが、実際は、不動産や有価証券などが含まれます。また、その財産を相続することが被相続人の事業を承継することが前提となる場合も考えられます。このような場合、単純に法定相続分で分割するのでは、相続財産が被相続人の考えどおりに受け継がれないこともあります。したがって、民法では、相続財産がどのようなものでそれを誰に相続させるのが最も良いのかを考慮しながら、遺産の分割を行うことが基本原則であると規定しています。

2．遺産の分割の協議又は審判等

(1) 分割の方法

共同相続人は、被相続人が遺言で遺産の分割を禁じた場合（民908）を除き、いつでも協議で遺産の分割をすることができます（民907①）。

ここで、「いつでも」と民法上は書かれていますが、相続税法上、相続税の申告の期限は、相続人が相続の開始があったことを知った日の翌日から10か月以内となっています（相27①）ので、相続税が発生する場合は、早めの対応が必要になります。

遺産は、現金預金のほか、株式等の有価証券、土地等の不動産など単純に分

割することが容易なものと難しいものとがあります。遺産の分割の方法には、主に次のようなものがあります。

① 現物分割

現物分割は、財産をそのままの形で分配する方法です。しかし、例えば、土地を妻に、株式を長男に、現金は次男に分割するとなると、必ずしも公平な分割とならないことが多く、法定相続分に準拠して分割したい場合は難しい方法です。ただし、この方法で相続人全員の協議の結果、合意が得られれば、名義変更等の手続きは比較的容易なものとなります。

② 代償分割

代償分割は、ある相続人が相続した財産が相続分より多い場合に、その相続人が他の相続人に相続分を超えた分の債務を負担することにより分割する方法です（家事事件手続法195）。「債務を負担すること」として、代償金を支払うということが多く行われています。

金額的には、公平な分割が可能ですが、多額の不動産を相続した長男が、少額の現金を相続した次男に対して、相続分を超えた部分の現金を支払う場合、その長男に支払うだけの現金がなくてはなりません。その長男は、相続によって不動産を得ますが、現金は減少することになりますので、支払い能力があることが必要といえます。

当該不動産が事業用資産の場合で、事業後継者が一括して受け継ぐことが望ましい場合、相続人は、当該不動産から将来得られる利益を勘案すれば、一時的に手元の現金が減少してもよいと考える場合があります。このような場合、代償分割により事業用資産を相続し、現金を他の相続人に支払うことにより解決することが考えられます。

③ 換価分割

換価分割は、財産を売却することにより、現金化し、現金として分配する方法です。ただし、換価分割は、現物分割や代償分割が困難である場合に行うべきとされています。

換価分割は、その財産自身の状態で相続しても使わないような場合は、その財産の処分も兼ねることができ、また、現金化されますので、公平に分配することも可能な方法といえます。しかし、処分することができない財産の場合は

この方法を使うことができません。また、処分した結果、売却益が発生する場合には、所得税等が課税されることになります。

④ 共有分割

共有分割は、複数の相続人で持分を決めて共有財産として相続する方法です。実際に共同で使用している不動産の場合は、公平に分割できることになりますが、最終的な所有をどのようにするのかを念頭に置いておく必要があります。

共有のままの場合、不動産の処分等に際しては、所有者の全員の同意が必要なため、単独では意思決定できないことや、将来その不動産が相続される場合再度誰に相続させるのかといった問題が残る可能性があるので留意が必要です。

(2) **遺産分割協議書**

遺産分割協議が成立したら、相続人全員により遺産分割協議書を作成することになります。

遺産分割協議書は、協議の結果を明確にするために書面として残しておくものですが、金融機関などでの名義変更、法務局における不動産の登記の変更などのためにも必要な書類となっています。

また、相続税法においても、配偶者の税額軽減（相法19の2②）などの特例の適用を受ける場合は、相続税の申告書に遺産分割協議書の写しを添付しなければなりません。

Ⅱ　事業承継スキームと関連法規

遺産分割協議書の例

遺産分割協議書

本　　籍　　　東京都○○区○○町○丁目○○番地
被相続人　　　甲田　太郎　（平成○年○月○日死亡）

　上記の者の相続人甲田一郎及び乙山はな子は、被相続人の遺産について協議を行った結果、次のとおり分割することに同意した。

１．相続人甲田一郎は次の遺産を取得する。
【現金】　金500,000円

【預貯金】　○○銀行　　○○支店　　口座番号○○○　　金300,000円

２．相続人乙山はな子は次の遺産を取得する。
【土地】　所在　東京都○○区○○町○丁目
　　　　　地番　○番
　　　　　地目　宅地
　　　　　地積　○○㎡

【建物】　所在　　　東京都○○区○○町○丁目○○番地
　　　　　家屋番号　○○番
　　　　　種類　　　居宅
　　　　　構造　　　木造瓦葺２階建
　　　　　床面積　　１階　○○㎡　　　　２階　○○㎡

３．本遺産分割協議の時点で判明していない被相続人の遺産が後日発見された場合は、別途協議するものとする。

　以上のとおり、相続人全員による遺産分割協議が成立したので、本協議書を２通作成し、署名押印のうえ、各自１通ずつ所持する。

　平成　　　年　　　月　　　日

　　　　　　　　　［住所］
　　　　　　　　　［署名］　　　　　　　　　　　　実印

　　　　　　　　　［住所］
　　　　　　　　　［署名］　　　　　　　　　　　　実印

3．遺産分割方法の指定及び遺産分割の禁止（民908）

　被相続人は、遺言で遺産の分割の方法を定め、もしくは遺産の分割方法を第三者に委託することができます。また、被相続人は遺言により、相続開始の時から5年を超えない期間を定めて、遺産の分割を禁止することができます。

　ただし、遺言で遺産の分割の方法を定める場合や、遺産の分割を禁止する場合は、相続税法上、不利な取扱いにならないかについて十分留意しておく必要があります。

　特に、遺産が未分割の場合でも相続税法では、民法の規定による相続分で遺産を取得したものとして、課税価格を計算して相続税を申告しなければなりません（相法55）。

　また、遺産の分割を禁止した場合、未分割のまま相続税の申告を行うと配偶者の税額軽減の適用が受けられない（相法19の2②）などのデメリットがあります。

Ⅱ　事業承継スキームと関連法規

Q 2-3.
遺贈と死因贈与に関する民法の規定

遺贈と死因贈与について説明してください。

A nswer ･･･････････････････････････････････

▶ポイント

● 遺贈とは、遺言者が死後に財産を人（自然人、法人を問わず、相続人に限らない）に無償で譲ることです。

● 死因贈与とは、贈与者の死亡により効力が生じる贈与です。

1．遺言

⑴　遺言の意義

　遺言は、遺言者が生前に自分の意思を民法の規定に従ってそれを書面に残し、遺言者の死亡後にその効力が生じるものです。

　特に事業承継が伴う相続の場合は、被相続人の思いを遺言として残しておかないと、相続人の間で遺産の分割に際しもめることもあり、相続財産が散逸してしまうこともあります。

　遺言は、相続に関する争いを避け、また、事業承継も円滑に進めていく上で、重要であるといえます。

⑵　遺言の方式

　遺言は、民法に定める方式に従わなければなりません（民960）。遺言は、その効力が生じるのが自分の死後であるため、遺言に書かれたことを本人に再度確認することはできません。また、相続人にとって、不都合な内容である場合、偽造・改変される可能性もあります。そこで、民法では、遺言は一定の方式により作成されなければ無効であるとし、以下に述べるような書面によることを要求しています（民967）。

　この民法に定める方式とは、特別の方式が許される場合を除き、自筆証書、公正証書又は秘密証書によってしなければなりません（民967）。

　なお、「特別の方式が許される場合」とは、次のような場合です。

74

第2章　事業承継に係る民法の定め

- 疾病その他の事由によって死亡の危急に迫った者が行う場合（民976）
- 伝染病のため行政処分によって交通を絶たれた場所にある者が行う場合（民977）
- 船舶中にある者が行う場合（民978）
- 船舶が遭難した場合において、当該船舶中にあって死亡の危急に迫った者が行う場合（民979）

以下では、普通の方式で行われる場合について比較します。

① 自筆証書遺言（民968）

自筆証書によって遺言をする場合には、遺言者が、その全文、日付及び氏名を自筆し、これに押印をしなければなりません（民968①）。そして、自筆証書中の加除その他の変更は、遺言者がその場所を指示し、これを変更した旨を付記して、特にこれに署名し、かつ、その変更の場所に印を押さなければ、その効力を生じない（民968②）と厳格な要件が求められています。

特に留意すべき点としては、条文上、「自筆」となっていることから、パソコンでの作成は無効となる点です。

自筆証書遺言は、自分1人で証人を必要とせず作成できますので、作成に関しては、容易であるといえます。

しかし、自筆証書遺言については、いくつかのリスクもあります。

まず、そもそも遺言書があることを家族などに知らせていないこともあり、遺言書の存在自身知られないまま遺産の分割が行われてしまうリスクがあります。

自筆証書遺言は自分で作成するため、法の定める形式的要件を満たしていないと遺言自体が無効となることもあります。

また、自筆証書遺言の場合は、遺言書を保管していた者又は遺言書を発見した場合、相続人は、家庭裁判所に相続の開始後遅滞なく提出し、検認を請求しなければなりません（民1004①）。

遺言書は、封印してある場合と封印していない場合がありますが、封印のある遺言書の場合は、家庭裁判所において相続人又は代理人の立会いがなければ開封してはいけません（民1004③）。

この規定に反し、自筆証書遺言を家庭裁判所に提出することを怠ったり、家

75

Ⅱ　事業承継スキームと関連法規

庭裁判所の検認を経ずに遺言を執行したり、又は家庭裁判所外で開封した者は
５万円以下の過料に処せられます（民1005）。

　被相続人にとっては、自分の死後ですので、遺言の執行に関して、相続人が
トラブルなく手続きをとるかどうかは、知る由もありませんが、自筆遺言証書
の場合のリスクとして知っておく必要があるでしょう。

② 　公正証書遺言（民969）

　公正証書遺言は、次の５つの要件が求められます。

　ア．証人２人以上の立会いがあること

　イ．遺言者が遺言の趣旨を公証人に口授すること

　ウ．公証人が、遺言者の口述を筆記し、これを遺言者及び証人に読み聞かせ、
　　　又は閲覧させること

　エ．遺言者及び証人が、筆記の正確なことを承認した後、各自これに署名し、
　　　印を押すこと

　オ．公証人が、その証書は上記アからエに従って作ったものである旨を付記
　　　して、これに署名し、印を押すこと

　このように、公正証書遺言は、公証人に作成してもらうことになりますので、
手数料等かかりますが、確実に作成することができます。また、家庭裁判所に
よる検認も必要でないため（民1004②）、遺言の執行をすぐに行うこともでき
ます。

　証人を２人立てる必要があることや証人には遺言の内容が知られてしまうと
いうことはありますが、遺言を残す方式としては、最も確実な方法であるとい
えます。

③ 　秘密証書遺言（民970）

　秘密証書遺言は、遺言者が署名押印した遺言書を封印し、公証人と証人に遺
言書であることを確認してもらい、遺言者自身が保管しておくものです。

　遺言の内容については、秘密を確保できますが、公証人は内容を確認しませ
んので、遺言書としての要件を満たしていない場合は、その効力が無効となる
リスクがあります。また、自ら保管することから、家庭裁判所の検認も必要と
なります。

　このように自筆証書遺言と公正証書遺言の両方のデメリットがあり、実際に

第2章　事業承継に係る民法の定め

はあまり利用されていません。

⑶　遺言の撤回

　遺言者は、いつでも、遺言の方式に従って、その遺言の全部又は一部を撤回することができます（民1022）。

　撤回する場合、最初に自筆証書遺言で作成したものを公正証書遺言の方式に変更することも可能です。

　前の遺言が後の遺言と抵触するときは、その抵触する部分については、後の遺言で前の遺言を撤回したものとみなされます（民1023①）。

　また、遺言後死亡までに、遺言した財産を処分してしまった場合も遺言は撤回されたものみなされます（民1023②）。

　なお、遺言者は、その遺言をこれ以上撤回はしないとするような「撤回する権利」を放棄することはできません（民1026）。

２．遺贈
⑴　遺贈の意義

　遺贈とは、遺言により財産を無償で移転させることであり、これを受けるものを受遺者といいます。受遺者は、相続人以外でもよく、また、自然人だけでなく、法人でも構いません。

　遺贈には、包括遺贈と特定遺贈の２種類があります（民964）。

　包括遺贈とは、財産の一定割合を与えるというものです。包括遺贈を受ける者すなわち包括受遺者は、相続人と同一の権利義務を有する（民990）とされていますので、債務がある場合には、債務も承継することになります。

　特定遺贈とは、特定の財産を与えるものです。特定遺贈の場合は、特に遺言で指定されていなければ、債務を承継することにはなりません。

⑵　遺贈の効果

　遺贈は、遺言者の死亡の時からその効力を生ずる（民985①）とされています。

　したがって、遺言者の死亡以前に受遺者が死亡したときは、遺贈の効果は失効することになります（民994①）。

77

Ⅱ　事業承継スキームと関連法規

⑶　遺贈の放棄

受遺者は、遺言者の死亡後、いつでも遺贈の放棄をすることができます（民986①）。

なお、遺贈の放棄に関する手続きについては、特に規定はなく、受遺者の意思表示による放棄も認められます。

3．死因贈与

死因贈与とは、贈与者の死亡後に無償で財産を与えるとする贈与者と受贈者との間の契約をいいます。

遺贈は相手方のない遺言者の単独行為ですが、死因贈与は、贈与者と受贈者との間の契約である点が異なっていますが、無償の財産の処分であり、死亡により効力が発生する点で遺贈と死因贈与は類似しています。

そこで、民法では、死因贈与は、その性質に反しない限り遺贈の規定を準用する（民554）となっています。

第2章 事業承継に係る民法の定め

 2-4.
遺留分と遺留分減殺請求に関する民法の規定
遺留分と遺留分減殺請求について説明してください。

nswer

▶ポイント
- 相続財産の一定割合を兄弟姉妹以外の相続人に留保する制度を遺留分制度といい、その割合を遺留分といいます。
- 相続開始後に相続人が受け継いだ相続財産が自己の遺留分に満たないときはその遺留分侵害額について、遺贈や贈与の減殺を請求することができます。

1．遺留分制度

民法では、兄弟姉妹以外の相続人は、相続財産の一定割合を受ける権利があります（民1028）が、この割合を遺留分といいます。

被相続人は遺言で自分の財産を誰に相続させるかは基本的に自由ですが、家族以外にすべて相続させるような場合、残された家族としては今後の生活に支障をきたすことも考えられます。

相続には遺族の生活保障としての意義があり、また、被相続人の財産を共に作り上げたものとして、最低限の受取りを民法では確保することとしました。

2．遺留分権利者と遺留分の割合

相続財産の一定割合を相続する権利を遺留分権といい、また、この権利を保有している者を遺留分権利者といいます。

民法では、「兄弟姉妹以外の相続人」を遺留分権利者としています。すなわち、これは、配偶者、直系尊属及び直系卑属ということになります。

そして、遺留分を次のように規定しています。
① 直系尊属のみが相続人である場合
　被相続人の財産の3分の1（民1028一）
② ①の場合以外の場合
　被相続人の財産の2分の1（民1028二）

79

Ⅱ　事業承継スキームと関連法規

　ここで、上記②の場合とは、具体的には次のようになります。なお、相続人が複数いる場合の遺留分の各人への配分は、法定相続割合の規定を準用することになっています（民1044）。

- 配偶者のみが相続人である場合…配偶者には２分の１の遺留分となります。
- 子のみが相続人である場合…子には２分の１の遺留分となり、子が２人の場合は、それぞれ４分の１ずつとなります。
- 配偶者と子のみが相続人である場合…配偶者と子の合計で２分の１の遺留分となり、子が１人であれば、配偶者と子がそれぞれ４分の１ずつとなります。
- 配偶者と直系尊属のみが相続人である場合…配偶者と直系尊属の合計で２分の１の遺留分となり、配偶者はその３分の２、直系尊属はその３分の１が遺留分となります。すなわち、相続財産の全体からみると、配偶者は６分の２、直系尊属は６分の１が遺留分となります。
- 配偶者と兄弟姉妹のみが相続人である場合…配偶者が２分の１の遺留分となり、兄弟姉妹には遺留分はありません。

図表１　遺留分の割合

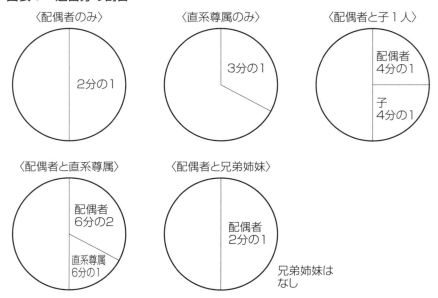

第2章　事業承継に係る民法の定め

3．遺留分の算定

遺留分は、被相続人が相続開始の時に有した財産の価額にその贈与した財産の価額を加えた額から債務の全額を控除して算定します（民1029①）。

算式で表すと以下のようになります。

遺留分を算定する際の基礎となる財産
＝相続開始時の財産の価額＋生前に贈与した財産－債務

なお、この規定により算入する贈与は、相続開始前の1年間にしたものに限るとされています。ただし、当事者双方が遺留分権利者に損害を加えることを知って贈与をしたときは、1年前の日より前にした贈与についても加えることとされています（民1030）。

また、生前に贈与した財産が、特別受益に該当する場合も遺留分の算定対象となり、通常、1年以上前の贈与についても上記の算式に算入されることになります。

4．遺留分の減殺請求（民1031）

遺留分を侵害された遺贈や贈与であってもそれは直ちに無効となるわけではありません。例えば、相続人が配偶者と子供1人の場合で、配偶者に十分な財産がある場合には、2次相続が今後発生することを考え、子供に財産の大半を遺贈してしまうこともあります。遺留分を侵害されたことについて特に異を唱えなければ、当該遺贈はそのまま成立します。

しかし、遺留分の侵害された相続人は、侵害額を限度にその遺贈や贈与から財産を取り戻すことができます（民1031）。この権利を「遺留分減殺請求権」といいます。

ただし、この減殺請求権は、遺留分権利者が相続の開始及び減殺すべき遺贈・贈与があったことを知った時から1年間行使しないときは、時効によりその権利は消滅します。また、相続の開始から10年経過した場合も、同様です（民1042）。

81

Ⅱ　事業承継スキームと関連法規

5．遺留分と事業承継

　事業承継にあたり、自社株式を贈与ないしは相続する場合、当該企業の業績が好調である場合、自社株式の評価が高くなり、それにより相続財産の価額が上昇し、遺留分の価額が大きくなることがあります。

　その結果、当初は、事業承継をしないことを理由に遺留分について気を留めていなかった相続人が、あまりにも自分の相続財産が少ないことに不公平感を持つことにより、遺留分の減殺請求を主張することが考えられます。

　このような事態にならないよう、事業承継対策として、事業を承継しない相続人の相続分と遺留分については検討しておくべきこととなります。なお、遺留分に関する民法の特例が、「中小企業における経営の承継の円滑化に関する法律」で制定されています。詳細は、Ｑ4-10、Ｑ2-6を参照ください。

第２章　事業承継に係る民法の定め

2-5.
事業承継における遺留分減殺請求の問題

事業承継における遺留分減殺請求の問題について説明してください。

nswer

▶ポイント

- 中小企業の場合、旧代表者の相続財産全体に占める自社株式の割合は一般に高く、旧代表者が、贈与により後継者に自社株式を集中して承継させようとすると、後継者以外の相続人の遺留分を侵害する可能性があります。
- 遺留分侵害を受けた相続人（非後継者）が遺留分減殺を請求し、後継者に侵害額を補償するだけの資力がない場合、後継者は侵害額相当の自社株式を当該非後継者に渡さざるを得なくなります。結果、自社株式が相続人間で分散し、円滑な事業承継が望めなくなるという問題が生じます。

１．遺留分制度の問題点

　兄弟姉妹及びその子以外の相続人には、民法上、相続人の生活の安定や相続人間の最低限度の平等を確保するため、遺留分が認められています（民1028）。遺留分は、各々の遺留分権利者に一定の割合で保証されており、相続開始後に、受け継いだ相続財産が自己の遺留分に満たない場合、遺留分権利者は、過大な財産を取得した相続人に対し、その遺留分に達するまで遺留分減殺の請求をすることができます（民1031）。遺留分権利者と遺留分の割合、遺留分の算定等、遺留分制度の詳細については、Ｑ２-４を参照ください。

　中小企業の場合、旧代表者の相続財産全体に占める自社株式などの事業資産の割合は一般に高く、旧代表者が、贈与により後継者に自社株式等を集中して承継させようとすると、後継者以外の相続人の遺留分を侵害するリスクがあります。遺留分算定の基礎となる相続財産には、通常、贈与や遺贈された財産、特別受益が含まれるからです（民1044、903、1031、1030、1029）。後継者以外の遺留分権利者である相続人が遺留分減殺を請求し、後継者に侵害額を補償するだけの資力がない場合、後継者は侵害額に相当する自社株式等を当該非後継者に渡さざるを得なくなります。結果として、自社株式等は相続人間で分散し、

Ⅱ　事業承継スキームと関連法規

円滑な事業の承継や安定的な経営は望めなくなってしまいます。

　また、遺留分算定にあたって、自社株式を含めた遺産は、原則として相続開始時の時価で評価されます（民1044、904）。そのため、自社株式が後継者に生前贈与され、その後、後継者の努力や貢献によって自社株式の価値が上昇したとしても、他の相続人の遺留分の額をも増加させることになり、会社経営に対する後継者のインセンティブが損なわれてしまうといった問題もあります。

2．「遺留分」に関する対応

　上記のような遺留分制度の問題に対応するための方策としては、(1)遺留分の放棄制度、(2)遺留分に関する民法の特例（中小企業における経営の承継の円滑化に関する法律。以下、経営承継円滑化法（※））の利用が考えられます。

(1)　遺留分の放棄制度

　相続の開始前に遺留分を有する相続人は、家庭裁判所に遺留分の放棄申立てをして許可を得た場合には、自己の遺留分を放棄することができます（民1043①）。非後継者の遺留分が事前に放棄されると、相続発生後の遺留分を巡る紛争や自社株式など事業用資産の分散防止を図ることができます。もっとも、この請求は放棄しようとする非後継者である相続人自らが個別に行わなければならず、後継者の協力を得ることが不可欠ですが、非後継者にとってその負担は大きく感じられるものです。また、複数の非後継者が遺留分の放棄申立てをした場合、個々の申立てごとに家庭裁判所の審理が行われるため、各家庭裁判所の判断にばらつきが生じてしまうといった欠点もあります。よって、実際にこの制度を活用することは難しく、ほとんど利用されていません。

(2)　遺留分に関する民法の特例の利用（除外合意、固定合意）

　遺留分の放棄制度には先述のような限界があるため、これを補完すべく、遺留分に関する民法の特例（経営承継円滑化法）が設けられています。この特例を利用すると、後継者が旧代表者から贈与等によって取得した自社株式について、遺留分の算定基礎財産から除外すること（除外合意）や遺留分基礎財産を算定する時の自社株式の価額をあらかじめ固定すること（固定合意）ができま

第2章　事業承継に係る民法の定め

す（経承法4①）。

　いずれの合意も、旧代表者の推定相続人全員の書面による合意が必要ですが、後継者単独で手続きを進めることができ、遺留分の放棄制度に比べて、非後継者の手続負担が小さくなることは大きな利点といえます。本特例の詳細については、次の Q2-6 で説明します。

（※）経営承継円滑化法は、「遺留分に関する民法の特例」、「事業承継時の金融支援措置」、「事業承継税制の基本的枠組み」をその内容としています。「事業承継時の金融支援措置」、「事業承継税制の基本的枠組み」については、それぞれ Q4-10を参照ください。

85

Ⅱ　事業承継スキームと関連法規

Q 2-6.
遺留分に関する民法特例（除外合意、固定合意、付随合意）
遺留分に関する民法特例について説明してください。

Answer ･･･

▶ポイント
- 中小企業の事業承継における遺留分制度の問題に対応すべく、経営承継円滑化法により、遺留分に関する民法の特例が設けられました。
- この特例を適用すると、後継者が旧代表者から贈与等によって取得した自社株式の全部又は一部について、遺留分の算定基礎財産から除外すること（除外合意）や遺留分基礎財産算定時の自社株式の価額をあらかじめ固定すること（固定合意）ができます。

１．遺留分に関する民法特例
　Ｑ2-5では、中小企業の事業承継における遺留分減殺請求の問題について触れました。この遺留分減殺請求の問題に対応すべく、平成20年5月に経営承継円滑化法が創設されています。経営承継円滑化法は、「遺留分に関する民法の特例」、「事業承継時の金融支援措置」、「事業承継税制の基本的枠組み」をその内容とするものですが、ここでは、遺留分の特例である除外合意、固定合意、付随合意について説明します。

２．除外合意
　旧代表者（※）の推定相続人（※）全員の合意をもって、書面により、後継者（※）が当該旧代表者から贈与等により取得した自社株式の全部又は一部の価額を遺留分算定基礎となる財産の価額に含めないとすることを一般に「除外合意」といいます（経承法4①一）。後継者は旧代表者の推定相続人でなければこの合意をすることはできません。
　旧代表者から後継者に自社株式が贈与された場合、その贈与がいつ行われたものであっても、通常、特別受益として遺留分の算定基礎財産に含まれることになります（民1044、903、1031、1030、1029）。しかし、当該自社株式につき、

86

遺留分算定のための基礎財産に算入しないこととする推定相続人全員の合意が得られると、この自社株式は遺留分減殺請求の対象外となります。つまり、後継者以外の相続人が主張できる遺留分は、この自社株式を除いた財産から算定されることになるため、仮に、非後継者の遺留分侵害が発生し、減殺請求権が行使されても、少なくとも当該自社株式については、非後継者に引き渡す必要はなくなります。このように「除外合意」には、自社株式が相続人間で分散することを防止し、経営を安定化させる効果があるといえます。

（※）旧代表者、推定相続人、後継者の定義、適用対象となる中小企業者など遺留分に関する民法特例適用のための要件については、「**7．遺留分に関する民法特例適用のための要件と手続き**」を参照ください。

3．固定合意

旧代表者の推定相続人全員の合意をもって、書面により、後継者が当該旧代表者から贈与等により取得した自社株式の全部又は一部について、遺留分算定基礎となる財産の価額に算入すべき価額を、その合意時の価額とすることを一般に「固定合意」といいます（経承法4①二）。除外合意と同様に、後継者は旧代表者の推定相続人でなければこの合意をすることはできません。なお、固定合意する株式の価額は、弁護士、弁護士法人、公認会計士（公認会計士法（昭和23年法律第103号）16条の2第5項に規定する外国公認会計士を含む）、監査法人、税理士又は税理士法人が証明したものでなければなりません（経承法4①二）。

遺留分算定にあたって、自社株式を含めた遺産は、原則として相続開始時の時価で評価されます（民1044、904）。そのため、自社株式が後継者に生前贈与され、その後、後継者の努力や貢献によって自社株式の価値が上昇したとしても、他の相続人の遺留分の額をも増加させることになり、会社経営に対する後継者のインセンティブが損なわれてしまうといった問題もあります。しかし、後継者が旧代表者からの贈与等により取得した自社株式について、遺留分算定基礎となる財産の価額に算入すべき価額を推定相続人全員であらかじめ固定合意しておけば、前述のような後継者のディレンマを解消することが可能です。

Ⅱ　事業承継スキームと関連法規

4．除外合意、固定合意の具体的事例

(1) 除外合意、固定合意の特例を適用しなかった場合

前提条件

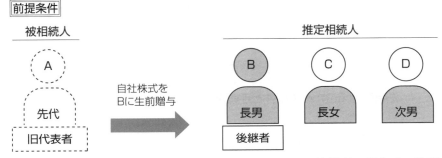

・被相続人である旧代表者Aの推定相続人は長男B＝後継者、長女C、次男Dの3人
・事業承継のために、旧代表者Aは自社株式を後継者（長男B）に生前贈与（生前贈与時の自社株式の価額は3,000万円とする）
・被相続人である旧代表者Aの相続開始時の財産は不動産のみ（相続開始時における不動産の価額は3,000万円）
・相続開始時における自社株式の価額は1億2,000万円とする

第2章 事業承継に係る民法の定め

特例を適用しない場合

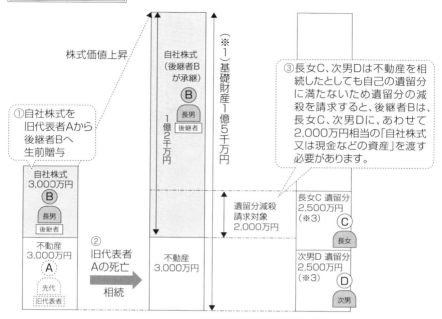

【遺留分算定基礎となる財産】
　　自社株式1億2,000万円＋不動産3,000万円＝1億5,000万円（※1）
【推定相続人全員の遺留分の額】
　　1億5,000万円（※1）×1／2＝7,500万円（※2）
【非後継者である長女C、次男Dの遺留分の額】
　　7,500万円（※2）×1／3＝2,500万円（※3）

Ⅱ　事業承継スキームと関連法規

(2) **除外合意を適用した場合**

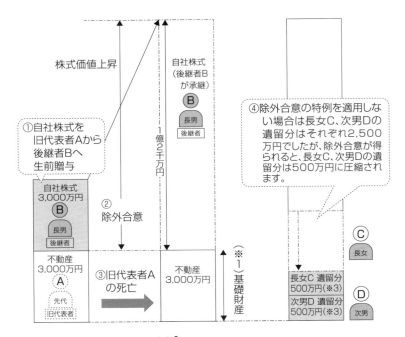

【遺留分算定基礎となる財産】
　　不動産3,000万円（※1）
【推定相続人全員の遺留分の額】
　　3,000万円（※1）×1/2＝1,500万円（※2）
【非後継者である長女C、次男Dの遺留分の額】
　　1,500万円（※2）×1/3＝500万円（※3）

第2章 事業承継に係る民法の定め

(3) 固定合意を適用した場合

① 固定合意の具体的事例

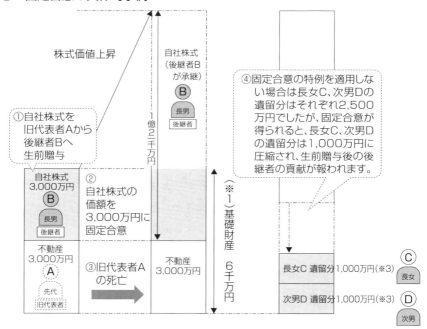

【固定合意の内容】
　自社株式の価額を生前贈与時の3,000万円で合意したとする
【遺留分算定基礎となる財産】
　自社株式3,000万円＋不動産3,000万円＝6,000万円（※１）
【推定相続人全員の遺留分の額】
　6,000万円（※１）×１/２＝3,000万円（※２）
【非後継者である長女Ｃ、次男Ｄの遺留分の額】
　3,000万円（※２）×１/３＝1,000万円（※３）

② 留意点

　上記の固定合意の場合、自社株式の価額を贈与時の3,000万円として合意をしていますが、相続開始時において、自社株式の価額が1,000万円に下落していた場合においても、遺留分算定の基礎となる自社株式の価額は合意時の3,000

Ⅱ　事業承継スキームと関連法規

万円となり、後継者にとって不利な結果となってしまいますので注意が必要です。よって、本特例の適用にあたっては、まずは除外合意を検討し、固定合意は、除外合意が得られない場合に考えるべきものとして捉えることもできます。

5．付随合意

　自社株式について除外合意、固定合意をする場合には、併せて、推定相続人全員の合意をもって、書面により、以下の合意をすることが可能です。

- 後継者が旧代表者から贈与等を受けた「自社株式以外」の財産の全部又は一部について除外合意すること（経承法5）

　　後継者が、旧代表者から事業用資産である土地・建物など「自社株式以外」の財産の贈与等を受けている場合、これらの全部又は一部について遺留分の算定基礎財産から除外する合意ができます。

- 「後継者以外」の推定相続人が旧代表者から贈与等を受けた財産の全部又は一部について除外合意すること（経承法6②）

　　「後継者以外」が、旧代表者から現金や収益用不動産などの財産の贈与等を受けている場合、当該財産の全部又は一部について遺留分の算定基礎財産から除外する合意ができます。

　これらを一般に「付随合意」といいます。除外合意、固定合意は、あくまで自社株式の遺留分算定に関する合意ですが、付随合意は自社株式以外のその他の財産（注）について遺留分算定上の合意をすることができます。

　後継者以外の推定相続人に関する付随合意は、後継者と非後継者間の衡平を図るためのオプションとも考えられます。除外合意や固定合意について非後継者からの承諾を得やすくするため、非後継者の側にも遺留分算定に関する除外合意を認めているわけです。個々の事業承継の状況に応じ、各々の推定相続人が納得できる合意内容を考慮する必要があります。

　（注）合意の対象とする財産の種類や額に制限はありません。

6．その他合意に係る留意点

(1) 除外合意、固定合意、付随合意の関係

除外合意と固定合意の適用については、二者択一ではなく、両者を併用することもできます。例えば、対象となる自社株式の一部を除外合意し、残りの一部を固定合意することが可能です。

付随合意を単独で行うことはできず、自社株式についての除外合意、固定合意と併せて行う必要があります。

また、付随合意については、ある財産を遺留分算定基礎財産から除外する旨の合意のみ可能であって、遺留分基礎財産算定時の財産の価額をあらかじめ固定する旨の定めをすることはできません（経承法5、6②）。

(2) 推定相続人間の衡平を図るための措置

前述の付随合意（後継者以外の推定相続人が旧代表者から贈与等を受けた財産について除外合意すること）以外に、後継者は非後継者に対して一定額の金銭を支払うなど、後継者と非後継者間の衡平を図るための措置を定めることもできます。このような措置を設ける場合、当該定めは書面により行う必要があります（経承法6①）。

7．遺留分に関する民法特例適用のための要件と手続き

「推定相続人」のうちの１人である「後継者」が「旧代表者」から「贈与」又は当該贈与を受けた旧代表者の推定相続人からの相続、遺贈もしくは贈与により取得した「特例中小企業者」の「株式の全部又は一部」について、除外合意又は固定合意をすることができます（経承法4①）。

Ⅱ　事業承継スキームと関連法規

(1)　適用要件

　本特例を利用するためには下記の要件を満たす必要があります。

①　対象となる会社（経承法2、3①、経承法施規1②、2、同法施行令）

　本特例を受けるためには、合意日において「特例中小企業者」であることが必要です。特例中小企業者とは、下に掲げる中小企業者（経承法2）であって、「非上場」かつ「3年以上継続」して事業を行っていなければなりません。

中小企業者の範囲（経承法2）

	主たる事業	資本金の額又は出資の総額の要件（法人の場合）	常時使用する従業員の数の要件（法人、個人の場合）
1	製造業、建設業、運輸業、その他の業種 （下記2～4及び5-1～5-3に掲げる業種を除く。）	3億円以下	300人以下
2	卸売業 （下記5-1～5-3に掲げる業種を除く。）	1億円以下	100人以下
3	サービス業 （下記5-1～5-3に掲げる業種を除く。）	5,000万円以下	100人以下
4	小売業 （下記5-1～5-3に掲げる業種を除く。）	5,000万円以下	50人以下
5-1	ゴム製品製造業 （自動車又は航空機用タイヤ及びチューブ製造業並びに工業用ベルト製造業を除く。）	3億円以下	900人以下
5-2	ソフトウェア業又は情報処理サービス業	3億円以下	300人以下
5-3	旅館業	5,000万円以下	200人以下

94

第2章　事業承継に係る民法の定め

　なお、「資本金の額又は出資の総額の要件」又は「常時使用する従業員の数の要件」については、いずれか一方を満たせばよいとされています。

② 旧代表者（経承法3②）

　旧代表者とは、特例中小企業者の代表者であった者をいいます。ただし、事業が安定するまでは後継者とともに旧代表者が経営に関与することも想定されるため、旧代表者の範囲には、現在の代表者である者も含まれます。また、旧代表者の推定相続人（注1）のうち少なくとも1人に対して、「当該中小企業者の株式等」（注2）を「贈与」（注3）している必要があります。

（注1）民法における推定相続人は兄弟姉妹も含まれますが、本特例における推定相続人は、そもそも遺留分を有さない兄弟姉妹及びこれらの子を除きます。

（注2）株主総会において決議をすることができる事項の全部につき議決権を行使することができない株式（完全無議決権株式）を除きます。

（注3）贈与契約の締結のみでは足りず、すでに自社株式の贈与が履行されていることが必要です。

③ 後継者（経承法3③）

　後継者とは、合意時点において、以下の条件を満たす旧代表者の推定相続人をいいます。

　ア．特例中小企業者の代表者であること

　イ．贈与の結果、特例中小企業者の総株主（株主総会において決議をすることができる事項の全部につき議決権を行使することができない株主を除く。）の議決権の過半数を有していること

　旧代表者から贈与を受けた自社株式のみで議決権の過半数を有することを求められているわけではありません。すでに保有している自社株式や売買によって取得した自社株式と贈与分の自社株式とをあわせて議決権の過半数を超えればよいとされています。

　本特例は、あくまで旧代表者からの直接贈与された自社株式について適用されるものであり、旧代表者からの遺贈については適用されない点に注意が必要です。

　ただし、旧代表者から自社株式の贈与を受けた他の推定相続人から、その後、当該自社株式について相続、遺贈もしくは贈与を受けた場合には、本特例の適用を受けることができます。

95

Ⅱ　事業承継スキームと関連法規

④　その他合意の必要条件

本特例適用のためには、上記のほか、下記の要件をそれぞれ満たす必要があります。

ア．推定相続人全員の書面による合意

旧代表者の遺留分を有する推定相続人全員の書面による合意が必要です。当該書面には全員の署名、又は実印による記名押印をします（経承法4①、7②一、経承法施規3②一）。

イ．後継者が有する本特例適用対象株式以外の株式の議決権が総議決権の50％を超えていないこと

後継者が有する議決権の数について、本特例適用対象株式の議決権数を含めてはじめて総株主の議決権の50％を超えることが必要です（経承法4①但書）。

ウ．非後継者である推定相続人がとることができる措置を定めること

本特例は、事業が後継者に円滑に承継されることを趣旨とする制度であるため、以下の場合につき、旧代表者の推定相続人全員の合意をもって、書面により、非後継者である推定相続人がとることができる措置を定めなければなりません（経承法4③）。

(a) 後継者が合意の対象とした自社株式等を処分する行為をした場合

(b) 旧代表者の生存中に後継者が当該特例中小企業者の代表者として経営に従事しなくなった場合

非後継者である推定相続人がとることができる措置の内容は、当事者間の協議により定めます。当該措置の具体例として下記のような事項が、中小企業庁により例示されています[41]。

・非後継者は、合意を解除することができる。

・非後継者は、後継者に対し、対象株式を他に処分して得た金銭の一定割合に相当する額を支払うよう請求することができる。

・非後継者は、後継者に対し、一定の違約金、制裁金を請求することができる。

_____

41　中小企業庁「中小企業事業承継ハンドブック（平成23年度税制改正対応版）」32頁

96

⑵ **本特例適用のための手続き**

① **合意書の作成**

　本特例に係る合意書作成にあたっては、必ず記載しなければならない事項と必要に応じて記載する事項があります。

　ア．絶対的記載事項

　　（ａ）合意が会社の経営の承継の円滑化を目的とすること

　　（ｂ）後継者が旧代表者からの贈与等により取得した自社株式について

　　（ｉ）遺留分算定の基礎財産から除外する旨

　　（ｉｉ）遺留分算定の基礎財産に算入すべき額を固定する旨

　　（ｃ）次の場合に非後継者が取り得る措置

　　（ｉ）後継者が（ｂ）の合意の対象とした自社株式を処分した場合

　　（ｉｉ）後継者が旧代表者の生存中に代表者を退任した場合

　イ．必要に応じて記載する事項

　　（ａ）後継者が旧代表者からの贈与等により取得した自社株式以外の財産を遺留分算定の基礎財産から除外する旨

　　（ｂ）推定相続人間の衡平を図るための措置

　　（ｃ）非後継者が旧代表者からの贈与等により取得した財産を遺留分算定の基礎財産から除外する旨　など

　下記の記載例は、中小企業庁から示されている合意書のイメージです。弁護士、公認会計士、税理士などの専門家に相談の上、事業承継の実態を十分に把握し、推定相続人それぞれが納得のできる合意書を作成することが大切です。

Ⅱ　事業承継スキームと関連法規

合意書

　旧代表者Ａの遺留分を有する推定相続人であるＢ、Ｃ及びＤは、中小企業における経営の承継の円滑化に関する法律（以下、単に「法」という。）に基づき、以下のとおり合意する。

（目的－法７条１項１号）
第１条　本件合意は、ＢがＡからの贈与により取得したＹ社の株式につき遺留分の算定に係る合意等をすることにより、Ｙ社の経営の承継の円滑化を図ることを目的とする。

（確認－法３条２項及び３項）
第２条　Ｂ、Ｃ及びＤは、次の各事項を相互に確認する。
　①　ＡがＹ社の代表取締役であったこと。
　②　Ｂ、Ｃ及びＤがいずれもＡの推定相続人であり、かつ、これらの者以外にＡの推定相続人が存在しないこと。
　③　Ｂが、現在、Ｙ社の総株主（ただし、株主総会において決議をすることができる事項の全部につき議決権を行使することができない株主を除く。）の議決権○○個の過半数である○○個を保有していること。
　④　Ｂが、現在、Ｙ社の代表取締役であること。

（除外合意、固定合意－法４条１項１号及び２号）
第３条　Ｂ、Ｃ及びＤは、ＢがＡからの平成○○年○○月○○日付け贈与により取得したＹ社の株式○○株について、次のとおり合意する。
　①　上記○○株うち□□株について、Ａを被相続人とする相続に際し、その相続開始時の価額を遺留分を算定するための財産の価額に算入しない。
　②　上記○○株うち△△株について、Ａを被相続人とする相続に際し、遺留分を算定するための財産の価額に算入すべき価額を○○○○円（１株あたり☆☆☆円。公認会計士××××が相当な価額として証明をしたもの。）とする。

（衡平を図るための措置－法６条）
第４条　Ｂ、Ｃ及びＤは、Ａの推定相続人間の衡平を図るための措置として、次の贈与の全部について、Ａを被相続人とする相続に際し、その相続開始時の価額を遺留分を算定するための財産の価額に算入しないことを合意する。
　①　ＣがＡから平成○○年○○月○○日付け贈与により取得した現金1,000万円
　②　ＤがＡから平成○○年○○月○○日付け贈与により取得した下記の土地　　○○所在○○番○○宅地○○㎡

第 2 章　事業承継に係る民法の定め

（後継者以外の推定相続人がとることができる措置－法 4 条 3 項）
第 5 条　Bが第 3 条の合意の対象とした株式を処分したときは、C及びDは、
　　Bに対し、それぞれ、Bが処分した株式数に○○万円を乗じて得た金額
　　を請求できるものとする。
2　BがAの生存中にY社の代表取締役を退任したときは、C及びDは、B
　　に対し、それぞれ○○万円を請求できるものとする。
3　前 2 項のいずれかに該当したときは、C及びDは、共同して、本件合意
　　を解除することができる。
4　前項の規定により本件合意が解除されたときであっても、第 1 項又は第
　　2 項の金員の請求を妨げない。
（経済産業大臣の確認－法 7 条）
第 6 条　Bは、本件合意の成立後 1 ヵ月以内に、法 7 条所定の経済産業大臣
　　の確認の申請をするものとする。
2　C及びDは、前項の確認申請手続に必要な書類の収集、提出等、Bの同
　　確認申請手続に協力するものとする。
（家庭裁判所の許可－法 8 条）
第 7 条　Bは、前条の経済産業大臣の確認を受けたときは、当該確認を受け
　　た日から 1 ヵ月以内に、第 3 条及び第 4 条の合意につき、管轄家庭裁判所
　　に対し、法 8 条所定の許可審判の申立をするものとする。
2　C及びDは、前項の許可審判申立手続に必要な書類の収集、提出等、B
　　の同許可審判手続に協力するものとする。

以上の合意を証するため、本書を作成し、各推定相続人が署名捺印する。

平成○○年○月○日

本籍
住所
推定相続人　○○　○○　印
本籍
住所
推定相続人　○○　○○　印
本籍
住所
推定相続人　○○　○○　印

出典：中小企業庁財務課「中小企業経営承継円滑化法申請マニュアル」（平成25年 4
　　月改定）、29頁

Ⅱ　事業承継スキームと関連法規

② 経済産業大臣の確認

　後継者は、合意した日から１か月以内に、経済産業大臣に所定の申請書（一定の書類を添付）を提出して、確認の申請を行います（経承法７②）。

　経済産業大臣による確認事項は、下記のとおりです（経承法７①）。

　ア．当該合意が当該特例中小企業者の経営の承継の円滑化を図るためにされたものであること。

　イ．申請をした者が当該合意をした日において後継者であったこと。

　ウ．当該合意をした日において、当該後継者が所有する当該特例中小企業者の株式等のうち当該合意の対象とした株式等を除いたものに係る議決権の数が総株主又は総社員の議決権の100分の50以下の数であったこと。

　エ．第４条第３項の規定による合意（後継者以外の推定相続人がとることができる措置に関する定め）をしていること。

③ 家庭裁判所の許可（合意の効力の発生）

　経済産業大臣の確認を得た後、１か月以内に、後継者は、旧代表者の住所を管轄する家庭裁判所に所定の申立書（一定の書類を添付）を提出し、許可を申し立てます（経承法８）。家庭裁判所からの許可を得た時、合意の効力が生じます（経承法９）。

　なお、推定相続人全員が合意をした場合であっても、その後、下記に掲げる事由が生じた場合は、合意の効力は失効します（経承法10）。

　ア．経済産業大臣の確認が取り消された場合

　イ．旧代表者の生存中に後継者が死亡し、又は後見開始もしくは保佐開始の審判を受けた場合

　ウ．当該合意の当事者以外の者が新たに旧代表者の推定相続人となった場合

　エ．当該合意の当事者の代襲者が旧代表者の養子となった場合

第 2 章　事業承継に係る民法の定め

2-7.
相続人が不存在の場合

戸籍上相続人が存在しない場合について説明してください。

nswer

▶ポイント
- 相続人が存在しない場合、相続財産は相続財産法人になります。
- 相続財産の管理人の公告、相続債権者及び受遺者に対する請求の申し出の公告後、相続人が存在しない場合、相続債権者及び受遺者に対して弁済が行われます。
- 上記弁済後、相続財産が存在する場合、相続人の捜索の公告が行われ、相続人が存在しない場合、特別縁故者への分与を行うことができます。
- 特別縁故者への相続財産の分与により処分されなかった相続財産は、国庫に帰属します。

１．相続財産法人の成立と相続財産の管理人の選任

　戸籍上相続人が存在しない場合、民法上、「相続人のあることが明らかでないとき」に該当し、相続財産は、法人とされることになります（民951）。

　なお、「相続人のあることが明らかでないとき」には、戸籍上相続人が存在する場合でも相続人が相続欠格（民891）や廃除（民892）にあたる場合又は相続の放棄（民939）をした場合も該当します。

　そして、このような場合、家庭裁判所は、相続債権者や受遺者などの利害関係人又は検察官の請求によって、相続財産の管理人（以下、「相続財産管理人」という。）を選任しなければなりません（民952①）。また、相続財産管理人を選任したときは、家庭裁判所は、遅滞なくこれを公告しなければなりません（民952②）。なお、相続財産管理人は、相続債権者又は受遺者の請求があるときは、その請求をした者に相続財産の状況を報告しなければなりません（民954）。

Ⅱ　事業承継スキームと関連法規

２．相続債権者及び受遺者に対する弁済

　相続財産管理人選任の公告があった２か月以内に相続人のあることが明らか
にならなかったときは、相続財産管理人は、遅滞なく、すべての相続債権者及
び受遺者に対し、一定の期間内にその請求の申し出をすべき旨を公告しなけれ
ばなりません。ここで、一定の期間内とは、２か月を下回ってはいけません（民
957①）。この公告には、相続債権者及び受遺者がその期間内に申し出をしない
ときは弁済から除斥されるべき旨を付記しなければなりません（民957②、927
②）。

　この公告の申し出期間内に相続人の存在が明らかにならなかったときは、相
続財産管理人は相続債権者及び受遺者に対して弁済を行うことになります。

図表１　相続人が存在しない場合の流れ

相続財産法人が成立	相続財産管理人の選任の公告（１回目の公告）	相続債権者・受遺者への請求の申し出の公告（２回目の公告）　２か月以内に相続人のあることが明らかにならなかった場合	相続債権者・受遺者へ弁済　公告の期間は、２か月以上としなければならない	相続人捜索の公告（３回目の公告）　公告の期間は、６か月以上としなければならない	相続人不存在の確定	特別縁故者への分与　特別縁故者としての請求は、３回目の公告期間満了後３か月以内に行う	国庫への帰属　特別縁故者への分与により処分されなかった相続財産がある場合

102

第2章　事業承継に係る民法の定め

3．相続人の捜索の公告

　相続債権者及び受遺者への弁済後に相続財産が存在する場合、相続財産は特別縁故者への分与（民958の3）又は国庫への帰属（民959）となりますが、その前に、家庭裁判所は、相続財産管理人又は検察官の請求によって、相続人があるならば一定の期間内にその権利を主張すべき旨の公告をしなければなりません。この場合における一定の期間とは、6か月を下回ってはいけません（民958）。

　この期間内に相続人としての権利を主張する者がいない場合、相続人並びに相続財産管理人に知れなかった相続債権者及び受遺者は、その権利を行使することができなくなります（民958の2）。

4．特別縁故者に対する相続財産の分与

　上記3の公告後、相続人が現れない場合、相続人不存在が確定します。この場合において、相当と認めるときは、家庭裁判所は、被相続人と生計を同じくしていた者、被相続人の療養看護に努めた者その他被相続人と特別の縁故があった者の請求によって、これらの者に、清算後残存している相続財産の全部又は一部を与えることができます（民958の3①）。ただし、特別縁故者としての請求は、上記3の公告後3か月以内に家庭裁判所にしなければなりません（民958の3②）。

5．残余財産の国庫への帰属

　特別縁故者がいない場合や特別縁故者へ分与した後に相続財産が存在する場合、当該相続財産は国庫に帰属することになります（民959）。

103

Ⅱ　事業承継スキームと関連法規

参考文献

・鈴木義行編著『事業承継実務ハンドブック（第2版)』中央経済社、平成25年
・国税庁ホームページ「講本（相続税法）平成25年度版」
　http://www.nta.go.jp/ntc/kouhon/souzoku/mokuji.htm
・能見義久、加藤新太郎編「論点体系 判例民法（第2版）10 相続」第一法規、平成
　25年
・加藤真朗、末永雄一郎編『相続の法律・税金と事業承継』中央経済社、平成26年
・山本和義著『平成25年10月改訂 タイムリミットで考える相続税対策実践ハンドブッ
　ク』清文社、平成25年
・笹島修平著『Q＆Aと図解でわかる 事業承継のすすめ』大蔵財務協会、平成26年
・中小企業庁財務課「中小企業経営承継円滑化法申請マニュアル」（平成25年4月改
　定）
・中小企業庁「中小企業事業承継ハンドブック（平成23年税制改正対応版)」平成23
　年
・中小企業庁「事業承継を円滑に行うための遺留分に関する民法の特例」（平成24年
　9月）
・日本公認会計士協会「経営研究調査会研究報告第45号 事業承継支援マニュアル」（平
　成23年10月11日）
・税理士法人プライスウォーターハウスクーパース編「事業承継・相続対策の法律
　と税務」税務研究会出版局、平成25年

第 3 章

事業承継に係る会社法の定め

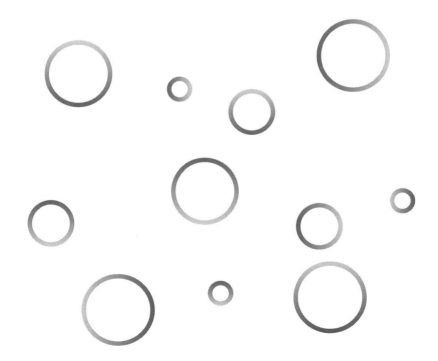

Ⅱ　事業承継スキームと関連法規

 3-1.
安定株主対策のための会社法の基礎知識

安定株主対策のための会社法の利用方法の概要とそれに必要な会社法の基礎知識を説明してください。

 nswer

▶ポイント
- 安定株主対策のための会社法の規定としては、種類株式、属人的株式、新株予約権、株式併合、単元株等の制度の利用が挙げられます。
- 安定株主対策を講ずるためには、持株数もしくは議決権数に基づく株主の権利を理解した上で、株主総会決議の種類と主な決議事項、定款自治等に関する事前の検討が必要です。

1．事業承継における安定株主対策[42]

事業承継を検討する段階において安定株主対策を講ずることができれば、株主による議決権行使の予測可能性が高まることを通じて経営権を安定化させることにつながり、スムーズな事業承継に寄与します。会社法を活用した安定株主対策は主に、以下のような考え方でまとめることができます。
① 議決権の分散を防止すること
② 議決権を後継者に集中させ、効率的かつ効果的な意思決定を可能にすること
③ 敵対的な少数派の株主がいる場合には、経営への影響度を排除するか低下させること
④ 後継者以外の相続人に対しては経営に対する影響度を制限するとともに、それに見合った配慮（代償、補償等）によりバランスを保つこと

42　日本公認会計士協会が2009年に出版した「事業承継支援マニュアル」74頁で、「どの程度の集中が必要かは一概に決められないが、できれば会社法における特別決議が可能な3分の2以上、少なくとも、普通決議が可能な過半数の株式保有は確保しなければならないと考えられる。」との対策目標値を示しています。

106

第3章　事業承継に係る会社法の定め

(1)　議決権の分散の防止

　未上場会社で親兄弟の世代から相続等により、甥姪の世代以降に議決権が拡散していくと、こうした株主が会社経営に全く興味がないため、経営の意思決定を迅速に行うことができなくなる可能性があり、また、一度分散した議決権を集約するには相応のコストを要することになるので、可能な限り議決権分散を防止する施策を講じるべきです。特に、誰が株主であるかの把握すら困難になれば、株主総会の運営に支障をきたす可能性があります。そのため、すでに分散している議決権に関し、その後の拡散を防止するために会社法上以下の対応が可能です。

① 　種類株式の利用（Q3-2・Q3-4にて解説しています。）

　株式会社は、剰余金の配当等の株式の有する自益権と共益権について内容の異なる2以上の種類の株式を発行することができます（会108①）。こうした株式を、種類株式と呼んでいますが、株式の分散の防止のためには、譲渡制限株式の利用が有効です。

② 　株式の売渡請求権の利用（Q3-10にて解説しています。）

　①により株式の譲渡を制限したとしても、合併や相続による一般承継の場合は、譲渡の承認の対象にはなりません。このような場合は、一般承継者に対して、株式の売渡を請求することができる（会174～177）ので、会社にとって好ましくない株主への株式譲渡を防ぐことができます。

(2)　議決権の後継者への集中

　後継者へ議決権を集中させるために会社法が用意しているスキームは、Q1-1で説明した議決権の集中と同時に財産権が移るかどうかで大きく考え方が異なります。これは、株式の時価と会社の資金及び純資産の部の関係において財産権も同時に移るか否かの検討が必要であることを意味しています。

① 　種類株式の利用（Q3-4にて解説しています。）

　次のような種類株式の利用により、議決権を後継者に集中させ会社の経営に対する影響度を高めることが可能です。

　ア．議決権制限株式

　　　後継者以外の相続人への議決権の制限に有効です。

107

Ⅱ　事業承継スキームと関連法規

　イ．全部取得条項付株式

　　　敵対的な少数派の株主の議決権を排除するのに有効です。

　ウ．拒否権付株式・取締役／監査役選解任権付株式

　　　いわゆる黄金株で後継者に議決権を集中させることができない場合の代

　　替策として有効です。

② 属人的株式の利用（Ｑ3-5にて解説しています。）

　後継者が保有する株式や後継者以外の保有する株式を比重株とする方法や、

後継者が保有する株式をＶＩＰ株とするような方法が挙げられます。

③ 新株予約権の利用（Ｑ3-7にて解説しています。）

　後継者に対して新株予約権を発行し、承継時に権利行使を行うことで、後継

者に対する議決権集中に寄与します。

④ 単元株の利用（Ｑ3-8にて解説しています。）

　単元株制度の導入により、単元未満株主の議決権が制限されるため、敵対的

な少数派の株主の議決権を制限する効果が見込まれ、後継者に対する議決権集

中に寄与します。

⑤ 株式併合の利用（Ｑ3-9にて解説しています。）

　株式併合を利用することにより、少数派の株主を排除する効果が見込まれる

ため、後継者に対する議決権集中に寄与します。

⑥ 特別支配株主の株式等売渡請求制度（Ｑ3-11にて解説しています。）

　議決権の90％以上を保有している場合は、特別支配株主の株式等売渡請求制

度を利用することで、少数派株主の排除をより迅速に行うことができます。

　これらを議決権と財産権の関係でまとめると以下のとおりになります。なお、

議決権の移転に関しては、保有する株式の数に変更がなくても、特定の議案等

について議決権が強化されたり、議決権行使を制限することで相対的に議決権

が移転するスキームも含まれます。

議決権のみの移転	議決権と財産権が同時に移転
①ア　議決権制限株式 ①ウ　拒否権付株式・取締役／監査役選解任権付株式 ②　　属人的株式 ③　　新株予約権 ④　　単元株 ⑤　　株式併合	①イ　全部取得条項付株式 ⑥　特定支配株主の株式等売渡請求制度

(3)　後継者以外の相続人に対する利害調整

　後継者以外の相続人に対しては、経営に対する影響度を制限し、後継者に議決権を集中させるとともに、以下に示すような方策により経営権以外の財産権を確保させることにより、利害調整を行うことができます。

① 　種類株式の利用（Ｑ3-4にて解説しています。）

　次のような種類株式の利用により、後継者以外の相続人に対する利害調整が可能です。

● 配当優先株式・残余財産分配優先株式

　　相続した株式につき、配当優先や残余財産分配優先の権利を認めることにより利害調整を行います。

● 取得請求権付株式

　　相続した株式につき、会社の取得を請求できる権利を認めることにより利害調整を行います。

② 　属人的株式の利用（Ｑ3-5にて解説しています。）

　後継者以外の相続人に対し、配当優先権を認めるような株式を発行することにより利害調整を行います。

２．株主の持つ権利

(1)　自益権と共有権

　会社の株主の持つ権利を大きく分類すると、財産権を主とする自益権と議決権を主とする共益権に分けられます。すなわち、自益権は株主の直接的な経済

Ⅱ　事業承継スキームと関連法規

的利益の享受を目的とする権利であり、共益権は株主の会社経営への参画を目的とする権利です。事業承継に関連するものとして、次のような権利が挙げられます。

自益権（主に財産権）	剰余金の配当請求権（会453） 残余財産分配請求権（会504） 反対株主の株式買取請求権（会116） 株主名簿記載事項の書換請求権（会133）など
共益権（主に議決権）	株主総会における議決権（会105①三） 取締役会の招集請求権（会367） 代表訴訟提起権（会847） 株主提案権（会303〜305） 役員の解任請求権（会854） 解散請求権（会833）など

　事業承継に関連する知識として重要なものは、会社の経営権に直接影響する「株主総会における議決権」です。事業承継では、この議決権を後継者に集中させることが肝要です。その際、後継者以外の相続人に対しては、剰余金の配当請求権や残余財産分配請求権等の財産権による利害調整が行われます。

(2)　単独株主権と少数株主権

　株主としての権利を行使する局面で、株主（単元未満株主は除く。）が単独で行使できる権利を単独株主権といいます。自益権は、基本的に単独株主権です。

　これに対し、共益権は単独では行使できないものがあります。株主が一定以上の比率を保有しなければ行使できない権利を少数株主権といい、次の表のようなものがあります。

　少数株主権は会社を支配する権利とまではいえませんが、株主提案や役員解任の請求等が可能ですので、会社にとって好ましくない提案や請求が行われる可能性もあり、事業承継にとって障害となる可能性はあります。

110

第3章　事業承継に係る会社法の定め

共益権	行使の要件
株主提案権（会303 ～ 305）	総株主の議決権の1％以上の議決権又は300個以上の議決権（取締役会設置会社）
株主総会招集請求権（会297）	総株主の議決権の3％以上の議決権
役員の解任請求権（会854）	総株主の議決権の3％以上の議決権又は発行済株式の3％以上の株式
解散請求権（会833）	総株主の議決権の10％以上の議決権又は発行済株式の10％以上の株式

3．定款自治

(1)　定款の意義

　会社法において定款とは、会社の目的、組織、活動に関して定めた基本原則であり、必ず作成しなければならない規定です（会26）。なお、定款変更の効力は、原則として株主総会が成立した時に生じますが、その変更事項が登記すべき事項（会907）である場合には、変更登記をしない限り、第三者に対抗することはできません（会908、909）。

(2)　定款の記載事項

　定款の記載事項には、絶対的記載事項、相対的記載事項、任意的記載事項があります。

①　絶対的記載事項（会27、37①、98）

　絶対的記載事項とは、定款に必ず記載しなければならない事項です。
- 目的
- 商号
- 本店の所在地
- 設立に際して出資される財産の価額又はその最低額
- 発起人の氏名又は名称及び住所
- 発行可能株式総数

これらの項目を定款に記載しておかなければ、定款が効力を持ちません。

111

II　事業承継スキームと関連法規

② 　相対的記載事項

　相対的記載事項とは、記載がなくても定款の効力そのものには影響がないのですが、定款に定めない限り、その事項の効力が認められないものです。主なものは以下のとおりです。

- 取締役会、監査役、監査役会、会計参与、会計監査人、委員会などの会社の機関設計にかかわる規定（会326②）
- 株式譲渡制限会社における株式譲渡承認機関の別段の取決めの規定（会139①）（Ｑ3-2参照）
- 株式譲渡制限会社における相続人等に対する売渡請求規定（会174）（Ｑ3-10参照）
- 取締役の任期の短縮の規定（会332①）
- 種類株式の発行（会108②③）（Ｑ3-4参照）
- 株券の発行（会214）
- 株式の譲渡制限（会107②）（Ｑ3-2参照）

③ 　任意的記載事項

　任意的記載事項とは、株主総会や取締役会で決議して定める規定としても効力を持つが、あえて定款の中に記載した事項をいいます。例えば、定時株主総会の招集時期、事業年度、決算日、取締役及び監査役の員数、公告方法などを定款に規定することは、実務上多くみられますが、定款に記載しなくてもその株主総会実施規定や取締役会規定などの社内規定に定めておけば、効力を発揮することになります。しかし、任意的記載事項としてこれらを定款に記載した場合には、定款固有の規制に従わなければなりません。

(3) 　定款による自治

　現行の会社法の特徴の1つに挙げられるのが、定款の自治を広く認めるようになったということです。上記(2)②の相対的記載事項に挙げられている事項は、その特徴をよく表している事項です。すなわち、会社法による規制と、会社の実態に合った自由な定款の作成による会社の自治、この2つのバランスをはかろうとした意図があるといえます。事業承継のためにこの規制と定款自治のバランスをうまくとることが肝要であるといえるでしょう。

第3章 事業承継に係る会社法の定め

⑷ 定款の変更

定款を変更しようとする場合、株主総会の特別決議が必要です（会466・会309②十一）。

４．株主総会決議の種類と主な決議事項

⑴ 株主総会決議の種類

株主総会の決議は通常、普通決議により行われますが、このほか、会社法では決議内容の重要性や性質によって、特別決議、特殊決議、特別特殊決議等の決議方法があります。また、定款によってそれぞれの決議方法の要件等を変更することも可能です。

決議の種類	決議要件	
	定定数	可決要件
普通決議（会309①）	議決権行使可能株主の議決権の過半数（※１）	出席した当該株主の議決権の過半数
特別決議（会309②）	議決権行使可能株主の議決権の過半数（※２）	出席した株主の議決権の３分の２以上（※３）
特殊決議（会309③）	議決権行使可能株主の議決権の過半数（※４）	議決権行使可能株主の議決権の３分の２以上（※５）
特別特殊決議（会309④）	総株主の半数以上（※６）	総株主の議決権の４分の３以上（※７）

※１ 定款で別段の定めがある場合は、それに従います。すなわち、普通決議の定足数は、定款によって引き上げることも軽減することも可能です。ただし、役員の選任及び解任の株主総会の決議は、定款によって軽減できるのは３分の１までです。（会341）。
※２ 定款により、３分の１まで軽減することが可能です。
※３ 定款により、３分の２以上の要件を引き上げることが可能です。この場合においては、当該決議の要件に加えて、一定の数以上の株主の賛成を要する旨、その他の要件を定款で定めることができます。
※４ 定款により、過半数の要件を引き上げることが可能です。
※５ 定款により、３分の２以上の要件を引き上げることが可能です。
※６ 定款により、総株主の半数以上の要件を引き上げることが可能です。
※７ 定款により、４分の３以上の要件を引き上げることが可能です。

Ⅱ　事業承継スキームと関連法規

(2) 決議項目

それぞれの決議の種類について、具体的な決議項目の主な例をあげると次のとおりです。

決議の種類	決議項目
普通決議	・計算書類の定時株主総会での承認（会438②） ・剰余金の配当に関する事項の決定（会454） ・役員及び会計監査人の選任（会329） ・取締役の報酬等の決定（会361①）　など
特別決議	・譲渡制限株式の会社又は指定買取人による買取り（会140） ・会社による自己の株式の特定の者からの取得（会156） ・全部取得条項付種類株式の取得（会171①） ・譲渡制限株式の一般承継人に対する売渡請求（会175①） ・非公開会社における自己株式の処分に係る事項の決定又は取締役会への委任（会202③四） ・取締役会非設置会社において、譲渡制限株式の募集の割当てに係る事項の決定（会204②） ・定款変更、事業の譲渡等、解散（会社法第6章から第8章）までの規定による株主総会の決議（会466～474） ・組織変更、合併、会社分割、株式交換、株式移転（会社法第5編）の規定による株主総会の決議（会743～816） 　など
特殊決議	定款変更により全部の株式について譲渡制限株式とする場合（会309③一）が挙げられます。
特別特殊決議	配当や残余財産を受ける権利について株主ごとに異なる取扱いを定款に定めようとする場合（Q3-5参照）が挙げられます。

会社の支配権の確保・維持のためには、普通決議を可決する比率が最低でも必要となるわけですが、種類株式の発行や株式の譲渡制限など安定株主対策に用いられる会社法の規定のためには、特別決議が必要となります。また定款の変更にも特別決議が必要であることから、事業承継において特別決議を可決する比率の保有が事業承継には重要であるといえます。

114

⑶　種類株主総会の決議

①　種類株主総会の意義

　種類株主総会とは、種類株主による株主総会であり、会社法規定事項や定款
で別に定めた事項に限り決議することが可能です（会２十四、会321）。

②　種類株主総会の決議事項

　会社法に規定されている種類株主総会の決議事項としては、例えば次のよう
なものがあります。

- 会社法322条１項に掲げてある事項（定款の変更や株式の併合など）で、あ
る種類の種類株主に損害を及ぼすおそれがあるような場合
- 種類株主総会の決議を必要とする旨の定めがある場合（会323）

　ただし定款により、種類株主総会の決議を要しない旨の定めを設けることが
できます（会322②③）。

③　種類株主総会の決議要件

　種類株主総会の決議も通常、普通決議により行われますが、このほか、特別
決議、特殊決議の決議方法があります。また、定款によってそれぞれの決議方
法の要件等を変更することも可能です。

決議の種類	決議要件	
	定定数	可決要件
普通決議（会324①）	その種類の株式の総株主の議決権の過半数（※１）	出席した当該株主の議決権の過半数
特別決議（会324②）	議決権行使可能株主の議決権の過半数（※２）	出席した株主の議決権の３分の２以上（※３）
特殊決議（会324③）	議決権行使可能株主の議決権の過半数（※４）	議決権行使可能株主の議決権の３分の２以上（※５）

Ⅱ　事業承継スキームと関連法規

決議の種類	決議例
特別決議（会324②）	全部取得条項付株式についての定めを設ける場合（会111②一、会324②一）など（Q3-4の2.（1）（2）参照）。
特殊決議（会324③）	ある種類の株式を譲渡制限株式とする旨の定款を定めようとする場合（会111②、会108①四）など（Q3-4の2.⑴⑵参照）。

※1　定款で別段の定めがある場合は、それに従います。すなわち、普通決議の定足数は、定款によって引き上げることも軽減することも可能です。ただし、役員の選任及び解任の株主総会の決議は、定款によって軽減できるのは3分の1までです（会347①）。また、普通決議事項は、拒否権付株式の拒否権に関する決議等の一部である。
※2　定款により、3分の1まで軽減することが可能です。
※3　定款により、3分の2以上の要件を引き上げることが可能です。この場合においては、当該決議の要件に加えて、一定の数以上の株主の賛成を要する旨、その他の要件を定款で定めることができます。
※4　定款により、過半数の要件を引き上げることが可能です。
※5　定款により、3分の2以上の要件を引き上げることが可能です。

　このほか会社法では、取得条項を付加する定款変更（会111①）など、種類株主全員の同意を必要とする場合を、個別に定めています（Q3-4の2.⑴⑵参照）。

④　種類株主総会の手続き
　種類株主総会の手続きは、通常の株主総会に関する規定に準じます（会325）。

第3章　事業承継に係る会社法の定め

3-2.
株式の譲渡制限

株式の譲渡制限について説明してください。

nswer

▶ポイント
- 会社法では、定款の規定により全株式に譲渡制限を設けることができます。また、一部の株式についてのみ譲渡制限を行うこともできます。譲渡制限が付された株式を具体的に譲渡する手続きについても定款の定めにより円滑に行う工夫ができます。

1．譲渡制限株式の意義
(1) 譲渡制限株式の意義

譲渡制限株式とは、株式の譲渡もしくは取得について、株主総会の決議による承認（取締役会設置会社においては取締役会の承認）を要する株式のことをいいます。対象となる株式については、定款でその会社の発行する株式の全部を譲渡制限株式とすることもできますし（会107①一）、種類株式の内容として一部の株式のみを譲渡制限株式と定めることもできます（会108①四）。

(2) 譲渡制限株式と事業承継

株式は、原則として自由に譲渡できるので（会127）、その結果、会社にとって好ましくない者が株主となることや、株主数が意図せず増加してしまうこともあります。また、譲渡が繰り返されると、株主の所在が不明になり、株主の確定に手数と時間がかかってしまうことにもなります。事業承継をスムーズに行うためには、そのプロセスで議決権の集約や行使制限、場合によっては組織再編等、会社法所定の手続きを繰り返し実施することも想定されます。そのため、株式の分散と再拡散を防止する理由から株式の譲渡を制限することを事前に検討する必要があります。

Ⅱ　事業承継スキームと関連法規

⑶　譲渡制限株式と公開会社

　公開会社とは、譲渡制限株式を発行しない会社のことをいいます（会2五）。発行する全部の株式を譲渡制限株式としている会社も、一部の株式を譲渡制限株式としている会社も公開会社[43]となりません。公開会社であるか否かにより適用される規定も異なるため注意が必要です。いくつか例を挙げると次のとおりです。

	公開会社	非公開会社
取締役等選任種類株式の発行（会108①九）	不可	可能
取締役会の設置義務（会327①）	有	無
株主総会の招集通知期限（会299）	2週間前迄	1週間前迄
属人的株式の発行（会109②）	不可	可能

2．譲渡制限株式の導入方法

　譲渡制限株式を導入するためには、全部譲渡制限株式、一部譲渡制限株式にかかわらず、定款に規定する必要があります。

⑴　全部譲渡制限株式

　会社の全株式を譲渡制限株式とするには、「譲渡により取得することについて会社の承認が必要な旨」を定款に規定する必要があります。定款の変更には、株主総会の特殊決議（Q3-1参照）が必要となります。

⑵　一部譲渡制限株式

　新たに一部の株式について種類株式として譲渡制限株式を発行する場合は、

43　公開会社は会社法上の定義であり、株式を取引所に上場している「上場会社」の意味とは異なります。ただし、原則として「上場会社」の株式には譲渡制限を付すことができませんので、結果、上場会社≒会社法上の公開会社になります。一方で、未上場会社でも発行する全部の株式に譲渡制限が付されていなければ、会社法上は公開会社と定義されます。

定款にその株式の内容を規定する必要があります（会108②）。定款の変更には、株主総会の特別決議（Ｑ3-1参照）が必要となります。

また、すでに発行している種類株式に譲渡制限を追加することにより、当該種類株主に損害を及ぼすおそれがある場合には、当該種類の株式の種類株主を構成員とする種類株主総会の特別決議が必要となります（会322①一、会324②四）。

3．譲渡制限株式を譲渡する場合の手続き

(1) 譲渡の承認手続

① 承認の請求

譲渡制限株式を譲渡する場合、会社の承認が必要です。承認の請求は株式の譲渡する者でも譲り受ける者でも、どちらでも可能です（会136、137①）。なお、譲受人が請求する場合は、株主名簿に記載された者等と共同で請求しなければなりません（会137②）。請求にあたっては、会社が当該譲渡の内容を判断できるように、株式の譲受人の名前（名称）、株式数等の一定事項を通知する必要があります。

② 承認の決定

承認は、株主総会（取締役会設置会社にあっては、取締役会）の決議により行わなければなりません（会139①）。なお、譲渡等承認請求者は、当該株主総会において議決権を行使することができません（会139②）。この承認手続は定款により、株主総会ではなく代表取締役にすることもでき、承認手続の迅速化と意思決定権限の集約化を図ることができます（会139①）。

③ 承認の通知（会145一）

会社は、株式の譲受人が会社にとり望ましくないと判断した場合は、請求日から2週間以内に譲渡等承認請求者に通知しなければなりません。その期間に通知がない場合は、会社と譲渡等承認請求者に別段の合意がない限り、承認したものとみなされます。

Ⅱ　事業承継スキームと関連法規

⑵　承認しない場合の方法

①　会社の買取りか買取人の指定の決定

　譲渡制限株式の譲渡を承認しない場合で、譲渡等承認請求者が、会社か、会社が指定する買取人に対して譲渡することを請求しているときは、会社が直接買い取るか、もしくは別途、買取人を指定しなければなりません（会140①④）。会社が買い取る場合は、株主総会の特別決議が必要です（会140②・会309②一）。また、買取人を指定する場合も、株主総会の特別決議（取締役会設置会社にあっては、取締役会の決議）が必要です（会140⑤・会309②一）。ただし、定款で別段の定めを行うことが可能です。例えば、「買取人の指定は代表取締役がこれを行う」というような規定です。こうしておけば手続きの簡素化が図られます。

②　会社から指定された買取人からの通知

　会社もしくは指定された買取人は、承認を求められた日から法定の通知期間内（会社による買取りの場合は40日以内、指定買取人の買取りの場合には10日以内）に譲渡等承認請求者に、次の事項を通知しなければなりません。当該期間内に通知がない場合には、他者への譲渡が承認されたものとみなされます。なお、通知の前に、1株当たりの純資産額に対象株式の数を乗じて得た額を供託所に供託し、当該供託についても通知する必要があります（会141②、会142②）。

　〈通知事項〉

　　会社：対象株式を買い取る旨（会140①一）、株式会社が買い取る対象株式の
　　　　　数（会140①二）

　　指定された買取人：指定された買取人として指定を受けた旨（会142①一）、
　　　　　　　　　　　指定された買取人が買い取る対象株式の数（会142①二）

⑶　みなし承認

　譲渡制限株式の譲渡の承認には、株主総会の決議（取締役会設置会社にあっては、取締役会の決議）が必要であるため、手続きを迅速・簡素化するためにあらかじめ定款に、「一定の場合は承認の手続は不要である」旨の規定を盛り込むことが可能です（会107②一ロ・108②四）。

　一定の場合とは、例えば次のような場合が挙げられます。

　●株主から株主への譲渡

120

第3章　事業承継に係る会社法の定め

- 従業員持株会への譲渡
- 事業譲渡における現経営者から後継者への譲渡

⑷　譲渡制限株式の売渡請求

　譲渡制限株式であっても、相続や合併等の一般承継による株式の移転については、譲渡承認の対象にはなりません。この場合、会社にとって株式の譲受人が望ましくないと判断した場合でも、受け入れざるをえません。このような事態を防止するためには、譲渡制限株式の売渡請求の規定を定款に設けることになります（Q3-10参照、会174）。

121

Ⅱ 事業承継スキームと関連法規

Q 3-3.
自己株式の取得における会社法の規制

自己株式の取得における会社法の規制について説明してください。

A nswer ･･

▶ポイント

• 会社法における自己株式の取得は広く認められるようになりましたが、取得にあたって一定の財源規制や手続きの規制が伴い、保有や処分、消却に関しても一定の規制があります。

1. 自己株式の取得
(1) 取得できるケース

会社法では、自己株式の取得につき155条に限定列挙する形で認めています。事業承継に関連するものを挙げると次のとおりです。

① 株主総会決議による取得

② 取得条項付株式の取得（Q3-4参照）

③ 取得請求権付株式の株主からの取得請求に基づく取得（Q3-4参照）

④ 全部取得条項付種類株式の取得に関する決定の決議に基づく取得（Q3-4参照）

⑤ 譲渡制限株式の譲渡等承認請求を認めない場合の取得（Q3-2参照）

⑥ 相続人等に対する売渡請求制度に基づく取得（Q3-10参照）

(2) 財源に係る規制

会社法では、自己株式の取得は剰余金の配当と同じく、分配可能額を超えてはならないという財源規制があります（会461①一～七）。財源規制に違反する自己株式取得は無効であり、自己株式の譲渡人、株主総会・取締役会の議案提案取締役等が会社に対して連帯して、譲渡人が交付を受けた金銭等の帳簿価額に相当する金銭の支払いの義務を負います（会462）。なお、例外として、単元未満株主からの買取請求による自己株式の取得（会192）、合併後消滅する会社からの自己株式の取得等が認められています。この分配可能額は、臨時計算書

122

類を作成する場合には、最終事業年度末日以降行われる臨時決算日の株主総会により承認された（会441①④）臨時計算書類に基づき、臨時決算日までの期間損益や自己株式の処分の対価を剰余金に含めることができます（会461①三）。

◉臨時計算書類を作成しない場合

　分配可能額は、次に示す①の金額から②〜④までの合計額を差し引いた金額です。ただし、会社の純資産価額が300万円を下回る場合には、自己株式の取得はできません（会458）。

① 　貸借対照表（最終事業年度末日）における剰余金の額（会446）
　　その他資本剰余金、その他利益剰余金（会計規149）
② 　自己株式の帳簿価額
③ 　最終事業年度の末日後に自己株式を処分した場合における当該自己株式の対価の額
④ 　その他に法務省令で定めた勘定科目計上額（会計規158）
- のれん等調整額（※１）−資本金・資本準備金の合計額（※２）
  - ※１ 　のれんの２分の１−繰延資産額の合計額
  - ※２ 　その他資本剰余金の金額を超えない額
- その他有価証券評価差額金（差損に限られます。）
- 土地再評価差額金（差損に限られます。）
- 300万円−資本金−資本準備金−新株予約権−評価換算差額

◉臨時計算書類を作成する場合

　分配可能額は、次に示す①〜②の合計金額から③〜⑥までの合計額を差し引いた金額です（会461②）。ただし、会社の純資産価額が300万円を下回る場合には、自己株式の取得はできません（会458）。

① 　剰余金の額（会461②一）
② 　臨時計算書類における次に掲げる額（会461②二）
- 臨時決算日までの利益の額として法務省令で定めた金額の合計額
- 臨時決算日までに処分した自己株式の対価
③ 　自己株式の帳簿価額（会461②三）

Ⅱ　事業承継スキームと関連法規

④　最終事業年度の末日後に自己株式を処分した場合における当該自己株式の対価の額（会461②四）

⑤　臨時決算日までの損失の額として法務省令で定めた金額の合計額（会461②五）

⑥　その他に法務省令で定めた勘定科目計上額（会461②六・会計規158）

- のれん等調整額（※１）－資本金・資本準備金の合計額（※２）
    - ※１　のれんの２分の１－繰延資産額の合計額
    - ※２　その他資本剰余金の金額を超えない額
- その他有価証券評価差額金（差損に限られます。）
- 土地再評価差額金（差損に限られます。）
- 300万円－資本金－資本準備金－新株予約権－評価換算差額

2．株主総会決議による取得

　会社が自己株式を取得しようとする場合、一般的には株主総会の決議により取得することになりますが、会社法ではその手続きにより、株主との合意による取得、特定の株主からの取得、市場取引等による株式の取得に区分しています。

⑴　株主との合意による取得

　株主を特定しない場合の取得は、次のようなステップを踏んで行われます。

①　株主総会決議（会156）

　会社はまず、株主総会において、株式の取得に関する事項を、普通決議により決定します。決議は定時総会もしくは臨時総会のどちらも可能です。

- 取得する株式の数
- 株式を取得するにあたって交付する金銭等の内容とその総額
- 自己株式を取得できる期間（１年以内の範囲内）

②　取締役決議（会157）

　株主総会の決議後、具体的に取得を実行する場合、その都度、取締役が（取締役会設置会社は取締役会決議）取得の条件を決定します。

- 取得する株式の数
- 株式１株を取得するのと引換えに交付する金銭等の内容及び数もしくは額

又はこれらの算定方法

- 株式を取得するのと引換えに交付する金銭等の総額
- 株式の譲渡しの申込みの期日

③ **株主に対する通知（会158）**

会社は株主に対して、取得条件に係る決定事項を通知します。

④ **株主からの譲渡しの申込みと譲受承諾（会159）**

株主は申込株式の数を明らかにして申し込みます。会社は取得の決議において定めた申込期日において、株主が申込みをした株式の譲受承諾をしたものとみなされます。

なお、株式の申込総数が、会社が取得する予定の株式数を超える場合があります。この場合は、各株主の取得する株式数は、次のような計算式により按分します（会159②）。

$$株主の取得株数＝当該株主の申込株数×\frac{取得総数}{申込総数}（端数切捨て）$$

(2) 特定の株主からの取得

自己株式を特定の株主から取得しようとする場合は、株主平等の原則から、上記(1)のステップに加えて、①～③の考慮が必要になっています。

① 取得に係る株主総会決議は、特別決議でなければなりません（会309②二）。この決議において、特定の株主は議決権を行使することができません（会160④）。

② 株主に対し、特定の株主に自己を加えたものである議案を請求することができる旨をあらかじめ通知しなければなりません（会160②）。

③ 自らを特定株主に加えることを望む株主は、株主総会の5日前（定款で期間を短縮することは可能です。）までに請求しなければなりません（会160③）。

なお上記②～③の考慮は、次のケースでは必要とされていません。

- 市場価格のある株式を市場価格以下で取得する場合（会161）
- 相続人等から取得する場合（会162）
- 特定の株主からの取得に関して定款の定めがある場合（会164）

125

Ⅱ　事業承継スキームと関連法規

⑶　市場取引等による株式の取得

　市場取引等とは、会社が市場において行う取引又は金融商品取引法27条の２第６項に規定する公開買付けの方法によって自己株式を取得する場合のことです。この場合に必要な手続きは、上記の⑴及び⑵に示した手続きではなく、株主総会の普通決議のみとなります（会165①）。

３．自己株式の保有・処分・消却

⑴　自己株式の保有

　会社法では、自己株式を金庫株として保有することも、処分もしくは消却することも任意に選択できることになっています。ただし、自己株式を保有することは、実質的に会社が会社自身を株主とすることになるため、株主としての権利につき、議決権を行使することが禁止されており（会308②）、利益配当請求権（会453）・残余財産分配請求権（会504③）もないものとされています。

⑵　自己株式の処分

　会社法においては取得した自己株式は、いつでも処分できることとされています。ただし、会社法は自己株式の処分を通常の新株の発行と同様の性格を有しているとしていることから、手続きは新株式の発行と同じ手続きによらなければなりません（会199）。

⑶　自己株式の消却

　株式会社は、いつでも自己株式の消却をすることができます。ただし、取締役会設置会社の場合は、取締役会の決議において消却する自己株式数の決定が必要になります（会178）。

４．取引相場のない株式の売買に関する税務上の規定

　会社が株主から自己株式を取得、処分する場合の価格は、適正な時価であることや、株主に課される譲渡益課税とみなし配当について等、事前の整理が必要です（Ｑ8-1参照）。

第3章　事業承継に係る会社法の定め

3-4.
種類株式

種類株式について説明してください。

Answer

▶ポイント
- 株式会社は、剰余金の配当その他の一定の事項について内容の異なる2以上の種類の株式を発行することができ、その内容については9つの種類が認められています。
- 種類株式制度は、後継者への議決権の集中、後継者以外の相続人に対する利害調整、現経営者による後継者の監督などのために用いることができます。

1．種類株式制度の概要

株式会社は、剰余金の配当等の事項について内容の異なる2以上の種類の株式（以下、「種類株式」という。）を発行することができます（会108①）。

具体的には、以下の9つの種類の株式が発行できます。
- 剰余金の配当優先／劣後株式
- 残余財産の分配優先／劣後株式
- 議決権制限株式
- 譲渡制限株式
- 取得請求権付株式
- 取得条項付株式
- 全部取得条項付株式
- 拒否権付株式
- 取締役／監査役選解任権付株式

以下では、各種類の株式の概要について解説します。

(1) **剰余金の配当優先／劣後株式（会108①一）**

剰余金の配当優先株式（以下、「配当優先株式」という。）とは、剰余金の配当

127

Ⅱ　事業承継スキームと関連法規

について普通株式よりも優先的に行われる株式をいい、剰余金の配当劣後株式（以下、「配当劣後株式」という。）とは、剰余金の配当を普通株式よりも劣後して行われる株式をいいます。

(2)　残余財産の分配優先／劣後株式（会108①二）

　会社を清算した際には、会社が保有する財産や債務が整理されますが、その後に会社に残った財産のことを残余財産といいます。この残余財産は、種類株式の定めがない場合には、剰余金の配当と同様に株式数に応じて各株主に分配されることになります。ここで、残余財産の分配優先株式（以下、「残余財産分配優先株式」という。）とは、残余財産の分配について普通株式よりも優先的に行われる株式をいい、残余財産の分配劣後株式（以下、「残余財産分配劣後株式」という。）とは、残余財産の分配について普通株式よりも劣後して行われる株式をいいます。

(3)　議決権制限株式（会108①三）

　議決権制限株式とは、株主総会において議決権を行使できる事項について制限が加えられている株式をいいます。また、株主総会における議決権を一切持たない株式のことを無議決権株式といいます。

(4)　譲渡制限株式（会108①四）

　譲渡制限株式とは、株式の譲渡について、当該株式会社の承認を要する株式をいいます。なお、当該譲渡の承認には株主総会決議が必要です（会139①）。株式の譲渡制限については、Ｑ3-2において詳細に取り扱っていますので、参照してください。

(5)　取得請求権付株式（会108①五）

　取得請求権付株式とは、株主が株式会社に対して、当該株式を取得することを請求できる権利がついた株式をいいます。株式会社は株主より取得の請求があった場合には、その取得の対価が取得請求時点における分配可能額（Ｑ3-3を参照）を超える場合を除いて、取得に応じる必要があります（会166①）。

128

第3章　事業承継に係る会社法の定め

⑹　**取得条項付株式（会108①六）**

　取得条項付株式とは、株式会社が株主に対して、一定の事項が生じたことを理由に当該株式を取得できる権利がついた株式をいいます。株式会社は一定の事由が生じた場合には、その取得の対価が取得請求時点における分配可能額（Q3-3を参照）を超える場合を除いて、株主から株式を取得できます（会170⑤）。

⑺　**全部取得条項付株式（会108①七）**

　全部取得条項付株式とは、株式会社が株主総会の決議をもって、当該株式の全部を取得することができる株式をいいます。取得条項発動には株主総会特別決議が必要となります（会309①三）。また、取得条項発動による株式取得の対価は、取得日における分配可能額（Q3-3を参照）を超えることはできません（会461①四）。

⑻　**拒否権付株式（会108①八）**

　拒否権付株式とは、株主総会又は取締役会で決議すべき事項について、当該決議の他に、当該種類株式を保有する者の種類株主総会を要することが定められた株式をいいます。つまり、拒否権付株式が発行されていた場合、ある事項が決定されるためには、株主総会又は取締役会と当該株式を保有する者で構成される種類株主総会の2つで可決しなければなりません。

⑼　**取締役／監査役選解任権付株式（会108①九）**

　取締役／監査役選解任権付株式とは、取締役及び監査役の選解任を行うことができる株式をいいます。つまり、取締役／監査役選解任権付株式が発行されていた場合、取締役及び監査役は、当該株式を保有する者で構成される種類株主総会においてその選任及び解任が決議されることになります。なお、取締役／監査役選解任権付株式は、指名委員会等設置会社及び公開会社は発行することができません（会108①ただし書）。

2．種類株式発行のための手続き

　種類株式を発行する場合、その内容及び発行可能種類株式総数を定款で定め

Ⅱ　事業承継スキームと関連法規

る必要があります（会108②）。以下では、種類株式の発行手続について、新た
に株式の種類を追加する場合とすでに発行している株式の内容を変更する場合
とに分けて説明していきます。

⑴　新たに株式の種類を追加する場合

　新たに株式の種類を追加する場合、定款を変更する必要がありますので、株
主総会の特別決議が必要となります（会309②十一）。また、株式の種類の追加
により、ある種類の株式の種類株主に損害を及ぼすおそれがある場合には、当
該種類の株式の種類株主を構成員とする種類株主総会の特別決議が必要となり
ます（会322①一、会324②四）。

⑵　すでに発行している株式の内容を変更する場合

　すでに発行している株式の内容を変更する場合においても、定款を変更する
必要がありますので、株主総会の特別決議が必要となります（会309②十一）。
また、上記⑴と同様、株式の種類の追加により、ある種類の株式の種類株主に
損害を及ぼすおそれがある場合には、当該種類の株式の種類株主を構成員とす
る種類株主総会の特別決議が必要となります（会322①一、会324②四）。なお、
以下の各場合には、各種類株主に与える影響が大きいことから、株主総会の特
別決議に加えて、別途手続が必要となります。

①　取得条項付株式についての定めを設ける場合

　ある種類の株式について、取得条項付株式の定めを設ける場合には、当該定
めが株主に不利益を与える可能性もあることから、当該種類の株主を有する株
主全員の同意が必要となります（会111①）。

②　全部取得条項付株式についての定めを設ける場合

　ある種類の株式について、全部取得条項付株式の定めを設ける場合には、当
該定めが株主に不利益を与える可能性もあることから、当該種類の株主を構成
員とする種類株主総会の特別決議が必要となります（会111②一、会324②一）。

　また、当該種類株主総会における反対株主には、株式の買取請求を行うこと
が認められています（会116①二）。

③ 譲渡制限付株式についての定めを設ける場合

ある種類の株式について、譲渡制限付株式の定めを設ける場合には、当該定めにより当該株式を自由に売買することができなくなるため、当該種類の株主を構成員とする種類株主総会の特殊決議が必要となります（会111②一、会324③一）。

また、当該種類株主総会における反対株主には、株式の買取請求を行うことが認められています（会116①二）。

図表1　発行のための手続きのまとめ

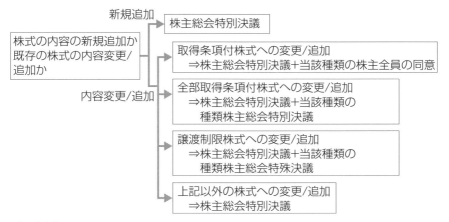

【注意点】
いずれの場合も、株式の種類の追加により、ある種類の株式の種類株主に損害を及ぼすおそれがある場合には、当該種類株主総会特別決議が必要となる。

3．事業承継を検討するに際して種類株式等の活用方法

事業承継の場面において、種類株式は主に①後継者に対して議決権を集中もしくは拡散防止のため、②後継者以外の他の相続人等との財産権に関する利害調整のため、③現経営者が後継者の監督を行うために用いることができます（図表2参照）。

Ⅱ　事業承継スキームと関連法規

図表2　種類株式とその活用目的

活用目的	対応する種類株式の例示
後継者に対する議決権の集中もしくは拡散防止	議決権制限株式 譲渡制限株式 全部取得条項付株式 取得条項付株式 拒否権付株式 取締役／監査役選解任権付株式
後継者以外の他の相続人等との利害調整	配当優先株式 残余財産分配優先株式 取得請求権付株式
現経営者による後継者の監督	拒否権付株式 取締役／監査役選解任権付株式

　以下では、目的別に主な種類株式の活用方法を見ていきたいと思います。

(1)　後継者に対する議決権の集中及び拡散防止

　会社運営を効率的かつ効果的に行うには、後継者や後継者に同調的な者（以下、「後継者等」という。）に議決権が集中しているか、今以上に拡散させない必要があります。この目的のために用いることができる種類株式は以下のとおりです。

①　譲渡制限株式

　譲渡制限株式を発行している場合、株式の譲渡について株式会社の承認を要することから、既存株主以外の者への株式の拡散が防止できます。その結果、後継者等に対して敵対的な者に対する株式の移転も防止することができるため、後継者等への議決権の集中が図れることになります。また、譲渡ではなく相続等の一般承継により、株式が分散するリスクについては、相続人等に対する自社株式の売渡請求制度（Q3-10を参照）を用いることで解消することができます。

第3章　事業承継に係る会社法の定め

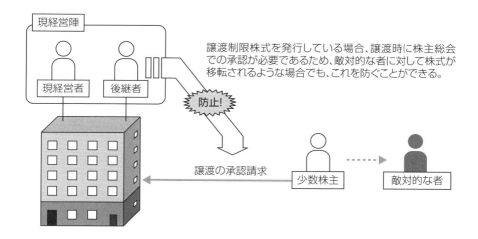

② 議決権制限株式

　議決権制限株式を発行している場合、当該株式については株主総会における議決権を制限することができます。そのため、あらかじめ現経営者が保有する株式を普通株式（議決権制限のない株式）と無議決権株式に分けておき、実際に相続が生じた場合に、後継者には普通株式を相続し、後継者以外の相続人には無議決権株式を相続させることで、後継者に対して議決権を集中させることができます。なお、この場合、後継者以外の相続人は議決権が奪われた状態となるため、後継者との利害調整が必要になると思われますが、この点は次項（(2)**後継者以外の他の相続人等との利害調整**）において説明します。

Ⅱ　事業承継スキームと関連法規

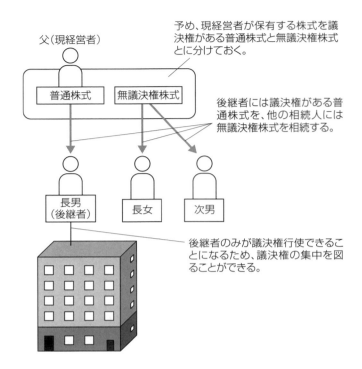

③　全部取得条項付株式

　全部取得条項付株式を発行している場合、株主総会の特別決議[44]をもって当該株式の全部を株式会社が取得することができます。そのため、株式が分散している場合や敵対的な少数派株主が多い場合などには、一旦すべての株式を全部取得条項付株式に変更した上で、取得条項を発動し、会社が株式を買い取ることで、これらの少数派株主を排除することができます。そしてその上で、現経営陣や後継者等に対して普通株式を発行することで、後継者に対する議決権の集中を図ることができます。

44　会社法107条に定める種類株式は、異なる種類の株式を発行できる旨の定款の定めを求めているが、実際に発行されているか否かは問題とならない。そのため、特別決議要件を充足するだけの議決権を有していれば、事実上他の株主をスクイーズアウトすることが可能となる。

【全部取得条項付株式を用いる場合のイメージ】

(1) 定款変更により、全部取得条項付株式に変更

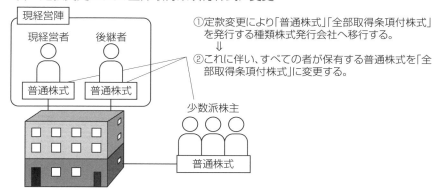

①定款変更により「普通株式」「全部取得条項付株式」を発行する種類株式発行会社へ移行する。
⇩
②これに伴い、すべての者が保有する普通株式を「全部取得条項付株式」に変更する。

(2) 取得条項の発動及び普通株式の発行

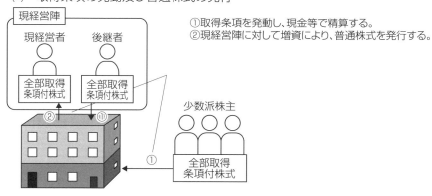

①取得条項を発動し、現金等で精算する。
②現経営陣に対して増資により、普通株式を発行する。

(3) 各種手続後の状況

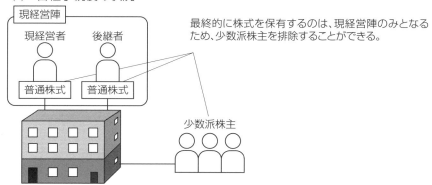

最終的に株式を保有するのは、現経営陣のみとなるため、少数派株主を排除することができる。

④ 拒否権付株式及び取締役／監査役選解任権付株式

　拒否権付株式を発行している場合、当該株主は会社の決定に対して拒否権を有することになることから、会社の意思決定に対して大きな影響力を有することになります。また、取締役／監査役選解任権付株式を発行している場合、当該株主は会社の経営陣の選解任権を有していることになるため、やはり会社の意思決定に対して大きな影響力を有することになります。そのため、何らかの理由で後継者に議決権を集中させることができない場合には、その代替策として、後継者に対して拒否権付株式や取締役／監査役選解任権付株式を発行することが考えられます。当該株式を発行させることにより、後継者が会社の意思決定に対して大きな影響力を有することになるので、議決権を集中させることができない場合でも、一定の歯止め効果を得ることができます。

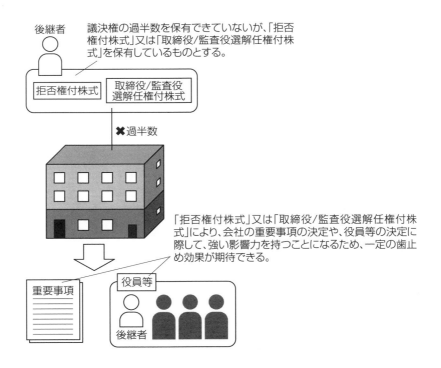

(2) 後継者以外の他の相続人等との利害調整

　事業承継において、後継者は議決権集中の観点から、議決権のある株式が承継されますが、後継者以外の他の相続人等には無議決権株式等の議決権に制限がある株式が承継されることが多いようです。また、中小企業のほとんどは、株式に譲渡制限が付されているため、後継者以外の他の相続人等は、相続した株式を売却することにも制約があります。

　このとき、何も手立てをしないと、後継者以外の他の相続人等は議決権もなく、売却にも制約がある株式を承継しているわけですから不満を抱くことになり、これが後々、後継者との間のトラブルの原因となる可能性があります。

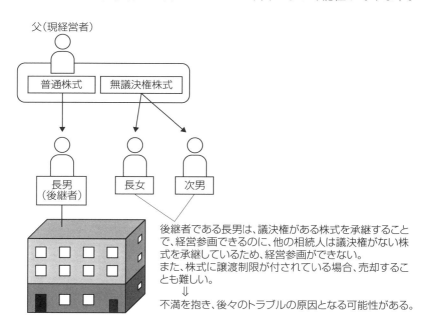

　そのため、後継者以外の他の相続人等が承継する株式については、議決権制限や譲渡制限といったデメリットを埋めるようなメリットを付すことで、後継者との間の利害調整を行う必要があります。例えば、次のような手法が有効と考えられます。

Ⅱ　事業承継スキームと関連法規

①　配当優先株式及び残余財産分配優先株式

　配当優先株式を発行している場合、当該株式については普通株式より優先的に配当を受け取ることができ、残余財産分配優先株式を発行している場合、当該株式については普通株式より優先的に残余財産の分配を受けることができます。

　そのため、後継者以外の他の相続人等が承継する株式について、配当優先や残余財産分配優先といった権利を加えることで後継者との間の利害調整を行うことができます。

　つまり、議決権制限や譲渡制限といったデメリットを配当優先や残余財産分配優先といったメリットで埋めることで、後継者以外の他の相続人等が承継する株式の価値を高めることができるのです。

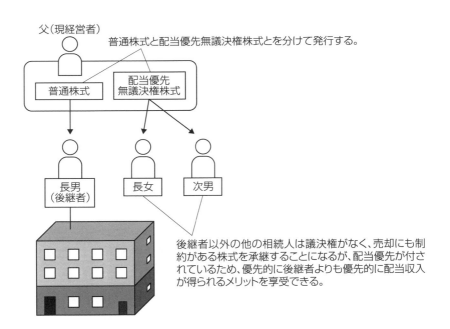

② 取得請求権付株式

取得請求権付株式を発行している場合、株主が会社に対してその株式の取得を請求することができます。

そのため、後継者以外の他の相続人等が承継する株式について、取得請求権を加えることで後継者との間の利害調整を行うことができます。

つまり、株式に譲渡制限が付されている場合、他者への売却に制限があることになりますが、当該株式に取得請求権が付くことで、会社に対して売却することができるため、売却の制約というデメリットを解消することができるのです。

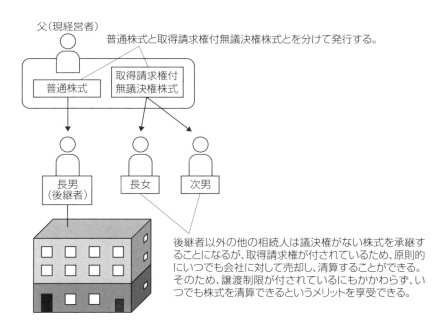

(3) 現経営者による後継者の監督

後継者がまだ若年であることなどから経験不足である場合、重要事項の決定については現経営者も参画できるようにすること等で後継者を監督する必要があります。この目的のために用いることができる種類株式は以下のとおりです。

Ⅱ　事業承継スキームと関連法規

①　取得条項付株式

　取得条項付株式を発行している場合、一定の事項が生じた場合に会社がその株式を強制的に取得することができます。

　そのため、現経営者から経験豊富な役員等に一旦会社経営をバトンタッチし、後継者が経験を積んできてから、後継者に対して会社経営をバトンタッチするような場合、一旦経営を中継ぎする者に対して取得条項付株式を交付することが有効となります。

　つまり、一旦経営を中継ぎする者には、例えば「10年後に会社が株式を取得する」という取得条項を付した株式を交付し、10年間は会社を運営してもらい、後継者はその間に経験を積みます。そして、10年後に取得条項を発動し、会社が中継ぎ経営者から株式を取得することで、後継者に会社経営をバトンタッチすることができるのです。

　なお、本事例は、①あくまでも中継ぎ経営者が後継者へのバトンタッチを前提に考えていること（その間その他の株主と結託して後継者へのバトンタッチを阻む恐れがないこと）及び②中継ぎ経営者が自己資金もしくはファンド等の株式取得資金を豊富に用意できる前提に立っています。

◆最初の10年間

現経営陣

後継者　　中継ぎ経営者

普通株式　　取得条項付株式

30株　　60株

10年後に会社が取得する旨の条項が付されている。
⇩
10年間は中継ぎ経営者が会社運営を行い、後継者は経験を積む。

発行済株式数100株
…後継者30%、中継ぎ経営者60%、その他10%

◆10年間経過後

現経営陣

後継者　　中継ぎ経営者

普通株式

30株

取得条項付株式

取得条項が発動され、会社が株式を取得する。
⇩
経験を積んだ後継者に、議決権を集中することになるため、会社の運営の移行がスムーズに行える。

発行済株式数40株
…後継者75%、その他25%

② 拒否権付株式及び取締役/監査役選解任権付株式

上記(1)④のとおり、拒否権付株式及び取締役/監査役選解任権付株式を発行している場合、当該株主は会社の意思決定に対して大きな影響力を有することになります。

そのため、現経営者から後継者に株式を承継する代わりに、重要事項について拒否権を有する拒否権付株式や取締役/監査役選解任権付株式を現経営者に交付することで、現経営者が後継者を監督することができます。

つまり、会社の経営について、基本的には後継者に任せますが、重要事項について後継者が誤った意思決定を行いそうになった場合には、拒否権を発動することや、後継者を一旦取締役から解任することで、その監督を行うことができるのです。

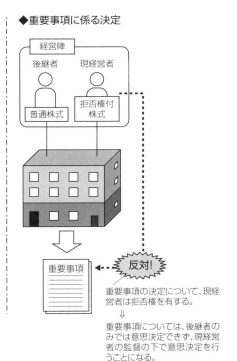

Ⅱ　事業承継スキームと関連法規

４．種類株式の評価に関する税務上の規定

　種類株式の評価方法について、国税庁では平成19年３月９日付で「種類株式の評価について（情報）」を公表しています。ここでは、「配当優先の無議決権株式、社債類似株式、拒否権付株式の取扱いが明らかにされています（Ｑ3-10参照）。

Q 3-5. 属人的株式

属人的株式について説明してください。

Answer

▶ポイント
- 非公開会社は、剰余金配当請求権、残余財産分配請求権及び議決権ついて、株主ごとに異なる取扱いを行う旨を定款で定めることができます。
- 属人的株式制度は、種類株式制度と同様に、後継者への議決権の集中、後継者以外の相続人に対する利害調整、現経営者による後継者の監督のために用いることができます。

1．属人的株式制度の概要

　非公開会社は、剰余金配当請求権、残余財産分配請求権及び議決権ついて、株主ごとに異なる取扱いを行う旨を定款で定めることができます（会109②）。株式会社は、株主をその有する株式の内容及び数に応じて平等に取り扱う必要があります（会109①）。しかし、非公開会社においては、定款で定めることにより、株主ごと、つまり属人的にその権利内容を変えることができるのです。

◆原則的な取扱い

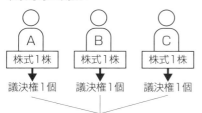

A氏、B氏、C氏はそれぞれ株式を1株ずつ保有しているため、配当請求権や残余財産請求権、議決権は同じ数ずつ保有することになる。

◆属人的な取扱い

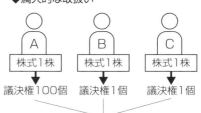

本来、A氏、B氏、C氏が持つべき議決権は、3人同じ1個なはずであるが、A氏が持つ議決権について100個という取扱いをしている。
このように、非公開会社では定款の定めにより、各人が同じ数ずつ株式を保有している場合においても、配当請求権や残余財産請求権、議決権の数を変えることができる。

また、属人的株式は、その異なる取扱いの帰属先により、以下の「ＶＩＰ株」と「比重株」とに区別されます。ＶＩＰ株とは「ある特定の株主が持っている株式について、特別の権利を付けた株式[45]」をいい、比重株とは「ある特定の株式に特別の権利を付けたもの[46]」をいいます。つまり、ＶＩＰ株の場合、特別の権利がその株主に帰属することから、株式を譲渡したとしても、特別の権利の移転は起こりませんが、比重株の場合には、特別の権利がその株式に帰属することから、株式を譲渡することで、特別の権利についても移転します。

◆VIP株の場合
　定款の定め「A氏が保有する株式は1株当たり100個の議決権を有する」
　⇒この場合、A氏が保有する株式のみ、1株当たり100個の議決権を有することとなるため、仮にA氏がB氏に株式を譲渡した場合においても、1株当たり100個という特別な権利までは移転しない。

◆比重株の場合
　定款の定め「No.001の株式は1株当たり100個の議決権を有する」
　⇒この場合、No.001の株式が、1株当たり100個の議決権を有することとなるため、仮にA氏がB氏に株式を譲渡した場合には、1株当たり100個という特別な権利についても移転する。

2．発行のための手続き

　属人的株式を発行する場合、その属人的な定めの内容について定款で定める必要があります（会109②）。定款を変更して属人的な定めを行う場合には、株主総会の特別特殊決議が必要となります（会309④）。

　また、属人的株式をＶＩＰ株とする場合には、権利が特定の株主に帰属することを明確にするため、定款にはその株式の保有者を特定するように記載する

45　河合保弘・LLP経営360°『「種類株式プラスα」徹底活用法』ダイヤモンド社、平成19年、21頁
46　河合保弘・LLP経営360°『「種類株式プラスα」徹底活用法』ダイヤモンド社、平成19年、22頁

第3章　事業承継に係る会社法の定め

必要があります（例：「代表取締役が保有する株式は～とする」「株主Aが保有する株式は～とする」など）。

そして、属人的株式を比重株とする場合には、権利が特定の株式に帰属することを明確にするため、定款にはその株式を特定するように記載する必要があります（例：「○○の株式は～とする」など）。

3．事業承継時における活用方法

事業承継の場面において、属人的株式は種類株式と同様に①後継者に対して議決権を集中させるため、②後継者以外の他の相続人等との利害を調整するため、③現経営者が後継者の監督を行うために用いることができます。

以下では、目的別に属人的株式の活用方法を見ていきたいと思います。

⑴　後継者に対する議決権の集中
①　後継者が保有する株式について議決権を増やす

後継者が保有する株式について、議決権を増やすような定めを置いた場合には、後継者に対して議決権を集中させることができます。

例えば、後継者が承継する株式について1株につき10個の議決権を有する旨を定めた場合、後継者が承継する株式は、他の株主の10倍の議決権を有することになります。そのため、後継者が資金的都合等により現経営者の株式のすべてを取得できない場合においても、後継者に対して議決権を集中させることができます。

145

Ⅱ 事業承継スキームと関連法規

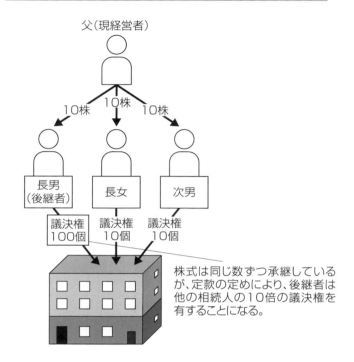

② 後継者以外の相続人の議決権を減らす

先ほどは議決権を増やすような定めを置いた場合について記載しましたが、逆に特定の株式について議決権を減らすように定めることも可能です。

例えば、あらかじめ現経営者が保有する株式を議決権が10倍の比重株（以下、「A比重株」という。）と無議決権の比重株（以下、「B比重株」という。）とに分けておき、実際に相続が生じた場合に、後継者にはA比重株を相続し、後継者以外の他の相続人にはB比重株を相続させることで、後継者に対して議決権を集中させることができます。

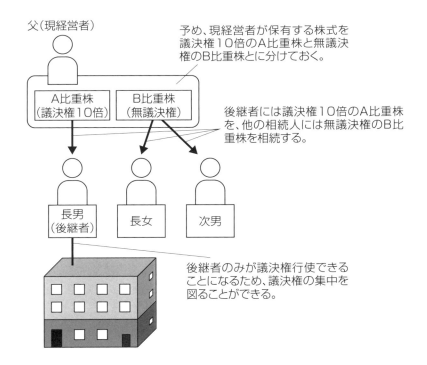

Ⅱ　事業承継スキームと関連法規

(2) 後継者以外の他の相続人等との利害調整

　種類株式の説明で、無議決権株式に配当優先等の権利を加えることで、後継者と後継者以外の他の相続人等との利害調整を行うことができる旨を説明しましたが、属人的株式を用いることでも同様のことができます。例えば、先ほどの(1)で挙げられていたA比重株とB比重株について、A比重株については無配とし、B比重株については配当を2倍にするように定めた場合、後継者以外の他の相続人には、議決権はないものの配当が2倍受け取ることができる株式を承継できるため、実質的に配当優先の無議決権株式を承継した場合と同じ効果を得ることができます。

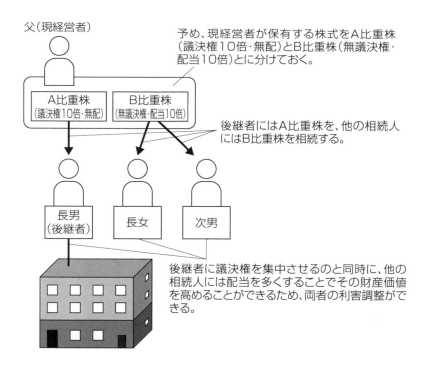

（3） 現経営者による後継者の監督
① 代表取締役が保有する株式をＶＩＰ株にする

　種類株式の説明で、一旦経営を中継ぎする者に対して、取得条項付株式を交付し、後継者が実際に会社経営を引き継ぐ際に、取得条項を発動し、後継者に経営をバトンタッチさせる例を説明しましたが、属人的株式を用いることでも同様のことができます。例えば、「代表取締役が保有する株式は１株10個の議決権を有する」というＶＩＰ株を発行した場合、中継ぎ経営者が代表取締役として活動している間は、彼に議決権を集中させることができ、彼が代表取締役を退き、後継者が代表取締役に就任した際には、後継者に対して議決権を集中させることができます。

> ・定款の定め
> 　代表取締役が保有する株式は１株10個の議決権を有する。

◆代表権移転前

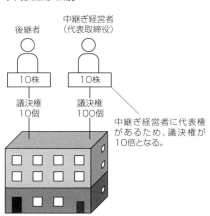

◆代表権移転後

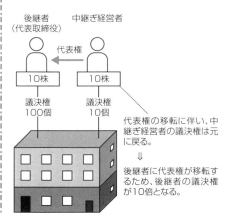

Ⅱ　事業承継スキームと関連法規

②　現経営者が保有する株式を条件付きのＶＩＰ株にする

　種類株式の説明で、現経営者に対して重要事項に関する拒否権付株式を発行する例を説明しましたが、属人的株式を用いることでも同様のことができます。例えば、「代表取締役（後継者）が重要事項について意思決定する場合のみ、現経営者が保有する株式は１株100個の議決権を有する」とした場合、現経営者は実質的に重要事項に関する拒否権を有していることになるため、拒否権付株式と同様の効果を得ることができるのです。

```
・定款の定め
　代表取締役(後継者)が重要事項について意思決定する場合のみ、
　現経営者が保有する株式は1株100個の議決権を有する。
```

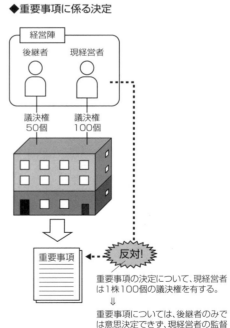

150

Q 3-6. 種類株式と属人的株式の相違点

種類株式と属人的株式の相違点について説明してください。

Answer

▶ポイント
- 種類株式と属人的株式は、いずれも事業承継対策の手段として用いることができますが、その権利の内容や発行のために必要な手続きなどについて異なる点があります。そのため、会社の状況を勘案した上で、どちらを用いるかを判断することが重要となります。

1．種類株式と属人的株式の相違点

種類株式と属人的株式は、Q3-4及びQ3-5で述べたとおり、いずれも①後継者への議決権の集中、②後継者以外の相続人に対する利害の調整、③旧経営者による後継者の監督などのために用いることができます。

しかし、両者はその権利の内容や発行のために必要な手続きなどについて相違点があります。具体的には、以下のとおりです。

	種類株式	属人的株式
対象会社	原則的にすべての会社が発行可能。	非公開会社のみが発行可能。
権利の内容	9つの内容が認められている。	剰余金の配当、残余財産の分配、議決権の3つにつき異なる扱いが認められている。
権利の帰属先	株式のみ。	株式に帰属させる場合（比重株）も株主に帰属させる場合（VIP株）も両方認められる。
決議要件	原則的に、株主総会の特別決議事項。	株主総会の特別特殊決議事項。
登記の要否	登記を要する。	登記を要しない。

Ⅱ　事業承継スキームと関連法規

　種類株式も属人的株式もそれぞれ特徴があるため、会社の状況を勘案した上で、どちらを用いるかを判断することが重要となります。

2．対象会社
　種類株式は取締役／監査役選解任権付株式を除き、すべての株式会社が発行することができます（取締役／監査役選解任権付株式については、指名委員会等設置会社及び公開会社は発行することができません。）（会108①）。これに対して、属人的株式は非公開会社のみが発行することができます（会109②）。

3．権利の内容
　種類株式はＱ3-4に上げた9つの権利の内容について発行することができます。これに対して、属人的株式はＱ3-5で述べたとおり、剰余金の配当、残余財産の分配、議決権の3つの権利内容について異なる内容のものを発行することができます。なお、属人的株式の場合、定款への記載を工夫することで、拒否権付株式といった種類株式と同じような内容のものを発行することもできます。

4．権利の帰属先
　種類株式の場合には、その株式に特別な権利が帰属します。そのため、当該種類株式の譲渡を受けたものは、当該株式に付された特別な権利までも引き継ぐことになります。これに対して属人的株式は、比重株のように株式に特別な権利を付す方法もあれば、ＶＩＰ株のようにある特定の株主が保有する株式に、特別な権利を付すこともできます。

5．決議要件
　種類株式は定款の変更となるため、原則的には株主総会の特別決議事項となります。ただし、取得条項付株式や全部取得条項付株式、譲渡制限株式を定款変更により発行する際には、株主総会の特別決議よりも成立要件が厳しくなります（詳細はＱ3-4を参照）。これに対して、属人的株式の発行は、株主総会の特別特殊決議事項となるため、種類株式に比べて成立要件は厳しくなる場合

が多いです。

6．登記の要否

　種類株式は登記事項となります（会911③七）。そのため、登記簿を閲覧することで、その会社が発行している種類株式の内容がわかります。この場合、第三者が会社の登記簿を閲覧することで、会社の現状が判明してしまうというデメリットがあります。例えば、全部取得条項付株式が発行されている場合には「これから少数派株主を排除するのかな」と捉えられる可能性がありますし、拒否権付株式が発行されている場合には「後継者がまだ経験不足なのかな」と捉えられる可能性があります。これに対して、属人的株式は登記事項とはなりません。そのため、上記に掲げた種類株式のようなデメリットは生じません。しかし、登記事項とならない分だけ、属人的株式を発行していること自体を把握することが難しくなるため、より徹底して、その管理を行うことが必要となります。

Ⅱ 事業承継スキームと関連法規

3-7.
新株予約権

新株予約権について説明してください。

nswer

▶ポイント
- 株式会社は、一定の価額でその株式会社の株式を購入できる権利である新株予約権を発行することができます。
- 新株予約権は、後継者への議決権の集中、後継者の資金負担の減少のために用いることができます。

1．新株予約権の概要

新株予約権は、株式会社に対して行使することにより当該株式会社の株式の交付を受けることができる権利をいいます（会2①二十一）。新株予約権の保有者は、当該新株予約権に定められた払込価額をもって、その株式会社の株式を購入することができます。

◆新株予約権の発行時

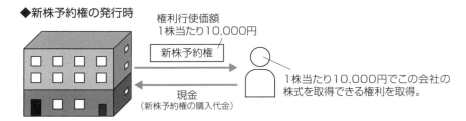

◆新株予約権の行使時

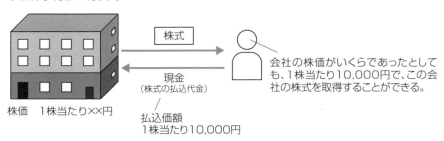

第3章　事業承継に係る会社法の定め

２．新株予約権発行のための手続き

　新株予約権発行のための手続きは、既存株主に対して、その持株数に応じて新株予約権を発行する場合（株主割当てによる場合）とそれ以外の場合（株主割当てによらない場合）とで異なります。事業承継の場面では、後継者に対して新株予約権を発行する等、株主割当てによらない場合での活用が想定されますので、以下では株主割当てによらない新株予約権の発行について説明します。

(1)　公開会社の場合

　公開会社である株式会社は、新株予約権の募集事項（新株予約権の内容及び数、払込価額等）を決定し、取締役会決議（有利発行となる場合を除く。）により承認を得る必要があります（会238①②、会240①）。

(2)　非公開会社の場合

　非公開会社である株式会社は、新株予約権の募集事項を決定し、原則として株主総会の特別決議により承認を得る必要があります（会238①②、会309②六）。なお、募集事項の決定は、一定の要件を満たせば、取締役会に委任することもできます（会239①②）。

(3)　有利発行する場合

　新株予約権を有利発行する場合とは、以下の場合をいいます。

①　新株予約権の発行に際して、金銭の払込みを要しない場合、それが新株予約権を引き受ける者にとって特に有利な条件となる場合（会238③一）

②　新株予約権の権利行使による払込金額が、行使者にとって特に有利な金額となる場合（会238③二）

　新株予約権の発行が有利発行の形態をとる場合、公開会社であるか非公開会社であるかを問わず、取締役は有利発行が必要となる理由を説明した上で、株主総会の特別決議による承認を得る必要があります（会238②③、会309②六）。

155

Ⅱ　事業承継スキームと関連法規

⑷　種類株式発行会社で譲渡制限株式を対象とする場合

　種類株式発行会社で、新株予約権の目的である株式の全部又は一部が譲渡制限株式であるときは、取締役会又は株主総会の特別決議に加えて、当該種類の種類株主総会の特別決議による承認を得る必要があります（会238④）。

図表1　新株予約権発行のための手続きのまとめ

	公開会社	非公開会社
募集事項	取締役会決議で決定	原則として、株主総会特別決議で決定
有利発行の場合	取締役が、有利発行を行う理由を説明した上で、株主総会特別決議で決定	
種類株式発行会社で譲渡制限株式を対象とする場合	上記募集事項の決定に加えて、種類株主総会特別決議の承認が必要	

3．事業承継時における活用方法

　事業承継の場面において、新株予約権は主に、①後継者に対して議決権を集中させるため、②後継者の資金負担を将来に先送りするために用いることができます。

　以下では、目的別に新株予約権の活用方法を見ていきたいと思います。

⑴　後継者に対する議決権の集中

　後継者に対して新株予約権を発行し、承継時に権利行使を行うことで、後継者に対して議決権を集中させることができます。さらに、事業承継の時期が将来である場合でも、後継者に対して事前に新株予約権を発行しておくことで、将来の議決権の確保を行うことができます。その結果、後継者は将来の権利行使に備えて資金を用意することができるため、資金負担のタイミングを遅らせた上で、議決権の集中ができるという効果があります。

第3章　事業承継に係る会社法の定め

- 後継者は現経営者と血縁関係のない会社の役員Aである
- 現経営者は、経営はAに承継したいが、自らが保有する株式は財産として息子Bに譲りたい

◆新株予約権の発行

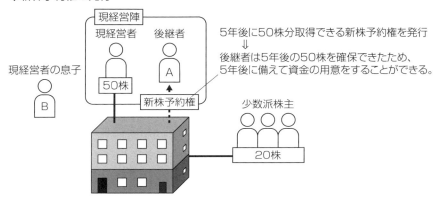

5年後に50株分取得できる新株予約権を発行
⇩
後継者は5年後の50株を確保できたため、5年後に備えて資金の用意をすることができる。

◆5年後（権利行使後）

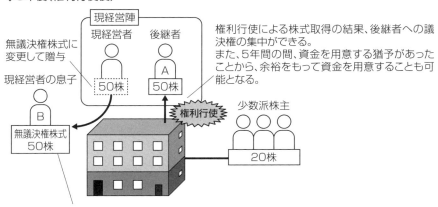

権利行使による株式取得の結果、後継者への議決権の集中ができる。
また、5年間の間、資金を用意する猶予があったことから、余裕をもって資金を用意することも可能となる。

現経営者が保有する株式を、無議決権株式に変更した上で贈与することで、後継者に議決権を集中させた上で、Bに対して財産分与ができる。

Ⅱ　事業承継スキームと関連法規

(2)　後継者の資金負担の減少

　新株予約権は、予め定められた価額で権利行使ができるため、将来、会社が成長し、株式の価値が上昇した場合でも、現在時点での価値に基づいた価額で権利行使できます。そのため、会社の成長が見込まれる局面では、後継者の資金負担を抑える効果が期待されます。また、行使期限を有効活用することで、後継者が行使に伴う資金負担できる状況になるまで先送りすることが可能です。

　ただし、新株予約権の行使価額につき有利発行した場合、新株予約権を行使した時点で、新たに付与された株式の時価相当額と新株予約権の行使価格総額との差額に給与所得等課税が生じます（所令84①）ので、税負担は考慮しなければなりません。なお、新株予約権に係る課税関係をまとめると以下のようになります。

図表2　新株予約権に係る課税関係のまとめ

	有償発行[47]	有利発行
権利付与時	課税なし	課税なし
行使時	課税なし	給与所得課税[48]
売却時	譲渡所得課税	譲渡所得課税

47　有償発行とは、権利付与時の新株予約権自体の根源的価値をいいます。そのため、行使期間が比較的長く期限の経済的利益を長期にわたってできる場合や、会社の業績が急速に伸びている場合で行使時に株価が高くなっているような事業計画であると新株予約権の価値は高くなる傾向にあります。ただし、新株予約権の価値の算定は非常に難しく、一般に評価会社や会計事務所が行う評価を用います。

48　新株予約権を行使した者が、発行会社といかなる関係を有しているかにより所得区分が異なります。

第3章　事業承継に係る会社法の定め

・5年前に50株分取得できる新株予約権を発行
・発行時の1株当たりの評価額は100,000円とする

◆行使価格が100,000円の場合　　　　◆行使価格がゼロの場合（有利発行）

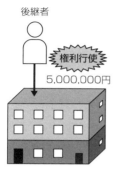
後継者
権利行使
5,000,000円
現在の1株当たりの評価額
200,000円

後継者
権利行使
0円
現在の1株当たりの評価額
100,000円

⇒1株当たりの評価額が200,000円であるため、50株取得するためには、通常10,000,000円を要する。
しかし、新株予約権の行使価額が100,000円であるため、5,000,000円の負担で株式を取得できる。

⇒1株当たりの評価額は変動していないため、50株取得するためには、5,000,000円を要する。
しかし、新株予約権が有利発行されているため、資金負担なく株式を取得できる。

159

Ⅱ 事業承継スキームと関連法規

Q 3-8.
単元株

単元株について説明してください。

Answer

▶ポイント
- 株式会社は、一定の数の株式を、株主総会又は種類株主総会で議決権の行使ができる1単元と定めることができます。
- 単元株制度は、後継者への議決権の集中のために用いることができます。
- 種類株式発行会社においては、株式の種類ごとに単元株式数を設けることで、属人的株式の代用として用いることもできます。

1．単元株制度の概要

株式会社は定款において、一定の数の株式を、株主総会又は種類株主総会で議決権の行使ができる1単元と定めることができます（会188①）。なお、1単元の株式の数は1,000及び発行済株式総数の200分の1にあたる数を超えることはできません（会188②、会施規34）。単元株式数を定めた場合、単元株式数未満の株式しか保有していない株主は議決権を失うことになります。

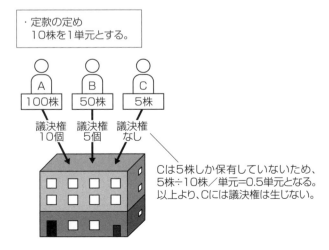

160

２．単元株式数設定のための手続

　単元株式数は定款に定める必要がありますので、導入には定款の変更が必要です（会188①）。また、種類株式発行会社においては、単元株式数は株式の種類ごとに定める必要があります（会188③）。以下では、単元株式数の設定について、単元株式数を新たに設定及び増加する場合と単元株式数を減少及び廃止する場合とに分けて説明していきます。

⑴　単元株式数を新たに設定及び増加する場合

　単元株式数を新たに設定及び増加する場合、定款を変更する必要がありますので、原則として株主総会の特別決議が必要となります（会309②十一）。種類株式発行会社において、ある種類の株式について単元株式数を新たに設定及び増加することにより、当該株式の種類株主に損害を及ぼすおそれがある場合には、当該種類の株式の種類株主を構成員とする種類株主総会の特別決議が必要となります（会322①一、会324②四）。また、当該単元株式数の設定に係る株主総会において、取締役は単元株式数を定めることを必要とする理由を説明する必要があります（会190）。

⑵　単元株式数を減少及び廃止する場合

　単元株式数を減少及び廃止する場合、株主に不利益を与えるおそれがないため、取締役会決議をもって、単元株式数を減少及び廃止に係る定款の変更ができます（会195①）。なお、単元株式数の設定により、自らが保有する株式の数が単元未満となる株主は、株式の買取請求を行うことが認められています（会192①）。

３．事業承継時における活用方法

　単元株式数を設けた場合、単元未満株主の議決権が制限されるため、少数派株主の議決権を制限し、後継者へ議決権を集中させることが可能です。また、種類株式発行会社では、株式の種類ごとに単元株式数を設定できるため、配当優先株について単元株式数を設定し、普通株式には単元株式数を設定しない等により、属人的株式を発行している場合と同じ効果を得ることができます。

Ⅱ 事業承継スキームと関連法規

・定款の定め
　配当優先株式は10株を1単元とする。(普通株式には単元を定めない)

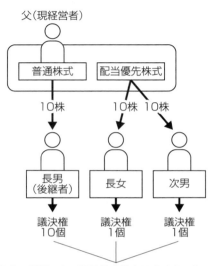

株式の種類ごとに単元株式数を設定することで、同じ株式数でも議決権の個数を変えることができる。
　⇩
同じ株式数を相続した場合でも、後継者に議決権を集中させることができるため、属人的株式を発行している場合と同じ効果が得られる。

第3章　事業承継に係る会社法の定め

Q 3-9. 株式併合

株式併合について説明してください。

Answer

▶ポイント
- 株式会社は株式の併合をすること（例えば、もともと5株だった株式を1株に併合すること）ができます。
- 株式併合制度は、後継者への議決権の集中のために用いることができます。

1．株式併合制度の概要

株式会社は株式の併合をすることができます（会180①）。株式の併合とは、複数の株式を、より少数の株式にすること（もともと5株だった株式を1株にすること）をいいます。株式併合の結果、株式の数に端数が生じる場合には、当該端数部分については議決権等の株主権を失うことになります。

・株式併合の条件
　5株を1株に併合する。

◆株式併合前

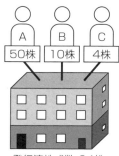

発行済株式数 64株

◆株式併合後

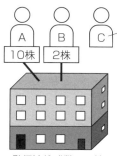

発行済株式数 12株

Cは株式併合の結果、端数が生じることになる。
そのため、議決権等を失う。

※株数の計算
A：50株 × 1株／5株 ＝ 10株
B：10株 × 1株／5株 ＝ 2株
C：　4株 × 1株／5株 ＝ 0.8株
　→端数となるため、議決権を失う
発行済株式数：10株 ＋ 2株 ＝ 12株

Ⅱ　事業承継スキームと関連法規

２．株式併合のための手続
(1)　株式併合の決定
　株式併合は、併合の結果、端数が生じる株主にとっては不利益をもたらすため、その都度、株主総会特別決議によって、①併合の割合、②効力発生日、③併合する株式の種類（種類株式発行会社に限ります。）、④効力発生日における発行可能株式総数を定める必要があります（会180②、会309②四）。また、当該株主総会において、取締役は株式併合を必要とする理由を説明する必要があります（会180④）。なお、当該株主総会における反対株主のうち、株式併合により自らが保有する株式の数に端数が生じる株主は、株式の買取請求を行うことが認められています（会182条の4①）。

(2)　株主に対する通知
　株式併合の効力発生日の2週間前までに、株主に対して①併合の割合、②効力発生日、③併合する株式の種類（種類株式発行会社に限ります。）を通知する必要があります（会181）。

(3)　事前開示及び事後開示
　株式併合にあたり、株式併合に関する事項を記載した書面の事前開示（会182条の2①）及び事後開示（会182条の6①）を行う必要があります。

(4)　株式併合により生じる端数の精算
　株式併合により、株式の数に端数が生じた場合、その端数の合計数に相当する数の株式を競売し、その競売代金を端数に応じて株主に交付する必要があります（会235①）。なお、反対株主の株式買取請求が行われた場合、その反対株主については、この限りではありません。

３．事業承継時における活用方法
　株式併合は、全部取得条項付種類株式と同様、株式が分散している場合や敵対的な少数派株主が多い場合において、少数派株主を排除し、後継者へ議決権を集中させるために用いることが可能です。

第3章 事業承継に係る会社法の定め

【株式併合を用いる場合のイメージ】
(1) 株式併合前の株式数及び株式併合の条件

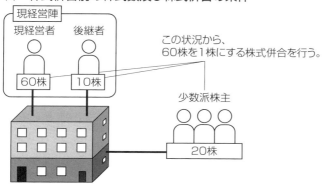

(2) 端数の計算

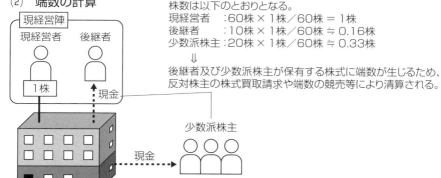

株数は以下のとおりとなる。
現経営者 ：60株×1株／60株 ＝ 1株
後継者 ：10株×1株／60株 ≒ 0.16株
少数派株主：20株×1株／60株 ≒ 0.33株
⇩
後継者及び少数派株主が保有する株式に端数が生じるため、反対株主の株式買取請求や端数の競売等により清算される。

(3) 株式併合後の株式数

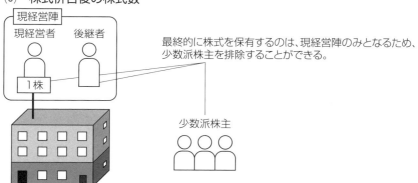

最終的に株式を保有するのは、現経営陣のみとなるため、少数派株主を排除することができる。

Ⅱ　事業承継スキームと関連法規

Q 3-10.
相続人等に対する自社株式の売渡請求制度

相続人等に対する自社株式の売渡請求制度について説明してください。

A nswer

▶ポイント

● 株式会社は、相続等により当該株式会社の譲渡制限株式を取得した者に対して、当該株式を当該株式会社に売り渡すことを請求することができる旨を定款で定めることができます。

● 売渡請求は株主総会の特別決議により決定されます。その後、相続人等に対して売渡請求を行いますが、売渡請求には期限があることや財源規制があることなどの留意点も存在します。

● 後継者自身に相続が生じた場合にも、当該制度の適用が可能なため、対策が必要となります。

1．相続人等に対する自社株式の売渡請求制度の概要

　株式会社は、相続や合併等の一般承継（以下、「相続等」という。）により当該株式会社の譲渡制限株式を取得した者に対し、当該株式を当該株式会社に売り渡すことを請求することができる旨を定款で定めることができます（会174）。すでに説明したように、株式に譲渡制限を付すことで後継者に対して敵対的な者に対して株式を分散させないように対策を講ずることはできますが、株式の譲渡制限はあくまで「譲渡」に係る制限ですので、「相続等」には適用されません。この結果、株式に譲渡制限を付していた場合においても、相続等が生じた場合には、後継者に対して敵対的な者に対して株式が渡る可能性があり、これが事業承継の弊害となる可能性があります。

　そこで、この対策として相続人等に対する自社株式の売渡請求制度を用います。つまり、仮に相続等によって後継者に対して敵対的な者に対して株式が承継される場合、当該売渡制度を用いることで、会社がその株式を買い取る（相続人等はこれを拒否できません。）ことにより、後継者にとって望ましくないものへの株式の分散を避けることができます。

第3章　事業承継に係る会社法の定め

【相続人に対する自社株式の売渡請求制度のイメージ】

◆相続等が生じた場合における問題点

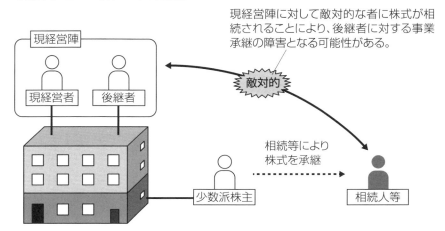

◆相続人に対する自社株式の売渡請求制度を用いた場合

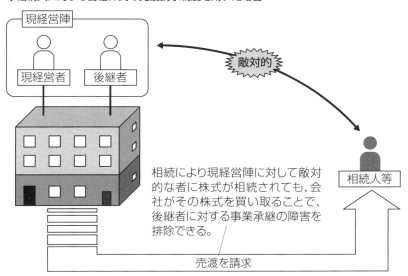

2．売渡請求までの具体的な手続

(1) 売渡請求に係る定款の定め

相続人に対する自社株式の売渡請求を行うには定款の定めが必要です（会174）。定款の定めがない場合には、株主総会特別決議により、定款の変更手続が必要となります（会309②十一）。

(2) 売渡しの請求の決定

(1)の定款の定めがある場合において、売渡しの請求をしようとする場合には、その都度、株主総会特別決議によって、請求する株式数や請求対象者を決定する必要があります（会175①、309②三）。なお、当該決議に際しては、請求対象者となる者は議決権の行使ができません（会175②）。

(3) 売渡しの請求

(2)の事項を定めた上で、株式会社は請求対象者に対して、株式の売渡請求を行い、売買価格を協議します（会176①、177①）。協議が整わない場合等には、売渡請求があった日より20日以内に裁判所に対して売買価格の申立てを行うことで売買価格の決定を行います（会177②）。なお、売渡請求が可能な期間は、株式会社が相続等があったことを知った日より１年以内に限られます（会176①但書）。また、当該売渡請求による株式の取得は、自社株式の取得にあたるため、財源規制がなされています（会155①六）。そのため、売買価格の決定の際にはこの点にも注意が必要です（Ｑ３-３を参照）。

図表１　具体的な手続きのまとめ

【注意点】
① 売渡請求は、会社が相続等があったことを知った日から１年以内に行う必要がある。
② 売渡請求による株式の取得は、自社株式の取得にあたるため、財源規制がある。

3．相続人等に対する自社株式の売渡請求制度のデメリットと対策
(1) 相続人等に対する自社株式の売渡請求制度のデメリット

　相続人等に対する自社株式の売渡請求制度は、相続等により、後継者とは敵対的な者に株式が承継されてしまうことを防止し、後継者に経営権を集中させることを目的として用いることができます。しかし、当該制度は相続等により株式を承継した者全員に対して適用することができるため、本来の後継者が相続により現経営者が保有する株式を相続した場合に、後継者とは敵対的な少数派株主が、理論上これを用いることもできてしまいます。売渡請求を決定する株主総会においては、売渡請求対象者自身は議決権を持たないため、仮に後継者が売渡請求対象者となった場合には、後継者以外の株主が議決権行使を行って売渡請求の決定を行います（会175②）。この結果、後継者とは敵対的な少数派株主により売渡請求が決定され、後継者は現経営者が保有する株式を承継できなくなる可能性が生じてしまいます。

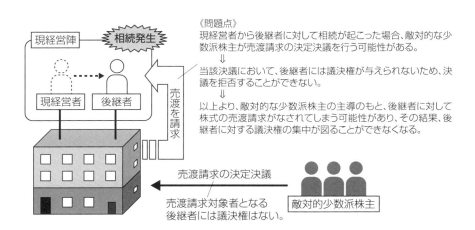

Ⅱ　事業承継スキームと関連法規

(2)　少数派株主による売渡請求を防止するための対策

　先述したとおり、少数派株主によって売渡請求がなされた場合、後継者に経営権を集中させることが困難となります。この弊害を防止するための対策として、生前贈与制度、種類株式制度の活用や平成26年の会社法改正で新設された特定支配株主による株式等売渡請求制度の活用（Ｑ３-11を参照）が挙げられます。そのため、以下では各対策について検討します。

① 　生前贈与制度の活用

ア．概要

　生前贈与によりあらかじめ現経営者から後継者に株式を移転しておくことで、相続発生時に現経営者から後継者への株式の承継をなくすことができます。相続発生時に株式の承継がない以上、売渡請求も生じ得ません。これにより、本来売渡請求の対象となるべき株主からの株式のみをその対象とすることが可能です。

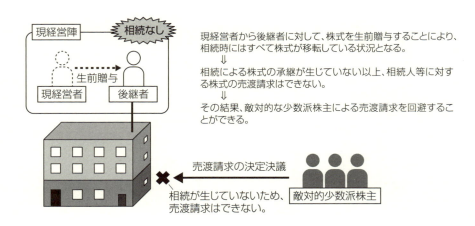

イ．手続き

　生前贈与を行う場合、暦年贈与制度を用いるか相続時精算課税制度を用いるかを選択する必要があります（各制度の内容はＱ４-８、４-９を参照）。また、株式に譲渡制限が付されている場合には、生前贈与による譲渡の承認に際して株主総会決議が必要となります（会139①）。

第3章 事業承継に係る会社法の定め

ウ．その他留意事項

非課税枠を超えた生前贈与を行う場合、贈与税が生じることから適切なタックスプランニングを行う必要があります。また、株式の移転の結果、現経営者の議決権が減少することになるため、現経営者の影響力が弱まる可能性があります。そのため、例えば、現経営者に対して、会社経営における重要事項について決議を要するような拒否権付株式を発行すること等を行い、現経営者が後継者を監督できるように工夫を行う必要もあると思われます。

② 無議決権株式の活用（種類株式の活用）[49]

ア．概要

対策の2つめとして、無議決権株式を発行すること等により、今後、オーナー一族以外の新たに株主に加わる者に対しては無議決権株式を交付していくことが考えられます。これにより、仮にこれらの株主が現経営者や後継者に対して敵対的な行為を取るような場合でも、議決権はすでに排除されており、会社運営に支障はありません。ただし、仮に後継者に対して売渡請求が生じた場合において、売渡請求対象者である後継者以外の者は売渡請求決定の株主総会において、議決権を持たないことになります。本来、売渡請求決定の株主総会において、売渡請求対象者である後継者は議決権の行使ができませんが、上記のように売渡請求対象者以外の株主の全部が議決権を行使することができない場合には、売渡請求対象者である後継者が議決権の行使をすることができます（会175②但書）。そのため、当該株主総会において、反対決議をすることで、売渡請求を避けることができます。

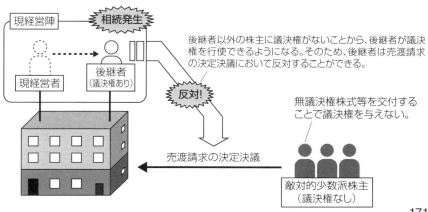

Ⅱ　事業承継スキームと関連法規

イ．手続き

　当該無議決権株式の交付は、種類株式の発行になるため、定款での定めを行った上で、その交付を行う必要があります（会108②三）。定款の定めがない場合には、株主総会特別決議により、定款の変更手続が必要となります（会309②十一）。

③　全部取得条項付株式の活用（種類株式の活用）[50]

ア．概要

　対策の３つめとして、全部取得条項付株式を用いて予め少数派株主を排除することが挙げられます。具体的には、全部取得条項付株式の取得条項発動を行い、現金を用いて清算することで少数派株主を排除することができます。また、会社の資金に余裕がない場合などは、全部取得条項付株式の取得条項発動による株式取得の対価として、無議決権株式を用いることでも同じ効果を得られます。

イ．手続き

　全部取得条項付株式の取得条項発動による株式取得の対価として、現金を用いる場合の手続は、Q3-4の「3.（1)後継者に対する議決権の集中及び拡散防止 ③全部取得条項付株式」を参照してください。また、全部取得条項付株式の取得条項発動による株式取得の対価として、無議決権株式を用いる場合には、以下の流れで手続きを行います。

- 定款を変更し、すべての者が保有する普通株式を全部取得条項付株式に変更する
- 取得条項を発動し、対価として無議決権株式を交付する
- 現経営陣に対して、普通株式の発行を行う

49　無議決権株式の評価に関しては、Q8－10を参照してください。また、無議決権株式を発行する場合、売渡しによる持株比率の変更に伴い、株主間に経済的利益の移転が生ずることによる贈与の問題も、あわせて検討する必要があります。

50　全部取得条件付株式を発行している場合、その取得に伴い持株比率の変更が生じ、株主間で経済的利益の移転が生ずる場合には、贈与の問題とあわせて検討する必要があります。

【対価として無議決権株式を用いる場合のイメージ】

(1) 定款変更により、全部取得条項付株式に変更

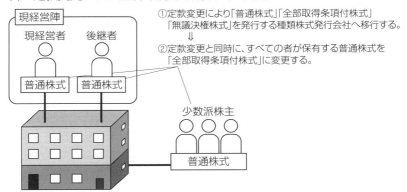

① 定款変更により「普通株式」「全部取得条項付株式」「無議決権株式」を発行する種類株式発行会社へ移行する。
⇩
② 定款変更と同時に、すべての者が保有する普通株式を「全部取得条項付株式」に変更する。

(2) 取得条項の発動及び普通株式の発行

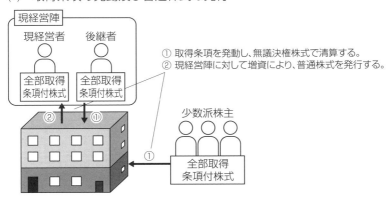

① 取得条項を発動し、無議決権株式で清算する。
② 現経営陣に対して増資により、普通株式を発行する。

(3) 各種手続後の状況

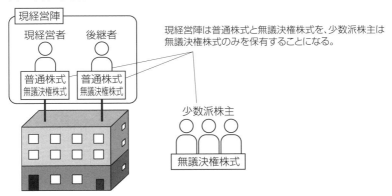

現経営陣は普通株式と無議決権株式を、少数派株主は無議決権株式のみを保有することになる。

Ⅱ 事業承継スキームと関連法規

ウ．その他留意事項

全部取得条項付株式の取得条項発動による株式の取得は、その対価が現金の場合には、分配可能額（Q3-3を参照）を考慮する必要がありますが、無議決権株式等の他の種類の株式を対価とする場合には、これを考慮する必要はありません（会461①四）。

④ 拒否権付株式の活用（種類株式の活用）

ア．概要

対策の4つめとして、後継者に対して、売渡請求の決定について後継者の決議も要するような、拒否権付株式を発行することが挙げられます。この場合、仮に後継者に対して売渡請求が生じた場合においても、その決議は後継者による種類株主総会の決議が必要となることから、後継者は当該種類株主総会にて反対決議をすることで、売渡請求を避けることができます。

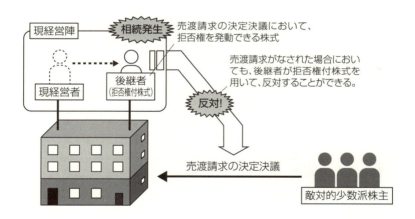

イ．手続き

拒否権付株式の交付は、種類株式の発行になるため、定款での定めを行った上で、その交付を行う必要があります（会108②八）。定款の定めがない場合には、株主総会特別決議により、定款の変更手続が必要となります（会309②十一）。

Q 3-11.
特別支配株主による株式等売渡請求制度

特別支配株主による株式等売渡請求制度について説明してください。

Answer

▶ポイント
- 株式会社の議決権の90%以上を保有する特別支配株主は、当該株式会社の他の株主に対して、株式を自分(特別支配株主)に売り渡すことを請求できます。
- 売渡請求は特別支配株主とその他の株主との間の取引となり、株主総会決議を要しないことから、全部取得条項付株式や株式併合を用いた少数派株主の排除よりも迅速に行うことができます。

1．特別支配株主による株式等売渡請求制度の概要

　株式会社の特別支配株主は、当該株式会社の他の株主全員に対して、その有する当該株式会社の株式の全部を当該特別支配株主に売り渡すことを請求することができます（会179①）。なお、特別支配株主とは、当該株式会社の議決権の10分の9以上を保有する者のことをいいます（会179①）。特別支配株主による株式等売渡請求制度は、株式会社の少数派株主の事実上の排除を目的とした制度です。事業承継の場面では、敵対的な少数派株主から株式を取得し、後継者に対する議決権の集中をスムーズに行うことや、相続人等に対する自社株式の売渡請求制度（Q3-10参照）を用いる場合において、少数派株主から売渡請求がなされることを防止することを目的として用いることが期待されます。

　また、少数派株主を排除する方法として、先に挙げた全部取得条項付株式を用いる方法（Q3-4参照）や株式併合を用いる方法（Q3-9参照）もありますが、こちらは実施に際して株主総会決議を要します。これに対して、特別支配株主による株式等売渡請求は、会社が取引当事者とはならないため、株主総会決議を経ることなく行うことができます。そのため、現経営者等が特別支配株主に該当する場合には、当該売渡請求制度を用いることで、全部取得条項付株式を用いる場合に比べて迅速に少数派株主の排除を行うことができます。

【特別支配株主による株式等の売渡請求制度のイメージ】

◆売渡請求時

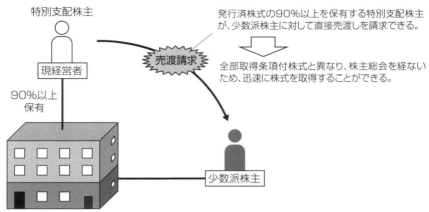

◆売渡後/事業承継時

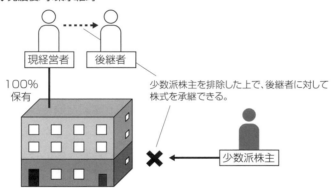

２．売渡請求のための手続き

⑴　売渡価格等の決定

　特定支配株主は、売渡請求にあたって、対価として交付する金銭の額又はその算定方法、金銭の割当方法について決定する必要があります（会179の２①二、三）。

⑵　対象会社への通知及び承認

　特定支配株主は、上記⑴で決定した事項について、売渡請求対象となる株式会社（以下、「対象会社」という。）に通知し、その承認を得る必要があります（会179の２①）。なお、当該承認は取締役が行いますが、対象会社が取締役会設置会社である場合には取締役会が行うことになります（会179の２③）。

⑶　売渡株主への通知及び開示

　対象会社は、上記⑵の承認をしたときには、特別支配株主による株式取得日の20日前までに、当該事項等について売渡株主に対して通知する必要があります（会179の３①）。

　また、対象会社は株式等売渡請求にあたり、取得対価等に関する事前開示（会179の５）と株式の取得に関する事後開示（会179の10）を行う必要があります。

参考文献

・税理士法人プライスウォーターハウスクーパース編『事業承継・相続対策の法律と税務』税務研究会出版局、平成25年
・小谷野公認会計士事務所編『いまさら人に聞けない「事業承継対策」の実務Ｑ＆Ａ』セルバ出版、平成25年
・髭正博・成田一正著『事業承継・自社株対策の実践と手法』日本法令、平成24年
・山本和義著『新しい事業承継税制の実務Ｑ＆Ａ』ＴＫＣ出版、平成21年
・日本公認会計士協会東京会『知っておきたい会計実務に携わる人のための会社法と会社実務』税務経理協会、平成25年
・河合保弘・ＬＬＰ経営360°著『「種類株式プラスα」徹底活用法』ダイヤモンド社、平成19年
・平成会計社編『25年度税制改正対応 戦略的事業承継の対策と実務』ぎょうせい、平成25年
・新谷勝著『詳解 改正会社法』税務経理協会、平成26年

第 4 章

事業承継に係る税制

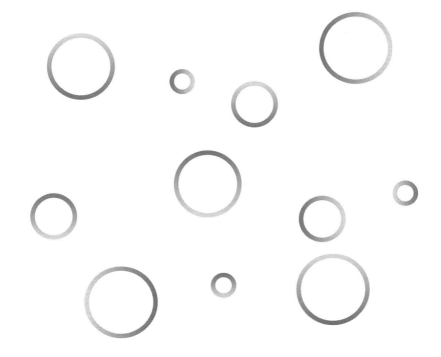

Ⅱ 事業承継スキームと関連法規

4-1.
相続税の基礎知識

相続税の基礎知識を説明してください。

nswer

▶ポイント
- 相続税は、相続又は遺贈により取得した財産の合計額が基礎控除額を超える場合に、その超えた部分について相続税が課税されます。
- 基礎控除額は、「3,000万円＋600万円×法定相続人数」です。
- 現行の相続税の課税方式は、相続税の総額が遺産総額と法定相続人数により計算される法定相続分課税方式であるといわれています。
- 相続税申告書は、相続の開始があったことを知った日（通常は被相続人の死亡日）の翌日から10か月以内に、被相続人の死亡時における納税地の所轄税務署長に対して提出しなければなりません。

1．相続税の課税

相続税は、相続又は遺贈により取得した財産及び相続時精算課税の適用を受けて贈与により取得した財産の価額の合計額（債務などの金額を控除し、相続開始前3年以内の贈与財産の価額を加算します。）が基礎控除額を超える場合に、その超える部分（課税遺産総額）に対して課税されます（相法15①・16）。

2．法定相続人

民法に定める法定相続人と同一です（Q2-1を参照）。ただし、被相続人の法定相続人の数には次に定める養子の数の制限があります。
　① その被相続人に実子がいる場合は養子のうち1人までを法定相続人に含めます。
　② その被相続人に実子がいない場合は養子のうち2人までを法定相続人に含めます。

以下、本章でいう法定相続人とは、上記の養子を加味した相続税法上の法定

相続人をいいます。

3．法定相続分課税方式

　課税遺産総額をその被相続人の法定相続人が法定相続分に応じて取得したものとした場合における各相続人の取得金額につき、それぞれ超過累進税率を乗じて計算した金額を合計した金額が相続税の総額になります（相法16）。

　各相続人等の算出相続税額は、その相続税の総額を各相続人等課税価額の取得割合に応じた税額が各人の相続税額になります（相法17）。

4．相続税申告書の提出期限及び提出先

　相続の開始があったことを知った日（通常は被相続人の死亡日）の翌日から10か月以内に提出しなければなりません（相法27①）。申告期限の日が週末又は祝日にあたるときは、これらの日の翌日が申告期限となります。

　提出先は、被相続人の死亡時における納税地の所轄税務署長に対して提出します（相法27①）。これは、被相続人の相続財産は、通常、被相続人の住所地を中心に存在しているためです。また、各相続人が別々の税務署に申告すると、種々の支障が想定されるため、申告書は相続人が連署して押印のうえ、提出することができます（相法27⑥）。

Ⅱ 事業承継スキームと関連法規

 4-2.
課税原因と納税義務者
課税原因と納税義務者について説明してください。

nswer

▶ポイント
- 相続税の課税原因は、相続、遺贈又は死因贈与により財産を取得した者に対してされるものです。
- 相続、遺贈又は死因贈与により財産を取得した者が相続税の納税義務者となります。また、遺贈により財産を取得した人格のない社団又は財団で個人と見なされる者についても納税義務者となります。

1．課税原因

相続、遺贈又は死因贈与により、財産を取得した個人が相続税の納税義務者となります。

(1) 相続

相続とは、ある人が死亡した場合に、被相続人の財産を相続人に受け継がせることです。この場合の財産には、預貯金、有価証券、不動産等のプラスの財産のほかに、借入金等のマイナスの財産も含まれます。

(2) 遺贈

遺贈とは、遺言によって財産を譲渡することをいいます。遺贈により財産を与える者を遺贈者、財産を受け取る者を受遺者といいます。遺贈は遺言書に基づくものであるため、その意思を尊重するために、相続による財産の取得よりも優先されます。

(3) 死因贈与

死因贈与とは、贈与者の死亡によって効力を生じる贈与契約をいいます。例えば、自分が死んだら土地を贈与するといったものであり、受贈者の合意が必

要な点で、一方的意思表示（単独行為）である遺贈とは異なります。

２．納税義務者の区分及び課税範囲

⑴　個人（自然人）

納税義務者の区分と課税される財産の範囲は、以下のとおりです。

納税義務者の区分	課税される財産の範囲		
	国内財産	国外財産	相続時精算課税適用財産
⑴　居住無制限納税義務者（相法１の３一） 　　相続財産取得時に日本国内に住所のある人	○	○	○
⑵　非居住無制限納税義務者（相法１の３二） 　①　日本国籍を有する個人で、相続財産取得時に日本国内に住所を有していないもの（本人又は被相続人がその相続開始前５年以内のいずれかの時において日本国内に住所を有していたことがある場合に限る） 　②　日本国籍を有しない個人で、相続財産取得時に日本国内に住所を有していないもの（被相続人が相続開始時において日本国内に住所を有している場合に限る）	○	○	○
⑶　制限納税義務者（相法１の３三） 　　相続財産取得時に日本国内に住所がない人で、非居住無制限納税義務者に該当しない人	○	×	○
⑷　特定納税義務者（相法１の３四） 　　相続時精算課税の適用（詳細はＱ４-９を参照）を受ける財産（被相続人から贈与により取得した財産で相続税法21条の９第３項の規定の適用を受けるもの）を取得した人で、無制限納税義務者及び制限納税義務者に該当しない人	－	－	○

Ⅱ　事業承継スキームと関連法規

　なお、相続税の納税義務者が、無制限納税義務者か制限納税義務者かどうか
の判定は、財産取得時において、相続人が日本国内に住所を有するかどうかに
よるのであって、被相続人の住所が日本国内にあるかどうかは関係ありません。

　住所とは、各人の生活の本拠をいいますが、その生活の本拠であるかどうか
は、客観的事実によって判定し、同時に２か所以上の住所は存在しません（相
通達１の３、１の４共‐５）。

　また、上記表の(2)①のカッコ書については、平成27年７月１日以降に「国
外転出時課税の納税猶予の特例」の適用を受けている者は、被相続人が、その
死亡の日前５年を超えて日本に住所を有していなかったとしても、これに含ま
れる場合があります。

⑵　個人とみなされる納税義務者

　代表者又は管理者の定めのある人格のない社団等に、設立するため又は既存
のものに対する財産の遺贈・死因贈与を行った場合については、当該人格のな
い社団等が個人とみなされ相続税の納税義務者となることがあります（相法66
①②）。

　一般社団法人や一般財団法人などの持分の定めのない法人も、設立するため
又は既存のものに対する財産の遺贈・死因贈与を行った場合で、遺贈者等の親
族その他これらの者と特別の関係がある者の相続税の負担が不当に減少する結
果となると認められる場合（相法66④⑥、相令31①33③）には、これを個人と
みなして相続税の納税義務者となることがあります（相法66④）。

第4章　事業承継に係る税制

 4-3.
課税財産と非課税財産

課税財産と非課税財産について説明してください

Answer

▶ポイント
- 相続税がかかる財産は、本来の相続や遺贈により取得した財産で、金銭的に見積もることができる経済的価値のあるすべてのものをいいます。
- 被相続人から死亡前3年以内に贈与により取得した財産及び相続時精算課税の適用を受けた贈与財産も課税されます。
- 民法上の本来の財産ではなくても、相続や遺贈により取得したものとみなされる財産、いわゆる「みなし相続財産」も相続税法上は課税されます。
- 相続や遺贈によって取得した財産の中には、その性質や社会政策的な面を考慮して一部の財産については相続税が課されないことになっています。

1．課税財産

相続税は原則として、死亡した人の財産を、相続、遺贈又は死因贈与によって取得した場合に、その取得財産に対してかかります。この場合の財産とは、現金、預貯金、有価証券、宝石、土地、家屋などのほか、貸付金、特許権、著作権など金銭に見積もることができる経済的価値のあるすべてのものをいいます。

なお、次に掲げる財産も相続税の課税対象となります。

(1) 被相続人から死亡前3年以内に贈与により取得した財産

相続や遺贈で財産を取得した人が、被相続人の死亡前3年以内に被相続人から財産の贈与を受けている場合には、その財産の贈与された時の価額を相続財産の価額に加算します（相法19①）。

ただし、相続開始前3年以内に被相続人からその配偶者が贈与により取得した居住用不動産又は金銭で、特定贈与財産に該当するものについてはその価額を課税価格に加算しなくてよいことになっています（相法19①）。

185

Ⅱ　事業承継スキームと関連法規

　また、教育資金管理契約に基づき贈与をした日から終了までの日に当該贈与者が死亡した場合において、贈与日が死亡日3年以内であったとしてもその贈与した価格を加算しなくてよいことになっています（措令40の4の3⑱）。住宅取得資金贈与も教育資金贈与と同様で、3年以内であっても、相続税の計算上は加算しません（相続時精算課税を受けた場合を除きます。）（措法70の2③、措令40の4の2⑦）。

⑵　相続時精算課税の適用を受ける贈与財産

　被相続人から贈与により取得した財産で、相続時精算課税の適用を受けた財産は、その贈与財産の価額（贈与時の価額）を相続財産の価額に加算します（相法21の15①）。

⑶　相続や遺贈によって取得したものとみなされる財産

　民法上は本来の相続や遺贈により取得した財産ではありませんが、実質的に相続や遺贈により取得した財産と同様の効果があると認められる場合には、相続税法では課税の公平を図るために「みなし相続財産」として、相続税の課税対象としています。

①　生命保険金

　被相続人の死亡によって取得した生命保険金で、その生命保険金などのうち被相続人が負担した保険料に対応する部分の保険金が相続財産とみなされます（相法3①一）。

　当該生命保険金は、500万円×法定相続人数が非課税となります。

②　退職手当金、弔慰金など

　被相続人の死亡によって受け取った、被相続人に支給されるべきであった退職手当金、功労金等で、被相続人の死亡後3年以内に支給が確定したものは、相続財産とみなされます（相法3①二）。

　当該退職手当金等は、500万円×法定相続人数が非課税となります。

③　生命保険契約に関する権利

　相続開始の時点において、まだ保険事故が発生していない生命保険契約で、その保険料を被相続人が負担しており、かつ、被相続人以外が契約者である場

合の生命保険契約に関する権利が契約者の相続財産とみなされます（相法3①三）。

この生命保険契約に関する権利の評価は、相続税法22条の規定に基づき時価により行うことになります。

④　定期金に関する権利

相続開始の時点において、まだ定期金の給付事由が発生していない定期金給付契約で、掛金又は保険料を被相続人が負担しており、かつ、被相続人以外が契約者である場合の定期金に関する権利が契約者の相続財産とみなされます（相法3①四）。

この定期金に関する権利の評価は、相続税法24条及び25条の規定に基づき評価します。

⑤　保証期間付き定期金に関する権利

定期金給付契約で定期金受取り中に死亡し、その死亡後も引き続いてその遺族等に定期金を給付するものに関する権利のうち、掛金又は保険料を被相続人が負担した部分は、継続定期金受取人のみなし相続財産となります（相法3①五）。

⑥　その他の利益の享受

ア．著しく低い価格の対価で財産の譲渡を受けた場合の利益（相法7）。

イ．対価を支払わないで又は著しく低い対価で、債務の免除、引受又は第三者による債務の弁済を受けた場合の利益（相法8）。

ウ．上記の他、対価を支払わないで又は著しく低い価額で、経済的利益を受けた場合の利益（相法9）。

⑦　信託に関する権利

信託税制では、委託者や受益者等の死亡に起因して適正な対価を負担せずに信託の受益者等となった場合や、信託に関する利益を受けた場合は遺贈によって財産の取得があったものとみなされて課税関係が生じます（相法9の2①②③④、相法9の4①②、相令1の10④一二三）。

Ⅱ　事業承継スキームと関連法規

2．非課税財産

　原則として、相続や遺贈により取得した財産すべてについて相続税が課税されます。ただし、その性質、社会政策的な見地、国民感情などから相続税の課税対象とするのが適当でないものについては、非課税財産として相続税の課税対象外としています。なお、以下は上記１．(3)①②に記述した生命保険金及び死亡退職金の非課税は除いています。

① 　墓地や墓石、仏壇、仏具、神を祭る道具など日常礼拝をしているもの。ただし、骨とう的価値があるなど投資の対象となるものや商品として所有しているものは相続税がかかります（相法12①二）。

② 　宗教、慈善、学術、その他公益を目的とする事業を行う一定の個人などが相続や遺贈によって取得した財産で公益を目的とする事業に使われることが確実なもの（相法12①三）。

③ 　地方公共団体の条例によって、精神や身体に障害のある人又はその人を扶養する人が取得する心身障害者共済制度に基づいて支給される給付金を受ける権利（相法12①四）。

④ 　相続や遺贈によって取得した財産で相続税の申告期限までに国又は地方公共団体や公益を目的とする事業を行う特定の公益法人に寄附したもの（措法70①）、あるいは、相続や遺贈によってもらった金銭で、相続税の申告期限までに特定公益信託の信託財産とするために支出したもの（措法70③）も非課税となっています。ただし、その支出をしたことによって相続税等の負担が不当に減少する結果となると認められる場合を除きます。

⑤ 　相続や遺贈により取得した財産について、相続税の申告期限前に災害により被害を受けた相続財産については、被害を受けた部分の価格を差し引いて計算することができます（災免法6、災免令12③）。

第4章　事業承継に係る税制

 4-4-1.
財産評価

不動産の評価について説明してください。

 nswer

▶ポイント
- 相続税及び贈与税の不動産の評価については、財産評価基本通達[51]によって評価します。
- 土地及び土地の上に存する権利については、土地等の現況の地目ごとに評価します。
- 宅地については、利用の単位となっている一画地ごとに評価します。
- 家屋については原則として家屋の固定資産税評価額を基に計算します。

ここでいう不動産とは、土地及び土地の上に存する権利と家屋及び構築物の評価をいいます。

1．土地及び土地の上に存する権利の評価の評価上の区分

土地の価額は原則として、宅地、田、畑、山林、雑種地などの地目別に評価し、その地目ごとに定められた評価単位ごとに評価します（評基通7、7－2）が、それは登記簿上の地目ではなく、課税時期の土地の現況によります。

2．宅地の評価

宅地の評価は利用の単位となっている1画地ごとに評価します（評基通7－2(1)）。ここでいう一画地とは、利用の単位、例えば自用・貸付の用・貸家の用となっている一区画の宅地のことです。

51　相続、遺贈又は贈与により取得した財産の価額は、当該財産の取得の時における時価により、当該財産の価額から控除すべき債務の金額は、その時の現況による（相法22）との定めにより、原則として相続時に時価で課税財産総額を計算し、当該時価については、財産評価基本通達に定める評価を適用しないことでかえって公平性を欠く場合等以外の場合に通達に定める価額を実務上用いる。

189

Ⅱ　事業承継スキームと関連法規

この評価方式には、路線価方式と倍率方式があります（評基通11）。

路線価方式は、評価すべき土地の形状や路線の接し方などによって評価方法が分かれているため、現地調査等をしながら確認をしていきます。

以下は代表的なところの評価方法を記載しています。

(1)　一路線に面している宅地

> 路線価×奥行価格補正率×地積＝評価額

(2)　正面と側方が路線に面している宅地（評基通16）

> （正面路線価を基にした価額＋側方路線価×側方からの奥行価格補正率×側方路線影響加算率）×地積＝評価額

(3)　路線価の設定されていない道路のみに接している宅地（評基通14-3）

原則として納税者からの申出等に基づき設定される特定路線価によって評価します。

特定路線価を申請して価格が決定した場合には必ずその特定路線価を使って評価をしなければならないので、申請にあたっては慎重に判断する必要があります。

(4)　私道の用に供されている宅地（評基通24）

特定の者の通行の用に供されている宅地（私道）の価額は、その宅地が私道でないものとして評価した価額の30％相当額で評価します。

ただし、その私道が不特定多数の者の通行の用に供されている場合には評価しないことになっています。不特定多数の者の通行の用に供されている場合とは、通り抜け道路や行き止まりではあるが、その私道を通行して公園などの公共施設などがある場合のことなどをいいます。

(5)　一画地の宅地が容積率の異なる2以上の地域にわたる場合（評基通20-5）

指定容積率と基準容積率を比較し、評価しようとする土地の具体的な容積率

190

第4章　事業承継に係る税制

を求めます。その容積率に基づいて減額率を算出し、評価額に反映させます。

⑹　**セットバックを必要とする宅地（評基通24-6）**

　建築基準法42条2項の道路に面する宅地は、その道路中心線から2メートルずつ後退した線が道路の境界線とみなされ、将来建築物の建替えが行われる場合にはその境界線までセットバックして、道路として提供しなければなりません。この場合には、そのセットバック部分に対応する価額の70％相当額を控除して評価額を算出します。

3．宅地の上に存する権利の評価

　宅地の上に存する権利の価額は、地上権、借地権、定期借地権、区分地上権及び区分地上権に準ずる地役権等の権利ごとに評価します（評基通9）。

⑴　**普通借地権（評基通27）**

自用地価額×借地権割合＝評価額

⑵　**定期借地権で保証金等の授受がある場合（評基通27-2ただし書）**

$$自用地価額 \times \frac{設定時に借地人に帰属する経済的利益の総額}{設定時における宅地の取引価額} \times \frac{残存期間の複利年金現価率}{設定期間の複利年金現価率}^{[52]} ＝ 評価額$$

4．不動産利用権の目的となっている宅地の評価

　宅地の上に存する権利としては前述したとおり、地上権、借地権等があります。これらの権利の目的となっている宅地の価額は、原則としてその宅地の自用地価額から設定されている権利の価額を控除して評価します。

52　この率のことを逓減率といいます。

191

Ⅱ　事業承継スキームと関連法規

⑴　普通借地権の目的となっている宅地（評基通25⑴）

自用地価額×（１−借地権割合）＝評価額

⑵　一般定期借地権の目的となっている宅地

自用地価額−自用地価額×（１−底地割合）×逓減率＝評価額

⑶　高圧線下の宅地（評基通25⑸）

　高圧線下の土地については、区分地上権に準ずる地役権の割合を求めます。家屋の建築が全くできない場合には、50％とそこの借地権割合とのいずれか高いほうが減額割合となります。家屋の構造や用途等に制限を受ける場合には30％が評価減額になります。どちらの減額割合になるかは、土地の登記簿謄本や地役権設定契約書などを参考にして検討する必要があります。

⑷　アパート等の敷地などの貸家建付地（評基通26）

自用地価額×（１−借地権割合×借家権割合×賃貸割合）＝評価額

　課税時期において現実的に貸し付けられていない部分があるときには、その貸し付けられていない敷地の部分は貸家建付地としても減額を行わないことになります。貸し付けられていない部分とは、具体的には親族等に家賃をもらわないで住まわせている場合などです。一時的に空室になっている場合でも、募集をしているなどの要件を満たせば、そこの部分については貸家建付地としての減額を行ってよいことになっています。

　また、従業員社宅の敷地については、社宅は社員の福利厚生施設のため一般の家屋の賃貸借と異なり賃料が極めて低額であることなどの理由により一般的には借地借家法の適用はないとされているので、貸家建付地の減額はありません。

第4章　事業承継に係る税制

5．雑種地及び雑種地の上に存する権利の評価

　宅地、農地、山林等に該当しない土地は雑種地として評価をすることになります。例えば、駐車場、ゴルフ場用地、遊園地などがあります。

　それぞれに基づいて、宅地比準方式や倍率方式を採用して評価を行うことになります（評基通82、83(1)(2)、87(1)(2)、86(1)イロ）。

6．広大地の評価（評基通24－4）

　広大地とは、その地域における標準的な宅地の地積に比して著しく地積が広大な宅地で、都市計画法4条12項に規定する開発行為を行うとした場合に公共公益的施設用地の負担が必要と認められるものをいいます。ただし、大規模工場用地（評基通22－2）に該当するもの及び中高層の集合住宅等の敷地用地に適しているものは除きます。

　評価対象地が広大地に該当するか否かについては、次のフローチャートの手順に従って判断します。

193

Ⅱ 事業承継スキームと関連法規

広大地判定フローチャート

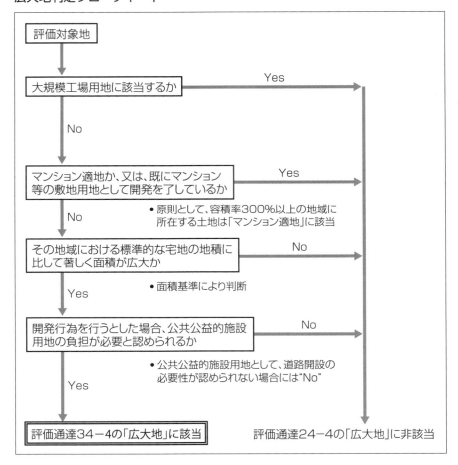

〔面積基準〕
1 市街化区域、非線引き都市計画区域及び準都市計画区域（2に該当するものを除く。）……都市計画法施行令第19条第1項及び第2項に定める面積（※）
　※(イ)　市街化区域
　　　　　三大都市圏……………………………………………………500㎡
　　　　　それ以外の地域……………………………………………1,000㎡
　　(ロ)　非線引き都市計画区域及び準都市計画区域…………3,000㎡
2 非線引き都市計画区域及び準都市計画区域のうち、用途地域が定められている区域……………………………………………………市街化区域に準じた面積
（注）(1)　都道府県等の条例により、開発許可面積基準を定めている場合はその面積

によります。

⑵　三大都市圏とは、次の地域をいいます。

①　首都圏整備法第2条第3項に規定する既成市街地又は同条第4項に規定する近郊整備地帯

②　近畿圏整備法第2条第3項に規定する既成都市区域又は同条第4項に規定する近郊整備区域

③　中部圏開発整備法第2条第3項に規定する都市整備区域

⑶　「非線引き都市計画区域」とは、市街化区域と市街化調整区域の区域区分が行われていない都市計画区域をいいます。

⑷　「準都市計画区域」とは、都市計画区域に準じた規制が行われ、開発許可制度を適用し、用途地域、特定用途制限地域、風致地区などを定めることができる都市計画区域外の区域をいいます。

出典：藤原忠文編『図解 財産評価（平成26年版）』大蔵財務協会、351頁・354頁

　広大地に該当するとした場合の評価額は、原則として以下のとおりです。

> 広大地の面する路線の路線価×（0.6－0.05×（地積÷1,000㎡））×地積
> ＝評価額

7．家屋及び構築物の評価

⑴　自用の家屋の評価（評基通89）

> 固定資産税評価額×1.0＝評価額

⑵　貸家の評価（評基通93）

> 固定資産税評価額×（1－借家権割合×賃貸割合）＝評価額

⑶　構築物（評基通96、97）

> （再建築価額－償却費の合計額又は減価額）×70％＝評価額

　上記の償却費の計算方法は定率法によることとし、その耐用年数は減価償却資産の耐用年数省令によります。

Ⅱ 事業承継スキームと関連法規

4-4-2.
小規模宅地等の計算の特例

小規模宅地の計算の特例について説明してください。

Answer

▶ポイント
- 特定事業用宅地と特定同族会社事業用宅地については、400㎡までは80%評価減されます。
- 特定居住用宅地については、330㎡までは80%評価減されます。
- 貸付事業用宅地については、200㎡までは50%評価減されます。
- 貸付事業用宅地は特定事業用宅地等との併用ができないので、同時に適用する場合には面積の制限があります。

1．制度の概要

個人が相続又は遺贈により取得した財産のうち、相続開始直前に、相続もしくは遺贈における被相続人等[53]の事業の用又は居住の用に供されていた宅地等[54]のうち、特定事業用宅地等、特定居住用宅地等、特定同族会社事業用宅地等及び貸付事業用宅地等（以下、「特例対象宅地等」という。）がある場合には、相続又は遺贈により財産を取得した者に係るすべての特例対象宅地等のうち、個人が取得をした特例対象宅地等又はその一部で小規模宅地の特例の適用を受けるものとして選択した選択特例対象宅地等については、限度面積要件を満たす場合の小規模宅地等に限り、相続税の課税価格に算入すべき価額は、下記のとおり、小規模宅地等の区分に応じた減額割合を乗じて計算した金額となります（措法69の4①）。

---
53 被相続人又は被相続人と生計を一にしていた被相続人の親族
54 土地又は土地の上に存する権利

相続開始直前における宅地等	限度面積	減額割合
特定事業用宅地等	400㎡	80%
特定同族会社事業用宅地等	400㎡	80%
貸付事業用宅地等	200㎡	50%
特定居住用宅地等	330㎡	80%

　なお、相続又は遺贈により財産を取得した者に係る選択特例対象宅地等のすべてが特定事業用等宅地等、特定居住用宅地等又は貸付事業用宅地等である場合、以下が限度面積となります（措法69の4②）。

　　A：選択特例対象宅地等のうち特定事業用等宅地等及び特定同族会社事業用
　　　　宅地等の面積の合計

　　B：選択特例対象宅地等のうち特定居住用宅地等の面積の合計

　　C：選択特例対象宅地等のうち貸付事業用宅地等の面積の合計

◉AとBがある場合

　　A≦400㎡

　　B≦330㎡

◉Cがある場合

$$A \times \frac{200㎡}{400㎡} + B \times \frac{200㎡}{330㎡} + C \ \leq \ 400㎡$$

2．特定居住用宅地等

　被相続人等の居住の用に供されていた宅地等[55]で、被相続人の配偶者又は次に掲げる要件のいずれかを満たす被相続人の親族[56]が相続又は遺贈により取得したものをいいます。

---

[55]　被相続人の居住の用に供されていた宅地等が複数ある場合には、被相続人が主として
　　その居住の用に供していた宅地等。
[56]　被相続人の配偶者を除く。

Ⅱ　事業承継スキームと関連法規

- 親族が相続開始の直前において宅地等の上に存する被相続人の居住の用に供されていた１棟の建物に居住していた者であって、相続開始時から申告期限まで引き続き宅地等を有し、かつその建物に居住していること。
- 親族[57]が相続開始前３年以内に相続税法の施行地内にあるその者又はその者の配偶者の所有する家屋[58]に居住したことがない者で、かつ相続開始時から申告期限まで引き続き宅地等を有していること。
- 親族が被相続人と生計を一にしていた者であって、相続開始時から申告期限まで引き続き宅地等を有し、かつ相続開始前から申告期限まで引き続き宅地等を自己の居住の用に供していること（措法69の４③二、措令40の２⑧）。

3．特定事業用宅地等

被相続人等の事業[59]の用に供されていた宅地等で、次に掲げる要件のいずれかを満たす被相続人の親族[60]が相続又は遺贈により取得したものをいいます。

- 親族が、相続開始時から申告期限までの間に宅地等の上で営まれていた被相続人の事業を引き継ぎ、申告期限まで引き続き宅地等を有し、かつその事業を営んでいること。
- 被相続人の親族が被相続人と生計を一にしていた者であって、相続開始時から申告期限[61]まで引き続き宅地等を有し、かつ相続開始前から申告期限まで引き続き宅地等を自己の事業の用に供していること（措法69の４③一、措令40の２⑥）。

57　被相続人の居住の用に供されていた宅地等を取得した者に限る。
58　相続開始直前に被相続人の居住の用に供されていた家屋を除く。
59　不動産貸付業、駐車場業、自転車駐車場業、準事業を除く。
60　親族から相続又は遺贈により宅地等を取得した親族の相続人を含む。
61　親族が申告期限前に死亡した場合には、その死亡の日。

第4章　事業承継に係る税制

４．特定同族会社事業用宅地等

相続開始直前に被相続人及び被相続人の親族その他被相続人と特別の関係[62]がある者が有する株式の総数又は出資の総額が株式又は出資に係る法人の発行済株式の総数又は出資の総額の50%を超える法人の事業の用に供されていた宅地等で、宅地等を相続又は遺贈により取得した被相続人の親族が相続開始時から申告期限まで引き続き有し、かつ申告期限まで引き続きその法人の事業の用に供されているものをいいます（措法69の4③三、措令40の2⑫）。

５．貸付事業用宅地等

被相続人等の事業[63]の用に供されていた宅地等で、次に掲げる要件のいずれかを満たす被相続人の親族が相続又は遺贈により取得したもの[64]をいいます。

- 親族が、相続開始時から申告期限までの間に宅地等に係る被相続人の貸付事業を引き継ぎ、申告期限まで引き続き宅地等を有し、かつ貸付事業の用に供していること。
- 被相続人の親族が被相続人と生計を一にしていた者であって、相続開始時から申告期限まで引き続き宅地等を有し、かつ相続開始前から申告期限まで引き続き宅地等を自己の貸付事業の用に供していること（措法69の4③四、措令40の2⑥）。

62　①被相続人と婚姻の届出をしていないが事実上婚姻関係と同様の事情にある者、②被相続人の使用人、③被相続人の親族等で被相続人から受けた金銭その他の資産によって生計を維持しているもの、④①から③に掲げる者と生計を一にするこれらの者の親族、⑤下記の法人（ⅰ被相続人が法人の発行済株式総数等50%を超える数又は金額の株式又は出資を有する場合における当該法人、ⅱ被相続人及び被相続人とⅰの関係がある法人が他の法人の発行済株式総数等の50%を超える数又は金額の株式又は出資を有する場合における当該他の法人、ⅲ被相続人及び被相続人とⅰ又はⅱの関係がある法人が他の法人の発行済株式総数等の50%を超える数又は金額の株式又は出資を有する場合における当該他の法人）

63　不動産貸付業、駐車場業、自転車駐車場業、準事業に限る。

64　特定同族会社事業用宅地等を除き政令で定める部分に限る。

Ⅱ　事業承継スキームと関連法規

Q 4-4-3.
株式及び出資の評価

株式及び出資の評価について説明してください。

A nswer ···

▶ポイント

● 上場株式及び非上場株式等の評価については第Ⅲ編第8章を参照してください。

● 持分会社の出資の評価は基本的には取引相場のない株式の評価方法に準じて評価をしますが、債務超過のときには取引相場のない株式の評価方法とは異なってきます。

● 医療法人等は財団・社団等の分類によって、評価方法の違いがあります。

1．株式の評価（➡第Ⅲ編第8章を参照）

2．出資の評価

(1)　持分会社（会575①）の出資の評価

評価通達に規定する取引相場のない株式の評価方法に準じて評価します。

評価会社が債務超過である場合の当該債務超過部分の債務は無限責任社員の連帯債務（会580、586、612）とし、相続税の課税価格の計算上、債務を負担した相続人のその負担に属する部分については、債務控除を行うことになります。

(2)　医療法人の出資の評価

医療法人は、医療法39条の規定により設立される法人で、いくつかの種類に分類されます。その分類に応じて評価の必要性が出てきます。

第4章　事業承継に係る税制

分類		出資持分の性格	評価
医療財団法人		出資持分の概念がない	×
医療社団法人	持分の定めのないもの	社員については何ら持分権を有しない	×
	持分の定めのあるもの	出資に対する持分権があるため、出資持分は、売買、相続、遺贈、贈与等の対象となる	○

　評価する必要が生じたものは、取引相場のない株式の評価に準じて評価します。

201

Ⅱ 事業承継スキームと関連法規

 4-4-4.
その他の財産の評価

その他の財産の評価について説明してください。

Answer

▶ポイント
- 財産の種類に応じて評価方法が定められています。

その他の財産で具体的なものとしては、動産、無体財産権、定期金に関する権利、生命保険契約に関する権利、信託受益権、預貯金、ゴルフ会員権などがあります。この財産別に、財産評価基本通達に基づいて評価することになります。

1．著作権

著作権とは、著作権者が自分の著作物を独占的に利用することのできる権利をいい、著作権法により保護される権利です。この著作権の経済的価値はその権利の行使に伴い著作権者の利益の額によって測定されます。

著作権の価額は、著作者の別に一括して次の算式によって計算した金額によって評価します（評基通148）。

年平均印税収入の額×0.5×評価倍率

2．定期金に関する権利

個人年金保険など、定期金給付契約によりある期間定期的に金銭等の給付を受けることを目的とする債権をいいます。相続税法では、その権利を取得した時に、定期金給付事由が発生しているもの（相法24）と給付事由が発生していないもの（相法25）について、それぞれ評価方法を定めています。

3．生命保険契約に関する権利

生命保険契約で、その契約に関する権利を取得した時において保険事故が発生していないものに関する権利の評価は、当該契約を解約するとした場合に支払われる解約返戻金の額によって評価します（評基通214）。

第4章　事業承継に係る税制

 4-5.
債務控除

債務控除できるものについて説明してください。

Answer

▶ポイント
- 確実と認められる債務が債務控除できるものです。

1．遺産総額から差し引くことができる債務
(1) 遺産総額から差し引くことができる債務
① 債務

　相続税を計算する場合、遺産総額から差し引くことができる債務は、被相続人が死亡したときにあった債務で確実と認められるものです（相法13①、14①）。

　なお、被相続人に課される税金で被相続人の死亡後相続人などが納付又は徴収されることになった所得税などの税金であっても、被相続人が死亡したときに債務が確定しているものであり（相法14②、相基通14-1）（相続時精算課税適用者の死亡によりその相続人が承継した相続税の納税に係る義務を除きます。）、債務として遺産総額から差し引くことができます。

　ただし、相続人などの責任に基づいて納付し、徴収されることになった延滞税や加算税などは、遺産総額から差し引くことはできません。

② 葬式費用

　葬式費用は債務ではありませんが、相続税を計算するときは遺産総額から差し引くことができます（相法13①）。

　具体的に、控除の対象となる葬式費用としては、遺体の運搬費用、納骨費用、火葬費用、お通夜や葬式の費用（飲食費、御菓子代、式場使用代、葬儀屋への御礼）、お寺に対する読経料などの御礼（御布施、戒名代、御車代）等が該当します。逆に、葬式費用に該当しないものとしては、香典返しや四十九日法要費用、墓石や墓地の購入費用や墓地を借りるための費用等があります（相基通13-4）。

　なお、こうした葬式費用の控除額については、特に上限は決まっていません。

203

Ⅱ　事業承継スキームと関連法規

⑵　債務などを差し引くことのできる人の範囲

　債務などを差し引くことのできる人の範囲は限定されており、その債務など
を負担することになる相続人や包括受遺者（相続時精算課税の適用を受ける贈与
により財産をもらった人を含みます。）です。包括受遺者とは、遺言により遺産
の全部又は何分のいくつというように、遺産の全体に対する割合で財産を与え
られた人のことをいいます。なお、相続人や包括受遺者であっても、相続又は
遺贈により財産を取得したときに日本国内に住所がない人で下記①②のいずれ
にも該当しない人は、遺産総額から控除できる債務の範囲が限られ、葬式費用
も控除することはできません。

　　①　相続や遺贈によって財産をもらったときに日本国籍を有し、被相続人も
　　　しくは財産をもらった人が被相続人の死亡前5年以内に日本国内に住所を
　　　有したことがある人
　　②　相続や遺贈によって財産をもらったときに日本国籍を有しないが、被相
　　　続人が日本国内に住所を有していること

第４章　事業承継に係る税制

Q 4-6.
相続税額の計算

相続税額の計算の仕組みについて説明してください。

Answer

▶ポイント

- 相続税の総額は、実際の遺産分割にかかわりなく、遺産総額及び法定相続人と法定相続分という客観的基準によって算出することになっています。その上で、相続税の総額を実際の相続割合に応じて按分して、各人の相続税額を算出する仕組になっています。

１．相続税の計算の流れは次のようになります。

各人の課税価格の計算（下記(1)を参照）

相続税の総額の計算（下記(2)を参照）

各人の相続税額の計算（下記(3)を参照）

各人の納付税額の計算（下記(4)を参照）

(1) 各人の課税価格の計算

まず、相続や遺贈及び相続時精算課税の適用を受ける贈与によって財産を取得した人ごとに、課税価格を次のように計算します。

205

Ⅱ　事業承継スキームと関連法規

> 相続又は遺贈により取得した財産の価額＋みなし相続等により取得した財
> 産の価額－非課税財産の価額＋相続時精算課税に係る贈与財産の価額－債
> 務及び葬式費用の額
> ＝純資産価額（赤字のときは０）
> 純資産価額＋相続開始前３年以内の贈与財産の価額[65]＝各人の課税価格
> （千円未満切捨て）

⑵　相続税の総額の計算

相続税の総額は、次のように計算します。

①　上記「⑴　各人の課税価格の計算」で計算した各人の課税価格を合計して、課税価格の合計額を計算します。

> 各相続人等の課税価格の合計＝課税価格の合計額

②　課税価格の合計額から基礎控除額を差し引いて、課税される遺産の総額を計算します。

> 課税価格の合計額－基礎控除額（3,000万円＋600万円×法定相続人の数[66]）
> ＝課税遺産総額

③　上記②で計算した課税遺産総額を、各法定相続人が民法に定める法定相続分にしたがって取得したものとして、各法定相続人の取得金額を計算します。

> 課税遺産総額×各法定相続人の法定相続分
> ＝法定相続分に応ずる各法定相続人の取得金額（千円未満切捨て）

④　上記③で計算した各法定相続人の取得金額に税率（詳細は下記「２．相続税の税率」を参照）を乗じて相続税の総額の基となる税額を算出します。

> 法定相続分に応ずる各法定相続人の取得金額×税率
> ＝各法定相続人の算出税額

65　相続又は遺贈により財産を取得した相続人等が、相続開始前３年以内にその被相続人からの暦年課税に係る贈与によって取得した財産の価額をいいます。

66　法定相続人の数は、相続の放棄をした人がいても、その放棄がなかったものとした場合の相続人の数をいいます。

第4章　事業承継に係る税制

⑤　上記④で計算した各法定相続人の算出税額を合計して相続税の総額を計
算します。

> 各法定相続人の算定税額の合計＝相続税の総額

(3)　各人の相続税額の計算

相続税の総額を、財産を取得した人の課税価格（詳細は上記「(1)　各人の課税
価格の計算」を参照）に応じて割り振って、財産を取得した人ごとの税額を計
算します。

> 相続税の総額×各人の課税価格÷課税価格の合計額＝各相続人等の税額

(4)　各人の納付税額の計算

上記「(2)　相続税の総額の計算」で計算した各相続人等の税額から各種の税
額控除額を差し引いた残りの額が各人の納付税額になります。

ただし、財産を取得した人が被相続人の配偶者、父母、子ども以外の者であ
る場合、税額控除を差し引く前の相続税額にその20％相当額を加算した後、税
額控除額を差し引きます。

なお、子どもが被相続人の死亡以前に死亡しているときは孫（その子どもの子）
について相続税額に20％相当額を加算する必要はありませんが、子どもが被相
続人の死亡以前に死亡していない場合の被相続人の養子である孫については相
続税額に20％相当額を加算する必要があります。

各種の税額控除等は次の順序で計算します。

各相続人等の税額
＋相続税額の2割加算（財産を取得した人が被相続人の配偶者、父母、
　子ども以外の者である場合）
－暦年課税分の贈与税額控除
－配偶者の税額軽減

207

Ⅱ　事業承継スキームと関連法規

－未成年者控除

－障害者控除

－相次相続控除（短期間に相続が連続した場合の相続税負担軽減措置）

－外国税額控除

＝各相続人等の控除後の税額（赤字の場合は0になります）

各相続人等の控除後の税額

－相続時精算課税分の贈与税相当額（外国税額控除前の税額）

＝各相続人等の納付すべき税額[67]

2．相続税の税率

　相続税額の算定にあたっては、法定相続分に応ずる各法定相続人の取得金額を下表に当てはめて計算し、算出された金額が相続税の総額の基となる税額となります。

課税標準	税率	控除額
〜1,000万円以下	10%	－
1,000万円超〜3,000万円以下	15%	50万円
3,000万円超〜5,000万円以下	20%	200万円
5,000万円超〜1億円以下	30%	700万円
1億円超〜2億円以下	40%	1,700万円
2億円超〜3億円以下	45%	2,700万円
3億円超〜6億円以下	50%	4,200万円
6億円超〜	55%	7,200万円

67　各相続人等の納付すべき税額が赤字の場合
　　赤字となった金額（マイナスは付けません）－相続時精算課税分の贈与税の計算をする際、控除した外国税額＝還付を受けることができる金額

第 4 章　事業承継に係る税制

 4-7.
贈与税の基礎知識

贈与税の基礎知識を説明してください。

 nswer

▶ポイント
- 贈与税は、個人から財産をもらったときに受贈者がかかる税金で、相続税の補完税としての性格を持つことから、相続税法に定められています。
- 贈与税には、暦年課税による贈与税と相続時精算課税の贈与とがあります。

１．贈与税の基礎知識
(1) 贈与とは

　民法上、「贈与は、当事者の一方が自己の財産を無償で相手方に与える意思を表示し、相手方が受諾をすることによって、その効力を生ずる。」（民法549）とされています。ただし、特殊な贈与の形態として以下のものがあります。

① 定期贈与（民法552）

　贈与者が受贈者に対して定期的に給付することを約束する贈与をいいます。贈与税の課税価格は、定期金に課する権利の価額（相法24）となります。

② 負担付贈与（民法553）

　受贈者が贈与者に対して、目的物の対価とまではいえない程度の負担を負う贈与をいいます。この契約は、売買等に関する規定が準用されます。贈与税の課税価格は、贈与財産の価格から負担額を控除した価額となります（相基通21の２－４、平元.3.29付直評５・直資-204）。

③ 死因贈与（民法554）

　財産を贈与する者が死亡して効力が生じる贈与をいいます。この契約は、遺贈に関する規定が準用されます。贈与税は課税されず、相続税の課税対象となります（相法１の３一かっこ書）。

209

Ⅱ　事業承継スキームと関連法規

⑵　贈与税とは

　贈与税とは、贈与により財産を取得した場合に、取得した財産の価額の合計を課税対象として受贈者が課税されるものです。これは、本来であれば相続時に相続税の課税対象となる財産を、生前に贈与することで将来の相続税課税の対象財産から除外することになるため、被相続人の財産に係る相続税・贈与税の税負担軽減を全体として調整するためです。

　そのため、贈与税の税率の累進度合は相続税よりも高く、課税の最低限度額である基礎控除も相続税よりも贈与税のほうが低く設定されています。

　このように、贈与税は相続税の補完税としての性格を持つことから、相続税法の中で規定されています（相法21）。

　また、贈与税は上記の性格から、相続・遺贈といった自然人特有の概念を前提としていることから、個人が個人から財産を譲り受けたときにかかり、会社などの法人から譲り受けた場合には所得税の対象となります。

⑶　贈与税の課税方法

　贈与税の課税方法には、「暦年課税」と「相続時精算課税」の２つがあります。これらのうち、「暦年課税」が原則的な方法となりますが、一定の要件に該当する場合には「相続時精算課税」を選択することができます（「暦年課税」「相続時精算課税」の詳細はＱ4-8、4-9参照）。

　課税方法の選択、適用の時期によっては多額の税負担が生じる可能性があるため、これらの課税方法を理解し、最適な方法を選択することが重要です。

２．贈与税の納税義務者

⑴　個人（自然人）

納税義務者の区分と課税される財産の範囲は、以下のとおりです。

納税義務者の区分	課税される財産の範囲	
	国内財産	国外財産
居住無制限納税義務者（相法１の４一） ・財産取得時に日本国内に住所のある人	○	○
非居住無制限納税義務者（相法１の４二） ・日本国籍を有する個人で、財産取得時に日本国内に住所を有していないもの（本人又は贈与者がその相続開始前５年以内のいずれかの時において日本国内に住所を有していたことがある場合に限る） ・日本国籍を有しない個人で、相続財産取得時に日本国内に住所を有していないもの（贈与者が贈与の時において日本国内に住所を有している場合に限る）	○	○
制限納税義務者（相法１の４三） ・相続財産取得時に日本国内に住所がない人で、非居住無制限納税義務者に該当しない人	○	×

⑵　個人とみなされる納税義務者

相続税の納税義務者と同様、人格のない社団等や持分の定めのない法人についても、これらを個人とみなして贈与税の納税義務者となることがあります（Ｑ４-２を参照）。

Ⅱ　事業承継スキームと関連法規

３．贈与税の対象となる財産の範囲
⑴　贈与財産（相基通11の２-１）
　贈与税の有する相続税の補完税という性質から、課税対象となるのは相続税の課税対象となる財産と同じものになります。この点、相続税基本通達11の２－１では、「金銭に見積ることができる経済的価値のあるすべてのものをいう」とされています。

⑵　みなし贈与財産
　上記⑴の贈与財産の他に贈与税の対象となる財産として、みなし贈与財産があります。みなし贈与財産とは、法律的には贈与により取得した財産ではないものの、実質的には贈与を受けたものと同様の経済的効果をもたらす財産であり、これらは課税の公平を図る観点から、贈与による取得があったものとみなされ課税対象に含められます（次頁図表参照）。

４．相続開始前３年以内に贈与された財産の取扱い
　相続や遺贈によって財産を取得した人が相続開始前３年以内に被相続人から贈与を受けたことがある場合、贈与財産の金額を相続税の課税価格に加算した上で相続税が計算されます。その場合に、当該財産に課された納付済みの贈与税額は、相続税から控除されることになります（相法19）。

５．贈与税額の計算の特例
　贈与税額の計算にあたり、下記に掲げるような一定の条件を満たす場合には贈与税が軽減、もしくは非課税となります。
⑴　住宅取得等資金の贈与を受けたとき
　平成27年１月１日から平成31年６月30日までの間に、父母、祖父母等の直系尊属から金銭（住宅取得等資金）の贈与を受けて、それを対価に自己の居住用の家屋の新築・取得・増改築等を行った場合には、遅滞なく居住するなど一定の要件を満たすと住宅取得等資金のうち一定金額について贈与税が非課税となる制度をいいます（措法70の２①②）。

第4章　事業承継に係る税制

種類	みなし財産	根拠	贈与の時期	納税義務者
生命保険金	保険金受取人が保険料を負担していない場合の保険金	相法5	保険事故の発生した時	保険金の受取人
定期金	定期金受取人が掛金・保険料を負担していない場合の定期金受給権	相法6	定期金給付事由が発生した時	定期金の受取人
定額譲受による利益	著しく低い価額の対価で財産の譲渡を受けた場合の利益相当額	相法7	財産の譲渡があった時	財産の譲受人
債務免除等による利益	債務の免除、引受又は弁済により受けた利益	相法8	債務の免除、引受又は弁済があった時	債務の免除等を受けた人
その他利益の享受	その他の事由により受けた経済的な利益	相法9	利益を受けた時	利益を受けた人
信託財産	適正な対価を負担せずに信託の受益者等となった場合の信託に関する権利	相法9の2	信託の効力が生じた時	受益者等となる人

213

Ⅱ　事業承継スキームと関連法規

⑵　相続時精算課税

　相続時精算課税は、生前贈与時の贈与税負担を軽減することで、贈与による次世代への資産移転を円滑に行うことを目的とする制度です。この制度では生前贈与時に2,500万円の基礎控除と20％の一定税率が適用されるため、年間110万円の基礎控除と最大55％の累進税率が適用される暦年贈与よりも贈与時の税負担は軽くなります。

　相続発生時には、その贈与財産の贈与時の価額とその他の相続財産の価額を合計した金額を基に計算した相続税額から、相続時精算課税の選択後に納めた贈与税額を控除した金額が納税額となります（詳細はＱ4-9参照）。

⑶　夫婦間の居住用不動産の贈与（贈与税の配偶者控除）

　婚姻期間が20年以上の夫婦の間で、居住用不動産又は居住用不動産を取得するための金銭の贈与が行われた場合、最高2,000万円まで控除（配偶者控除）できるという特例です（相法21の6、相規9、措法70の2の3）。

⑷　教育資金の一括贈与を受けたとき

　平成25年4月1日から平成31年3月31日までの間に、教育資金に充てるため、祖父母や父母等の直系尊属から一定の条件を満たす信託受益権、金銭、有価証券等を贈与された場合には、その価額のうち1,500万円までは贈与税が非課税となる特例です（措法70の2の2、措規23の5の3）。

⑸　結婚・子育て資金の一括贈与を受けたとき

　平成27年4月1日から平成31年3月31日までの間に、結婚・子育て資金に充てるためとして、祖父母や父母等の直系尊属から一定の条件を満たす金銭等を贈与された場合には、その価額のうち1,000万円までは贈与税が非課税となる特例です（措法70の2の3①②⑪⑫、措令40の4の4②、措規23の5の5①）。

第4章　事業承継に係る税制

６．贈与税がかからない財産（租税特別措置法の非課税財産を除きます）

　贈与により取得した財産であっても、その財産の性質や贈与の目的など（公益性や社会通念、政策的見地など）から、下記に掲げる財産は贈与税の課税対象とならないこととされています。

① 　法人からの贈与により取得した財産（所得税の対象）

② 　扶養義務者相互間で生活費や教育費に充てるために取得した財産のうち通常必要と認められるもの

③ 　宗教、慈善、学術その他公益を目的とする事業を行う者が贈与により取得した財産で、その公益を目的とする事業の用に供することが確実なもの

④ 　一定の特定公益信託や財務大臣の指定した特定公益信託から交付される金品で一定の要件に当てはまるもの

⑤ 　地方公共団体の条例によって、精神や身体に障害のある人又はその人を扶養する人が心身障害者共済制度に基づいて支給される給付金を受ける権利

⑥ 　公職選挙法の適用を受ける選挙における公職の候補者が選挙運動に関し取得した金品その他の財産上の利益で、公職選挙法の規定による報告がなされたもの

⑦ 　特定障害者扶養信託契約に基づく信託受益権

⑧ 　個人から受ける香典、花輪代、年末年始の贈答、祝物又は見舞いなどのための金品で、社会通念上相当と認められるもの

⑨ 　相続又は遺贈により財産を取得した者が相続開始の年にその相続に係る被相続人から受けた贈与により取得した財産の価額で生前贈与加算の規定により相続税の課税価格に加算されるもの

215

Ⅱ　事業承継スキームと関連法規

4-8.
暦年課税の場合

暦年課税による贈与税額の計算の仕組みについて説明してください。
暦年贈与（暦年課税を前提とした贈与）を行う際のポイントについて説明してください。

nswer

▶ポイント

- 暦年贈与は、1月1日から12月31日までの1年間にもらった財産の合計に応じて贈与税を払う暦年課税の適用を受ける方法で贈与を行うものです。
- 贈与税は、暦年期間の1年間に受け取った財産の合計額が基礎控除（110万円）以下であればかかりません。
- 暦年贈与により事業承継を行う場合には、長期的な計画が必要となります。
- 初めに贈与総額を決めて、それを毎年110万円以下の金額で受け渡す約束をすると初めの年に総額の贈与があったものとみなされて課税されてしまうおそれがあるので注意が必要です。

1．贈与税額の計算の原則：暦年課税

　贈与税額を計算するには、その年の1月1日から12月31日までの1年間に贈与を受けた財産の価額を合計し、その合計額（「2.贈与税の課税価格」参照）から基礎控除（「3.贈与税の基礎控除」参照）を差し引いた金額に税率（「4.贈与税の税率」参照）を乗じて税額を計算します。

　なお、贈与税は超過累進課税を採用しており、税率は課税価格に応じて段階的に変化します。そのため、税額を計算する際には「4.贈与税の税率」に記載しているように、速算表を用いて計算します。

2．贈与税の課税価格

　贈与税の課税価格は、その年の1月1日から12月31日までの1年間に贈与を受けた財産および贈与により取得したものとみなされる財産（みなし贈与財産）の価額の合計額から、非課税財産の価額を控除した金額となります。

第4章　事業承継に係る税制

　居住無制限納税義務者、非居住無制限納税義務者が贈与により取得した財産
は、その所在にかかわらず、財産の価額の合計額が課税価格となります。また、
制限納税義務者の課税価格は、贈与により取得した財産のうち、国内にあるも
のの価額の合計額となります。

3．贈与税の基礎控除

　暦年課税における贈与税の基礎控除は110万円となっており、贈与税の申告
書の提出の有無にかかわらず認められます（相法21の5、措法70の2の2）。そ
のため、その年に贈与により取得した財産の価額の合計額が110万円以下であ
れば贈与税は課税されません。

4．贈与税の税率

　贈与税は課税価格を基準とした超過累進課税となっており、適用される税率
は基礎控除後の課税価格に応じて10％〜55％まで段階的に増加します。
　贈与税の計算は一般贈与と特例贈与とに分かれており、それぞれ税率が異な
ります。特例贈与とは、直系尊属から20歳以上の卑属への贈与をいい、それ以
外への贈与を一般贈与といいます。

図表1　贈与税の速算表

基礎控除後の課税価格	特例贈与		一般贈与	
	税率	控除額	税率	控除額
200万円以下	10%	-	10%	-
300万円以下	10%	-	15%	10万円
400万円以下	15%	10万円	20%	25万円
600万円以下	20%	30万円	30%	65万円
1,000万円以下	30%	90万円	40%	125万円
1,500万円以下	40%	190万円	45%	175万円
3,000万円以下	45%	265万円	50%	250万円
4,500万円以下	50%	415万円	55%	400万円
4,500万円超	55%	640万円	55%	400万円

217

Ⅱ　事業承継スキームと関連法規

５．暦年贈与のメリット・デメリット

⑴　暦年贈与のメリット

　暦年贈与により子や孫などへと移転した財産は、相続財産とは完全に切り離されるため、相続発生時には相続税は課税されません（ただし、相続開始前3年以内に贈与を受けた財産を除きます。）。そのため、暦年贈与分は相続税の負担が減少するのが大きなメリットといえます。

⑵　暦年贈与のデメリット

　暦年贈与の贈与税率は累進課税のため、1年間で多くの財産を贈与すると、多額の贈与税が課税されてしまいます。贈与税額を低く抑えようとすると、少額の贈与を長年にわたり実行する必要があるため、非常に時間がかかってしまいます。また、税負担を軽くするために受贈者を増やして、多数の子や孫に少額の財産を贈与してしまうと、相続税の負担を減少させることができる一方で財産が分散されてしまうというデメリットもあります。

６．事業承継に活用する上での留意点

　暦年贈与を事業承継に利用する際には、5.⑴⑵に記載したメリット・デメリットを前提に下記の点に留意する必要があります。

⑴　後継者候補を早期に決定し、長期的な計画を立てる

　事業承継を行いつつ税負担を抑える目的で暦年贈与による事業用財産の承継を行うには、「何を」（What）、「誰から」（from Who）、「誰に」（to Whom）、「どれだけ」（How much, many）、「いくらで」（How much）、「いつ」（When）、贈与していくか決めなければなりません。

　事業承継を行う場合には事業用財産が分散することは望ましくありませんので、「誰に」という部分は後継者となるべき人に絞る必要があります。そのため、事業承継を検討し始めて最初に後継者候補を選ぶ必要があります。また、贈与を行うにあたっては贈与すべき事業用財産を洗い出し、その財産価値を評価することが必要になります。さらに、毎年の贈与額を決めるにあたっては相続が発生した場合の税負担と贈与を行う場合の税負担を試算した上で最適な条件を

218

選択する必要があります。

(2)　贈与総額を決めるような約束をしない

　初めに贈与総額を決めて、それを毎年分割して受け渡す約束をすると、初めの年に総額の贈与があったものとみなされて課税されてしまうおそれがあるため、税負担を抑える暦年贈与のメリットが失われてしまいます。そのため、後継者候補を決めて、計画的・長期的に事業承継を行う場合でも、贈与する財産総額を確定させるような約束はしないようにする必要があります。

Ⅱ　事業承継スキームと関連法規

4-9.
相続時精算課税の概要

相続時精算課税について説明してください。
相続時精算課税を選択する際の留意点について説明してください。

nswer

▶ポイント

- 相続時精算課税は、生前贈与時の贈与税負担を軽減する制度で、贈与による次世代への資産移転を円滑に行うことを目的としています。相続発生時には、贈与財産の贈与時の価額と相続財産の価額を合計した金額を基に計算した相続税額から、相続時精算課税を選択した後に納めた贈与税額を控除した金額を納税することになります。
- 事業承継に相続時精算課税を選択すると、贈与時の納税負担が少なくなるほか、生前に事業用財産を承継させることができるため、計画的な事業承継を行う上で有効に活用できます。
- 相続時精算課税を選択する場合のメリット・デメリットを理解した上で、贈与の時期、贈与財産の決定をする必要があります。
- 相続時精算課税で自社株の贈与を行う際には、贈与時の株式評価額に留意が必要です。

1．相続時精算課税制度の概要
(1)　制度の特徴

　相続時精算課税は、生前贈与時に贈与財産に対する贈与税を納め、相続発生時には、その贈与財産の贈与時の価額と相続財産の価額を合計した金額を基に計算した相続税額から、すでに納めた贈与税額を控除した金額を納税額とする制度です。この制度は、高齢化する日本社会において、高齢者の保有する資産を有効活用するため、贈与による次世代への資産移転を円滑に行うことを目的としています。

第4章　事業承継に係る税制

⑵　適用対象となる場合

相続時精算課税を選択できるのは、財産の贈与をする人・受ける人が下記の条件を満たす場合です（相法21の9①）。

- 財産の贈与をする人（贈与者）→贈与の年の1月1日現在で60歳以上
- 財産の贈与を受ける人（受贈者）→贈与の年の1月1日現在で20歳以上推定相続人[68]及び孫

⑶　手続き

最初の贈与を受けた年の翌年2月1日から3月15日までの間に、所轄税務署長に対して贈与税の申告書に「相続時精算課税選択届出書」を添付して提出しなければなりません（相法21の9②、相令5①②、相規10、11）。

また、一度提出された届出書は撤回できず（相法21の9⑥）、届出を出した年度以降、当該贈与者から受ける贈与財産のすべてが相続時精算課税制度の対象となります（相法21の9③）ので、適用にあたっては慎重な判断が必要となります。

2．贈与時の課税関係

相続時精算課税を選択した場合には、生前贈与時に下記の計算式による贈与税を納税します。

> 納税額＝（課税価額－特別控除額）×税率

⑴　課税価格

本制度の適用を受けた贈与者（以下、「特定贈与者」という。）ごとに、その年中に贈与を受けた財産の価額の合計額が課税価格となります（相法21の10）。

⑵　特別控除額

特定贈与者ごとに以下の金額のうちいずれか低い金額が特別控除額となりま

---

[68]　贈与をした日現在において、その贈与をした人の直系卑属のうち、最も先順位の相続権（代襲相続権を含みます。）のある人をいいます。

221

Ⅱ　事業承継スキームと関連法規

す（相法21の12①）。

① 　2,500万円（前年までに控除している金額を除いた残額）

② 　特定贈与者ごとの贈与財産の課税価格

⑶　税率

　相続時精算課税制度を適用した場合の税率は、贈与財産の課税価格によらず、一律20％となります（相法21の13）。暦年課税のような超過累進課税は採用されていません。

3．相続発生時の課税関係

⑴　課税価格

　特定贈与者の相続にあたり財産を取得した場合には、相続時精算課税の適用を受けた贈与財産の価額（贈与時の価額）が相続税の課税価格に加算されます。

⑵　税額

　相続時精算課税の適用を受けた財産について課税された贈与税額は、相続時に相続税額から控除することができます。

相続時精算課税と暦年課税の比較

	相続時精算課税	暦年課税
適用対象	贈与者：60歳以上 受贈者：20歳以上の子・孫	親族だけではなく、誰でも対象
控除	特別控除として最大2,500万円	毎年110万円の基礎控除
税率	特別控除を超えた部分について20％	10％〜55％の超過累進税率
相続税との関係	相続発生時に、贈与時の価格を加算して相続税額を計算します。相続時精算課税により支払った贈与税額は相続税額から控除できます。	相続発生時には3年以内加算を除いて贈与財産を加算する必要はありません。

222

第4章　事業承継に係る税制

4．相続時精算課税適用のメリット・デメリット

(1)　メリット

相続時精算課税のメリットは次のとおりです。

①　2,500万円まで贈与税がかからない

相続時精算課税では2,500万円の特別控除が認められているため、暦年贈与に比べて比較的大きな金額の財産を承継させることができます。また、税率も課税価格にかかわらず一律20％なので、贈与時の税負担を抑えることができます。

②　多くの財産を移転させることができる

③　贈与を受けた財産の利益は後継者が受け取る

贈与を受けた財産から生じる利益については贈与税が課税されずに受贈者のものとなるため、収益性の高い財産を生前に贈与しておくことにより、その財産から生み出される利益までも移転させることができます。

④　財産価値の上昇分の税負担が軽減される

相続税精算課税を選択して生前贈与をした場合、相続発生時に相続税の課税価格に加算される生前贈与財産の金額は贈与時の価額で評価されるため、将来（相続発生時まで）に値上がりの見込まれる財産の場合は相続税の税負担が軽くなります。

(2)　デメリット

①　一度適用すると撤回ができない

上記「1.(3)手続き」に記載したとおり、相続時精算課税を一度適用すると、その後に撤回することができません。そのため、相続時精算課税を適用した贈与者からの贈与は、以後暦年課税に戻すことができなくなります。

②　贈与財産の価額が相続税の課税財産に加算される

暦年課税を適用して贈与した場合、贈与財産の価額は、贈与の時点で贈与税の課税が完了しているため、相続発生時には相続税の課税価格に加算されず、相続税はかかりません（相続開始前3年以内に贈与を受けた財産を除きます。）。しかし、相続時精算課税を適用して生前贈与をした場合には、贈与財産の課税価格が相続発生時に相続税の課税価格に加算されるため、相続税の課税対象と

Ⅱ　事業承継スキームと関連法規

なります。

③　財産価値の下落分の税負担が増加する

　(1)④とは逆に、相続時精算課税を適用して生前贈与をした場合、相続発生時に贈与を受けた財産の価値が下落していたとしても、相続税の課税価格に加算されるのは贈与時の評価額となるため、相続時精算課税を適用しなかった場合に比べて税負担が重くなります。

5．事業承継に用いる場合の留意点

　相続時精算課税制度を事業承継に利用する際には、上記4．(1)(2)に記載したメリット・デメリットを踏まえて下記の点に留意する必要があります。

(1)　自社株は株式評価額が低い時に贈与する

　事業承継に際して、自社株を後継者に贈与する場合には、株式評価額が低いタイミングに贈与を行うことで、より多くの株式を低い贈与税負担で後継者に贈与することができます。また、相続時精算課税により贈与された財産の価格は、相続発生時に贈与時の評価額で課税価格に合算されることから、株式評価額が低い時に贈与することで将来の相続税負担も軽減することができます。

　自社株の評価については「第8章　財産評価基本通達に基づく株式評価」をご覧ください。

(2)　相続発生時の納税資金を準備しておく

　暦年課税の場合には、贈与財産の価格は相続税課税価格には加算されません。一方、相続時精算課税の場合には、特別控除額2,500万円は、あくまでも贈与時の贈与税額計算において控除されるだけで、相続発生時には贈与財産価格が相続税の課税価格に加算されます。そのため、贈与財産に対応する税負担も考慮して納税資金を準備しておく必要があります。

第4章　事業承継に係る税制

 4-10.
中小企業経営承継円滑化法の概要
中小企業における経営の承継の円滑化に関する法律（以下、「経営承継円滑化法」という。）について説明してください。

nswer

▶ポイント

経営承継円滑化法は、中小企業における経営の円滑化を図り、中小企業の事業活動の継続に資することを目的として平成20年より導入されました。その主な支援策は下記の3つに大別されます。
- 民法の遺留分に関する特例
- 事業承継時の金融支援措置
- 事業承継税制の基本的な枠組み

1．創設の背景

近年、経営者の高齢化や後継者不在を要因とする廃業の増加など、経営承継が円滑に進んでいない中小企業が増加傾向にあります。日本経済の基盤を形成している中小企業の事業承継に関する種々の問題を解決して、事業の円滑な継続を図るために、経営承継円滑化法が施行されました。

2．概要

この経営承継円滑化法は、事業承継円滑化に向けた総合的支援策の基礎として、下記の3つをその内容としています。
① 民法の遺留分に関する特例
② 事業承継時の金融支援措置
③ 事業承継税制の基本的な枠組み

3．各支援策の概要
(1) 民法の遺留分に関する特例

後継者が先代経営者から贈与等により取得した自社株式又は持分に関して、

225

Ⅱ　事業承継スキームと関連法規

先代経営者の推定相続人全員の合意を前提として除外合意及び固定合意の特例制度を導入しています（詳細はＱ2-6参照）。これらの合意は、先代経営者の推定相続人全員の合意を前提とし、経済産業大臣の確認（経承法7）及び家庭裁判所の許可（経承法8）を受けることによって効力が生じます。

(2)　事業承継時の金融支援措置

　株式等や事業用資産等の買取り、親族外承継に伴うMBO[69]やEBO[70]及び経営者交代に伴う融資条件の変更など事業承継の際に発生する資金需要について、経済産業大臣の認定を受けた中小企業者等（経承法12）に対して一定の措置を設けています。

①　中小企業信用保険法の特例（経承法13）

　中小企業信用保険法に規定されている普通保険（限度額2億円）、無担保保険（同8,000万円）、特別小口保険（同1,250万円）を別枠化します。これにより信用保証協会の債務保証も実質的に別枠化されるため、金融機関からの資金調達が行いやすくなります。

　この特例の適用を受けるのは、認定を受けた中小企業者が資金を借り入れる時であり、具体的に対象とする資金としては以下のものを想定しています。

　ア．株式や事業用資産等の買取資金

　イ．信用状態が低下している中小企業者の運転資金

②　株式会社日本政策金融公庫法及び沖縄振興開発金融公庫法の特例（継承法14）

　現行制度では、株式会社日本政策金融公庫及び沖縄振興開発金融公庫（以下、「日本政策金融公庫等」という。）から代表者個人が融資を受けることはできませんでした。この特例により、後継者である代表者個人が事業承継の際に必要となる資金を日本政策金融公庫等から融資を受けることが可能になりました。また、金利についても通常の金利（基準金利）ではなく、特別に低い利率で融資を受けることができます。

69　MBO(Management Buyout)：経営陣が自社の事業や経営権を買い取る企業買収をいう。
70　EBO(Employee Buyout)：従業員が自社の事業や経営権を買い取る企業買収をいう。

第4章　事業承継に係る税制

　なお、経営承継円滑化法施行規則14条各号において資金使途が規定されているため留意が必要です。

　ア．事業用資産等を担保とする借入れに係るものの弁済資金

　イ．株式又は事業用資産の取得するための資金

　ウ．代償分割資金・価値弁済代償支払のための資金

　エ．株式又は事業用資産等に係る相続税又は贈与税の納税のための資金

　オ．その他中小企業者の事業活動の継続のために後継者個人が特に必要とする資金

⑶　事業承継税制の基本的な枠組み

　事業承継税制の基本的な枠組みとしては、事業承継時における相続税や贈与税の負担を軽減する措置を講じています。具体的には、「未上場株式等についての相続税の納税猶予制度」（措法70の7の2）、「未上場株式等についての贈与税の納税猶予制度」（措法70の7）、「贈与者が死亡した場合の相続税の課税の特例」（措法70の7の3）及び「贈与者が死亡した場合の相続税の納税猶予制度」（措法70の7の4）が同時に創設されています。

　この「未上場株式等についての相続税の納税猶予制度」及び「未上場株式等についての贈与税の納税猶予制度」は、中小企業の後継者が、先代経営者から相続又は遺贈、贈与により自社の未上場株式を取得する際に、相続又は遺贈、贈与前から後継者が保有していた議決権株式を含め発行済議決権株式総数の3分の2に達するまでの部分について、相続税・贈与税の納税が猶予されるものです。相続税は、原則としてその未上場株式等の課税価格の80％に対応する部分の納税が相続人である後継者が死亡するまで猶予されます。また贈与税は、原則として株式の贈与に係る贈与税の全額（100％）の納税が、その先代経営者である贈与者が死亡するまで猶予されます。

　「贈与者が死亡した場合の相続税の課税の特例」は、贈与税の納税猶予制度の適用を受けた先代経営者である贈与者が死亡した場合に、贈与税の納税猶予制度の適用を受けた未上場株式等を相続又は遺贈により取得したものとみなして贈与時の価額を基礎としてその他の相続財産と合算して相続税を計算するものです。

227

Ⅱ　事業承継スキームと関連法規

　「贈与者が死亡した場合の相続税の納税猶予制度」は、「贈与者が死亡した場合の相続税の課税の特例」の適用を受ける際に、一定の要件を満たす場合に相続又は遺贈により取得したとみなされる未上場株式等について相続税の納税猶予の適用を受けることができる制度です。

第4章　事業承継に係る税制

 4-11.
未上場株式等の贈与税の納税猶予制度
未上場株式等の贈与税の納税猶予制度について説明してください。

Answer

▶ポイント
- 先代経営者からの贈与により、後継者が取得した自社株式に対応する贈与税の納税が猶予されます。
- 特例の対象となる自社株式は既保有分を含め発行済議決権株式総数の3分の2までに達するまでの部分が上限となります。
- 株式の贈与にかかる贈与税の全額が先代経営者である贈与者の死亡の日まで猶予されます。

1．未上場株式等の贈与税の納税猶予制度の概要について
(1) 定義
　未上場株式等の贈与税の納税猶予制度は、中小企業の後継者が、先代経営者から贈与により自社の未上場株式を取得する際に、贈与前から後継者が保有していた議決権株式を含め発行済議決権株式総数の3分の2に達するまでの部分について、贈与税の全額の納税がその贈与者の死亡の日まで猶予される制度です（措法70の7①）。

(2)　特例の適用を受けるための要件及び手続き
①　特例を受けるための要件
　特例の適用を受けるためには、下記に掲げる要件の具備が必要となります。

Ⅱ　事業承継スキームと関連法規

No.	項　　目	要　　件
1	会社に関する要件	次のいずれにも該当しない会社 ・上場会社 ・中小企業者に該当しない会社 ・風俗営業会社 ・資産管理会社（一定の要件を満たすものを除く）（注1）（注2） ・総収入金額が零の会社（注3） ・従業員数が零の会社（注4）
2	後継者（注5）である受贈者（以下、「経営承継受贈者」という。）に関する要件	贈与の時において以下の要件を満たしていること ・会社の代表権を有していること ・20歳以上であること ・役員等の就任から3年以上を経過していること ・後継者及び後継者と特別の関係がある者で議決権数の50%超の議決権数（注6）を保有し、かつ、これらの者の中で最も多くの議決権数を保有することとなること ・贈与税の申告期限まで特例の適用を受ける未上場株式等のすべてを保有していること
3	先代経営者である贈与者の主な要件	・会社の代表権を有していたこと ・贈与時において会社の代表権を有していないこと ・贈与の直前において、贈与者及び贈与者と特別の利害関係がある者で議決権の50%超を保有し、かつ経営承継受贈者を除いたこれらの者の中で最も多くの議決権数を保有していたこと
4	適用の対象となる株式（注7）	・未上場株式であること ・議決権に制限のないこと ・発行済み株式総数の3分の2に達するまでの部分であること
5	担保提供に関する要件	納税が猶予される贈与税額及び利子税の額に見合う担保を税務署に提供すること（注8）
6	申告要件	贈与を受けた年の翌年の2月1日から3月15日までに受贈者の住所の所轄の税務署に、適用を受ける旨の記載、明細書を添付し贈与税の申告を行うこと

第4章　事業承継に係る税制

（注1）有価証券、自ら使用していない不動産、現金預金等の特定の資産の保有割合が貸借対照表に計上されている帳簿価額の総額の70％以上の会社（資産保有会社）やこれらの特定の資産からの運用収入が総収入額の75％以上の会社（資産運用型会社）（常時使用従業員の数が5人以上であるなどの要件を満たした一定の会社を除く）

（注2）資産管理会社に該当した場合でも一定の場合にはこの特例を適用することができる。この一定の場合とは、以下の要件の満たす場合である。
　　　　イ．贈与の日まで3年以上継続的に商品の販売、資産の貸付、役務の提供を行っていること
　　　　ロ．贈与の時において親族外の従業員の数が5人以上であること
　　　　ハ．贈与の時において、親族外の従業員が勤務している事務所、店舗、工場などを有しているか賃借りしていること

（注3）営業外収益及び特別利益以外のものに限る。

（注4）特別関係会社（この特例の適用にかかる会社やその会社の代表権を有する者などが議決権数の50％を超える議決権数を保有する会社）が会社法第2条2号に規定する[71]外国会社に該当する場合には従業員数が5人未満の会社

（注5）1つの会社につき1人に限る。

（注6）議決権数には、株主総会において議決権を行使できる事項の全部について制限された株式の数は含まない。

（注7）特例の対象となる未上場株式等の数は、下記のA、B、Cの数を基に下表の区分の場合に応じた数が限度となる。
　　　　「A」：先代経営者である贈与者が贈与直前に保有する未上場株式等の数
　　　　「B」：経営承継受贈者が贈与前から保有する未上場株式等の数
　　　　「C」：贈与直前の発行済株式等の総数

区分	特例の対象となる 未上場株式等の限度数
（1）：A+B＜C×2／3の場合	A
（2）：A+B≧C×2／3の場合	C×2／3－B

（参考：国税庁「未上場株式等についての相続税及び贈与税の納税猶予及び免除の特例のあらまし（平成27年9月）」）
特例の適用を受けるためには、この限度数以上の数の未上場株式等の贈与が必要となります。
上記（1）の場合には限度数（A）の全部、（2）の場合には限度数（C×2／3-B）以上の数の未上場株式等の贈与が必要です。

71　外国の法令に準拠して設立された法人その他の外国の団体であって、会社と同種のもの又は会社に類似するものをいう。

Ⅱ　事業承継スキームと関連法規

（注8）特例の適用を受ける未上場株式等のすべてを担保として提供した場合には、当該株式等の価額の合計額が当該納税猶予分の贈与額に満たないときでも、納税が猶予される贈与税額及び利子税の額に見合う担保の提供がなされたものとみなされる。

②　特例を受けるための手続き

特例の適用を受けるためには、下記に掲げる手続きが必要となります。

手　　続	概　　要
経済産業大臣の認定[72]	贈与を受けた年の翌年1月15日までに申請し、中小企業経営承継円滑化法に基づき、会社の要件、経営承継受贈者の要件、先代経営者（贈与者）の要件を満たしていることについての認定を受ける（措法70の7①⑨、円滑化規則7②）。
経済産業大臣への事業継続報告[72]	贈与税の申告期限から5年間、毎年1回贈与税の申告期限の翌日から起算して1年を経過するごとの日（贈与報告基準日）の翌日から3か月以内に以下の事項などについて報告を行う（円滑化規則12①②）。 ・会社の代表者であること ・雇用の8割以上を維持していること（平均） ・株式を継続保有していること ・後継者が同族過半、筆頭株主であること ・資産管理会社、風俗営業会社、総収入金額が零の会社に該当しないこと
税務署への贈与税の申告書の作成、提出及び担保提供	贈与税の申告期限（贈与した年の翌年3月15日）までに所管の税務署に提出する（措法70の7⑦）。

72　なお、詳細な要件等については、経済産業省各地域経済産業局のホームページ等でご確認ください。

232

第 4 章　事業承継に係る税制

税務署に対する継続適用届出書の提出	以下のそれぞれの期日までに引き続き特例の適用を受けたい旨及び承継会社の経営に関する事項を記載した届出書を提出する（措法70の7⑩）。 ・第一種基準日（贈与の日の属する年分の贈与税の申告書の提出期限の翌日から同日以後5年を経過する日又は経営承継者もしくは贈与者の死亡の日の前日のいずれか早い日までの期間（以下、「経営承継期間」という。）における、贈与税の申告期限の提出期限の翌日から1年を経過するごとの日）から5か月以内。 ・第二種基準日（経営承継期間の末日の翌日から相続税の納税猶予分の相続税額に相当する相続税の全部につき納税の猶予に係る期限が確定するまでの期間の翌日から3年を経過するごとの日（以下、経営承継期間とあわせて（経営報告基準日）という。））から3か月以内。

(3)　納税猶予額の納付が必要となった場合（猶予期限の確定）

①　納税猶予額及び利子税の納付

　贈与税額の納税猶予制度を受ける会社において、適用要件を満たさなくなるなど一定の事由が生じた場合には、納税猶予税額の全部又は一部を納付しなければなりません（措法70の7③）。また、この場合には、納付すべき税額に係る利子税を合わせて納付しなければなりません（措法70の7㉓）。

　なお、経営承継期間経過後に納付が必要となった場合には、経営承継期間に係る利子税が免除されることになっています。

【納税猶予にかかる期限の確定】

	猶予期限確定事由 （措法70の7④、⑤、⑥、⑫、⑬）	猶予期限 （下記から2か月を経過する日）
1	経営承継受贈者が代表権を喪失した場合（一定のやむを得ない理由[73]がある場合を除く）	喪失した日

233

Ⅱ　事業承継スキームと関連法規

2	常時使用従業員の数の平均（5年間の経営承継期間の平均）につき贈与時の80%を満たさなくなったとき	経営報告基準日
3	経営承継受贈者及び特別関係者の有する議決権の数の合計が50/100以下となったとき	50/100以下となった日
4	経営承継受贈者の特別関係者のうちいずれかの者が、経営承継受贈者の保有する議決権数を超える数の株式を有することとなったとき	超えることとなった日
5	経営承継受贈者が株式等[74]の一部を譲渡等したとき	当該譲渡等をした日
6	経営承継受贈者が株式等[75]の全部の譲渡等をしたとき	当該譲渡等をした日
7	会社分割（分割型の分割）又は組織変更（一定の場合[76]に限る）を行ったとき	効力を生じた日
8	解散をした場合又は解散をしたものとみなされたとき	解散をした日
9	資産保有会社又は資産運用型会社になったとき	該当することとなった日
10	総収入金額が零（営業外利益及び特別利益を除く）になったとき	当該事業年度終了の日

73　やむを得ない一定の理由とは以下のような理由によるものである。
　・精神保健及び精神障害者福祉に関する法律の規定により精神障害者保健福祉手帳の交付を受けたこと。
　・身体障害者福祉法の規定により身体障害者手帳（障害の程度が1級又は2級であるものに限る。）の交付を受けたこと。
　・介護保険法に規定する要介護認定を受けたこと。
74　贈与を含む。
75　贈与を含む。
76　いわゆる分割型分割が行われた場合（会社分割に際して分割承継会社又は新設分割会社の株式等を配当財源とする剰余金の配当がある場合）

第4章　事業承継に係る税制

11	資本金の額の減少又は準備金の額の減少をしたとき（一定の場合[77]を除く）	効力を生じた日
12	経営承継受贈者が贈与税の納税猶予の適用を受けることをやめる旨を記載した届出書を提出したとき	当該届出書の提出があった日
13	会社が合併（適格合併を除く）により消滅したとき	効力の生じた日
14	会社が株式交換等[78]（適格交換等を除く）により他の会社の株式交換完全子会社等となったとき	効力の生じた日
15	未上場株式等に該当しないこととなったとき	該当しないこととなった日
16	会社又は特定特別関係会社が風俗営業会社になったとき	該当することとなった日
17	このほか会社の円滑な事業の運営に支障を及ぼすおそれがあるとき[79]	該当することとなった日
18	適格組織再編を行った場合に、経営承継受贈者が金銭その他の資産の交付を受けた場合	効力の生じた日
19	届出書が届出期限までに提出されない場合	届出の期限日
20	担保提供命令に応じない場合、届け出記載事項が事実相違する場合の判明	税務署長が定める日

（注）　1 〜 4 、15 〜 18について、経営承継期間経過後は期限の確定事由にあたらず、経営承継期間のみの事由となっている。

77　定時株主総会の決議による欠損補てん目的のものを除く
78　株式移転も含む。
79　以下のような場合が該当する。
・認定贈与承継会社が発行する会社法第108条第 1 項第 8 号の定めがある種類の株式を当該認定贈与承継会社に係る経営承継受贈者以外の者が有することとなったとき
・認定贈与承継会社が株式等の全部又は一部の種類を株主総会において議決権を行使することができる事項につき制限のある株式に変更した場合
・認定贈与承継会社が定款の変更により当該認定贈与承継会社に係る経営承継受贈者が有する議決権の制限をした場合
・贈与者が認定贈与承継会社の代表権を有することとなった場合

Ⅱ　事業承継スキームと関連法規

② 利子税の税率

年3.6％の割合で利子税がかかります。

ただし、各年の特例基準割合（※）が7.3％に満たない場合は、以下のとおりとなります。

【算式】

3.6％×特例基準割合（※）÷7.3％　　（注）0.1％未満の端数は切り捨て

（例）特例基準割合（※）が1.9％の場合……0.9％

※特例基準割合
【平成26年1月1日以降】
　各年の前々年の10月から前年の9月までの各月における銀行の新規の短期貸出約定平均金利の合計を12で除して得た割合として各年の前年の12月15日までに財務大臣が告示する割合に、年1％の割合を加算した割合
（措法70の7の2、措法93、平25改正法附則86）

(4)　納税猶予額が免除される場合

① 先代経営者（贈与者）又は経営承継受贈者が死亡した場合

贈与税の納税猶予を受ける経営承継受贈者に係る先代経営者（贈与者）が死亡した場合又は先代経営者（贈与者）の死亡の時以前に経営承継受贈者が死亡した場合には、猶予中贈与税額に相当する贈与税は免除されます（措法70の7⑯）。

この場合には、該当することとなった日から6月を経過する日までに一定事項を記載した届出書を所管税務署に提出する必要があります（措法70の7⑯）。

② 一定の場合における一部免除

経営承継期間後において、以下の事由に該当することになった場合にも、一定の免除額に相当する贈与税が免除されます（措法70の7⑰、⑱）。

この場合には、該当することとなった日から2月を経過する日までに一定の事項を記載した届出書を所管税務署に提出する必要があります（措法70の7⑰）。

第 4 章　事業承継に係る税制

【免除申請に係る事由】

事　　由	免除税額
経営承継受贈者が株式を第三者（同族関係者以外）に全部譲渡した場合	①猶予中贈与税額が②譲渡時の時価又は譲渡対価のいずれか高い額に過去５年間の後継者等に対する配当、損金不算入の役員給与の額を加算した金額よりも高い場合の譲渡における、①から②を控除した残額
贈与税の納税猶予の特例を受けていた会社（以下、「認定贈与承継会社」という。）について破産手続開始の決定等があった場合	①猶予中贈与税額から②過去５年間の後継者等に対する配当、損金不算入の役員給与の額を控除した残額
認定贈与承継会社が合併により消滅した場合	①猶予中贈与税額から②合併時の時価又は合併対価のいずれか高い額に過去５年間の計枝承継受贈者等に対する配当、損金不算入の役員給与の額を加算した金額を控除した金額
認定贈与承継会社が株式交換等によりほかの会社の株式交換完全子会社等になった場合	①猶予中贈与税額から②原則として、株式交換等直前における株式等の時価と株式交換等以前５年以内において後継者及び後継者と生計を一にする社が当該会社から受けた配当等の額等の合計額

237

Ⅱ　事業承継スキームと関連法規

Q 4-12.
未上場株式等の相続税の納税猶予制度

未上場株式等の相続税の納税猶予制度について説明してください。

Answer

▶ポイント

● 先代経営者の相続又は遺贈により、後継者が取得した自社株式の課税価格の80％部分の相続税の納税が猶予されます。

● 特例の対象となる自社株式は既保有分を含め発行済み議決権株式総数の３分の２までに達するまでの部分が上限となります。

1. 未上場株式等の相続税の納税猶予制度の概要について

(1)　定義

　未上場株式等の相続税の納税猶予制度[80]は、中小企業の後継者が、先代経営者から相続又は遺贈により自社の未上場株式を取得する際に、相続又は遺贈前から後継者が保有していた議決権株式を含め発行済完全議決権株式総数の３分の２に達するまでの部分について、相続税の納税が猶予されるものです。相続税は原則としてその未上場株式等の課税価格の80％に対応する部分の納税を後継者の死亡の日まで猶予されます（措法70の７の２①）。

(2)　特例の適用を受けるための要件及び手続

①　特例を受けるための要件

　特例の適用を受けるためには、下記に掲げる要件の具備が必要となります。

80　相続税の納税猶予制度の導入を検討している場合、現経営者の生前に後継者を確定し、自社株や事業用資産を計画的に後継者へ承継させるために、「計画的な承継に係る取組に関する確認申請」を各経済産業局に提出することができます。詳しくは、各経済産業局のホームページ等でご確認ください（関東経済産業局の場合：http://www.kanto.meti.go.jp/seisaku/jigyoshokei/ で確認できます）

第4章　事業承継に係る税制

No.	項　　目	要　　件
1	会社に関する要件	次のいずれにも該当しない会社 ・上場会社 ・中小企業者に該当しない会社 ・風俗営業会社 ・資産管理会社（一定の要件を満たすものを除きます。）（注1）（注2） ・総収入金額が零の会社（注3）、従業員数が零の会社（注4）
2	後継者（注5）である相続人等（以下、「経営承継相続人等」という。）に関する要件	・相続開始の直前に役員であったこと（被相続人が60歳未満で死亡した場合を除きます。） ・相続開始の日の翌日から5か月を経過する日において会社の代表権を有していること ・相続開始の時において相続人及び相続人と特別の関係がある者で総議決権数の50%超の議決権数（注6）を保有し、かつ、これらの者の中で最も多くの議決権数を保有することとなること ・相続税の申告期限まで特例の適用を受ける未上場株式等のすべてを保有していること
3	先代経営者である被相続人の主な要件	・会社の代表権を有していたこと ・相続開始直前直前において、被相続人及び被相続人と特別の利害関係がある者で総議決権の50%超を保有し、かつ後継者を除いたこれらの者の中で最も多くの議決権数を保有していたこと
4	適用の対象となる株式（注7）	・未上場株式であること ・議決権に制限のないこと ・発行済み株式総数の3分の2に達するまでの部分であること
5	担保提供に関する要件	納税が猶予される相続税額及び利子税の額に見合う担保を税務署に提供すること（注8）
6	申告要件	相続税の申告期限までに被相続人の住所の所轄の税務署に、適用を受ける旨の記載、明細書を添付し相続税の申告を行うこと

（注1）有価証券、自ら使用していない不動産、現金預金等の特定の資産の保有割

Ⅱ　事業承継スキームと関連法規

合が貸借対照表に計上されている帳簿価額の総額の70％以上の会社（資産保有会社）やこれらの特定の資産からの運用収入が総収入額の75％以上の会社（資産運用型会社）（常時使用従業員の数が5人以上であるなどの要件を満たした一定の会社を除く）

（注2）資産管理会社に該当した場合でも一定の場合にはこの特例を適用することができる。この一定の場合とは、以下の要件を満たす場合である。

　　　　イ）相相続開始の日まで3年以上継続的に商品の販売、資産の貸付、役務の提供を行っていること

　　　　ロ）相続開始の時において親族外の従業員の数が5人以上であること
　　　　　　相続開始の時において、親族外の従業員が勤務している事務所、店舗、工場などを有しているか賃借りしていること

（注3）営業外収益及び特別利益以外のものに限る。

（注4）特別関係会社（この特例の適用にかかる会社やその会社の代表権を有する者などが議決権数の50％を超える議決権数を保有する会社）が一定の外国会社に該当する場合には従業員数が5人未満の会社

（注5）1つの会社につき1人に限る。

（注6）議決権数には、株主総会において議決権を行使できる事項の全部について制限された株式の数は含まない。

（注7）特例の対象となる未上場株式等の数は、下記のA、B、Cの数を基に下表の区分の場合に応じた数が限度となる。

　　　　「A」：先代経営者（被相続人）が相続開始の直前に保有する未上場株式等の数

　　　　「B」：経営承継相続人が相続開始の前から保有する未上場株式等の数

　　　　「C」：相続開始直前の発行済株式等の総数

区分	特例の対象となる 未上場株式等の限度数
（1）：A＋B＜C×2／3の場合	A
（2）：A＋B≧C×2／3の場合	C×2／3－B

　　　　（参考：国税庁「未上場株式等についての相続税及び贈与税の納税猶予及び免除の特例のあらまし（平成27年9月）」）

（注8）特例の適用を受ける未上場株式等のすべてを担保として提供した場合には、当該株式等の価額の合計額が当該納税猶予分の贈与税額に満たないときでも、納税が猶予される贈与税額及び利子税の額に見合う担保の提供がなされたものとみなされる。

②　特例を受けるための手続き

特例の適用を受けるためには、下記に掲げる手続きが必要となります。

第4章　事業承継に係る税制

手　続	概　要
経済産業大臣の認定[81]	相続開始後8か月以内に申請し、中小企業経営承継円滑化法に基づき、会社の要件、後継者（相続人等）の要件、先代経営者（被相続人）の要件を満たしていることについての認定を受ける。
経済産業大臣への事業継続報告[81]	相続税の申告期限から5年間、毎年1回相続税の申告期限の翌日から起算して1年を経過するごとの日（以下、「相続報告基準日」という。）の翌日から3か月以内に以下の事項などについて報告を行う。 ・会社の代表者であること ・雇用の8割以上を維持していること（平均） ・株式を継続保有していること ・後継者が同族過半、筆頭株主であること ・資産管理会社、風俗営業会社、総収入金額が零の会社に該当しないこと
税務署への相続税の申告書の作成、提出及び担保提供	相続税の申告期限（相続開始後10か月以内）までに所管の税務署に提出する。
税務署に対する継続適用届出書の提出	以下のそれぞれの期日までに引き続き特例の適用を受けたい旨及び承継会社の経営に関する事項を記載した届出書を提出する。 ・第一種基準日（相続税の申告書の提出期限の翌日から同日以後5年を経過する日又は経営承継者の死亡の日の前日のいずれか早い日までの期間（以下、「経営承継期間」という。）における、贈与税の申告期限の提出期限の翌日から1年を経過するごとの日）から5か月以内。 ・第二種基準日（経営承継期間の翌日から相続税の納税猶予分の相続税額に相当する相続税の全部につき納税の猶予に係る期限が確定するまでの期間の翌日から3年を経過するごとの日（以下、経営承継期間と合わせて「経営報告基準日」という。））から3か月以内。

81　なお、詳細な要件等については、経済産業省各地域経済産業局のホームページ等でご確認ください。

241

後継者が死亡した場合等の免除事由が生じた場合の税務署長に対する免除届出書等の提出	死亡した日から6か月以内に「免除届出書（死亡免除）」を先代経営者の相続税の納税地を所管する税務署長に提出。

(3) 納税猶予額の納付が必要となった場合（猶予期限の確定）

① 納税猶予額及び利子税の納付

相続税額の納税猶予制度を受ける会社において、適用要件を満たさなくなる等一定の事由が生じた場合には、納税猶予税額の全部又は一部を納付しなければなりません（措法70の7の2③）。また、この場合には、納付すべき税額に係る利子税をあわせて納付しなければなりません（措法70の7の2㉓）。

なお、経営承継期間経過後に納付が必要となった場合には、経営承継期間に係る利子税が免除されることになっています。

【納税猶予にかかる期限の確定】

	猶予期限確定事由 （措法70の7の2③、④、⑤、⑥、⑫、⑬）	猶予期限 （2か月を経過する日）
1	経営承継相続人が代表権を喪失した場合（一定のやむを得ない理由[82]がある場合を除く）	喪失した日
2	常時使用従業員の数の平均につき相続開始時の80%を満たさなくなったとき	経営報告基準日
3	経営承継相続人及び特別関係者の有する議決権の数の合計が50/100以下となったとき	50/100以下となった日

82　やむを得ない一定の理由とは以下のような理由によるものである。
・精神保健及び精神障害者福祉に関する法律の規定により精神障害者保健福祉手帳の交付を受けたこと。
・身体障害者福祉法の規定により身体障害者手帳（障害の程度が1級又は2級であるものに限る。）の交付を受けたこと。
・介護保険法に規定する要介護認定を受けたこと。

4	経営承継相続人の特別関係者のうちいずれかの者が、経営承継相続人の保有する議決権数を超える数の株式を有することとなったとき	超えることとなった日
5	経営承継相続人が株式等の一部を譲渡等[83]したとき	当該譲渡等をした日
6	経営承継相続人が株式等の全部の譲渡等[84]をしたとき	当該譲渡等をした日
7	会社分割（分割型の分割）又は組織変更（一定の場合[85]に限る）を行ったとき	効力を生じた日
8	解散をした場合又は解散をしたものとみなされたとき	解散をした日
9	資産保有会社又は資産運用型会社になったとき	該当することとなった日
10	総収入金額が零（営業外損益及び特別利益を除く）になったとき	当該事業年度終了の日
11	資本金の額の減少又は準備金の額の減少をしたとき（一定の場合[86]を除く）	効力を生じた日
12	経営承継相続人が相続税の納税猶予の適用を受けることをやめる旨を記載した届出書を提出したとき	当該届出書の提出があった日
13	会社が合併（適格合併を除く）により消滅したとき	効力の生じた日
14	会社が株式交換等[87]（適格交換等を除く）により他の会社の株式交換完全子会社等となったとき	効力の生じた日

83　贈与を含む。
84　贈与を含む。
85　いわゆる分割型分割が行われた場合（会社分割に際して分割承継会社又は新設分割会社の株式等を配当財源とする剰余金の配当がある場合）。
86　定時株主総会の決議による欠損補てん目的のものを除く。
87　株式移転も含む。

Ⅱ　事業承継スキームと関連法規

15	未上場株式等に該当しないこととなったとき	該当しないこととなった日
16	会社又は特定特別関係会社が風俗営業会社になったとき	該当することとなった日
17	このほか会社の円滑な事業の運営に支障を及ぼすおそれがあるとき[88]	該当することとなった日
18	適格組織再編を行った場合に、経営承継相続人が金銭その他の資産の交付を受けた場合	効力の生じた日
19	届出書が届出期限までに提出されない場合	届出の期限日
20	担保提供命令に応じない場合、届け出記載事項が事実相違する場合の判明	税務署長が定める日

（注）　1 ～ 4、15 ～ 18について、経営承継期間経過後は期限の確定事由にあたらず、経営承継期間のみの事由となっている。

88　以下のような場合が該当する。
　・認定承継会社が発行する会社法第108条第1項第8号の定めがある種類の株式を当該認定承継会社に係る経営承継相続人等以外の者が有することとなったとき
　・認定承継会社が株式等の全部又は一部の種類を株主総会において議決権を行使することができる事項につき制限のある株式に変更した場合
　・認定承継会社が定款の変更により当該認定承継会社に係る経営承継相続人等が有する議決権の制限をした場合

第4章　事業承継に係る税制

② 利子税の税率

年3.6％の割合で利子税がかかります。

ただし、各年の特例基準割合（※）が7.3％に満たない場合は、以下のとおりとなります。

【算式】

3.6％×特例基準割合（※）÷7.3％　（注）0.1％未満の端数は切り捨て

（例）特例基準割合（※）が1.9％の場合……0.9％

※特例基準割合
【平成26年1月1日以降】
　各年の前々年の10月から前年の9月までの各月における銀行の新規の短期貸出約定平均金利の合計を12で除して得た割合として各年の前年の12月15日までに財務大臣が告示する割合に、年1％の割合を加算した割合
（措法70の7の2、措法93、平25改正法附則86）

(4) **納税猶予額が免除される場合**

① **経営承継相続人が死亡した場合**

相続税の納税猶予を受ける経営承継相続人が死亡した場合又は経営承継期間の末日の翌日以降に、後継者が特例未上場株式等につき贈与税の納税猶予の特例に係る贈与をした場合には、猶予中相続税額に相当する相続税は免除されます（措法70の7の2⑯）。この場合には、該当することとなった日から6月を経過する日までに一定事項を記載した届出書を所管税務署に提出する必要があります（措法70の7⑯）。

245

Ⅱ　事業承継スキームと関連法規

② 　一定の場合における一部免除

　経営承継期間後において、次頁表の事由に該当することになった場合にも、一定の免除額に相当する贈与税が免除されます（措法70の7⑰、⑱）。この場合には、該当することとなった日から2月を経過する日までに一定の事項を記載した届出書を所管税務署に提出する必要があります（措法70の7⑰）。

【免除申請に係る事由】

事　　由	免除税額
経営承継相続人が株式を第三者（同族関係者以外）に全部譲渡した場合	①猶予中の相続税額、②譲渡時の時価又は譲渡対価のいずれか高い額に過去5年間の後継者等に対する配当、損金不算入の役員給与の額を加算した金額よりも高い場合の譲渡における、①から②を控除した残額
贈与税の納税猶予の特例を受けていた会社（以下、「認定承継会社」という。）について破産手続開始の決定等があった場合	①猶予中相続税額から②過去5年間の経営を承継した相続人等に対する配当、損金不算入の役員給与の額を控除した残額
認定承継会社が合併により消滅した場合	①猶予中相続税額から②合併時の時価又は合併対価のいずれか高い額に過去5年間の経営を承継した相続人等に対する配当、損金不算入の役員給与の額を加算した金額を控除した金額
認定承継会社が株式交換等によりほかの会社の株式交換完全子会社等になった場合	①猶予中相続税額から②原則として、株式交換等直前における株式等の時価と株式交換等以前5年以内において後継者及び後継者と生計を一にする者が当該会社から受けた配当等の額等の合計額を控除した金額

246

第4章　事業承継に係る税制

贈与者が死亡した場合の相続税の課税の特例と相続税の納税猶予制度

贈与者が死亡した場合の相続税の課税の特例と相続税の納税猶予制度について説明してください。

nswer

▶ポイント
- 先代経営者（贈与者）が死亡した場合には、後継者が猶予されている贈与税の納付が免除されます。一方で、贈与税の納税猶予の適用を受けた未上場株式は、先代経営者から後継者に相続（又は遺贈）があったものとみなされ、贈与時の価格に基づき相続税が課税されます。
- なお、この際、一定の要件を満たす場合には、贈与税の納税猶予から相続税の納税猶予への切替えが可能となります。

1．贈与者が死亡した場合の相続税の課税の特例について
(1) 概要

先代経営者（贈与者）が死亡した場合には、贈与税の納税猶予及び免除の特例の適用を受けた未上場株式等は、後継者（受贈者）が先代経営者（贈与者）から相続により取得をしたものとみなされます。この場合において、その死亡による相続又は遺贈に係る相続税の課税価格の計算の基礎に算入される当該未上場株式等の価額については、贈与の時における価額を基礎として計算することになります（措法70の7の3①）。

(2) 贈与者の死亡前に納税猶予に係る贈与税の全部又は一部について納税猶予に係る期限が確定している場合について

先代経営者（贈与者）の死亡前に納税猶予に係る贈与税の全部又は一部について納税猶予に係る期限が確定しており、かつ、後継者（受贈者）が先代経営者（贈与者）から相続又は遺贈により財産を取得している場合、当該期限の確定に係る未上場株式等は、相続税法19条（相続開始前3年以内に贈与があつた場

247

Ⅱ　事業承継スキームと関連法規

合の相続税額）の規定により、贈与の時における価額で相続税が課税されることに留意が必要となります（租税特別措置法（相続税法の特例関係）関係通達第70の7の3-2(2)）。

2．贈与者が死亡した場合の相続税の納税猶予制度について

(1)　概要

先代経営者（贈与者）の死亡により、相続又は遺贈により取得したものとみなされた未上場株式等については、一定の要件を具備することにより相続税の納税猶予及び免除の特例の適用を受けることができます（措法70の7の4）。

なお、贈与者の死亡前に納税猶予に係る贈与税の全部又は一部について納税猶予に係る期限が確定している場合には、本制度の適用を受けることができません（租税特別措置法（相続税法の特例関係）関係通達第70の7の3-2(2)）。

(2)　適用要件・計算方法・申告手続について

贈与者が死亡した場合の相続税の納税猶予及び免除の特例の適用にあたっては、経済産業大臣の確認を受ける必要があります。ここで確認される適用要件や納税猶予額の計算方法や申告手続等については、一部相違がありますが、基本的には未上場株式等の相続税の納税猶予制度に則ることになります。

(3)　本特例を受ける場合の経営相続承継期間について

次の区分に基づきます（租税特別措置法（相続税法の特例関係）関係通達第70の7の4-7）。

区　　分	経営相続承継期間
租税特別措置法第70条の7第2項第6号に規定する経営贈与承継期間（※）内に係る贈与者が死亡した場合	相続の開始の日から経営贈与承継期間の末日又は経営相続承継受贈者の死亡の日のいずれか早い日までが経営相続承継期間となります。

248

第4章　事業承継に係る税制

経営贈与承継期間の末日の翌日から贈与税の全部につき納税の猶予に係る期限が確定する日までの期間に特例対象贈与に係る贈与者が死亡した場合	経営相続承継期間は存在しません。

（※）租税特別措置法第70条の7第2項第6号に規定する経営贈与承継期間は、贈与税の申告書の提出期限の翌日から同日以後5年を経過する日又は贈与者の死亡の日のいずれか早い日までの期間となります。

(4) 未上場株式の相続税及び贈与税の納税猶予制度の全体像

このように贈与税の納税猶予制度の特例を予め受けた上で、相続税の納税猶予制度に切り替えて適用を受けることで、未上場株式等に係る納税猶予を適用できる仕組みになっています。したがって、これらの制度を組み合わせて活用することで、株式の承継に伴い生じる贈与税や相続税の税負担を軽減することが可能となります。

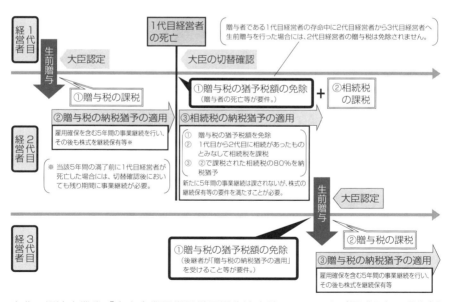

出典：経済産業省「中小企業経営承継円滑化法申請マニュアル（平成27年1月版）」13頁

Ⅱ 事業承継スキームと関連法規

Q 4-14.
未上場株式の相続税及び贈与税の納税猶予の税額

未上場株式の贈与税の納税猶予の適用贈与者が死亡した場合の相続税の課税の特例及び相続税の納税猶予制度について具体的な納税猶予額等がどのように計算されるのかを教えてください。

Answer

▶ポイント

- 以下の前提に基づき、実際に贈与税の納税猶予額、相続税の納税猶予額を確認します。

＜前提条件＞

【贈与時】

Aは先代経営者である父から甲株式会社の株式の贈与を受けた。当該贈与にあたっては租税特別措置法70条の7に規定する未上場株式等についての贈与税の納税猶予及び免除の特例を適用することとした。贈与株数、贈与価額等はそれぞれ以下のとおりである。

- 贈与時における甲株式会社の発行済み株式総数：12,000株
- 贈与した未上場株式の数：9,000株
- 贈与時における甲株式会社の株式の相続税評価額：1株当たり10,000円

【相続開始時】

その後先代経営者である父が死亡した。

- Aが相続の開始の直前に有していた甲株式会社の株式数：9,000株
- 相続開始時における甲株式会社の発行済株式数：12,000株
- 父（被相続人）の相続人の数：2人（A（長男）、B（次男））
- 被相続人の財産
  現金及び預金：7,000万円
  土地：5,000万円
- 各人が取得する財産
  A：現金及び預金2,000万円
  B：現金及び預金5,000万円、土地5,000万円

250

第4章 事業承継に係る税制

- 相続開始時点における甲株式会社の相続税評価額：1株当たり15,000円
- （注1）当該前提以外の特例の適用要件はすべて満たしており、贈与後の手続きもすべて適法に行われているものとする。
- （注2）相続に関して、財産の評価等の要因は一切考慮せず、またその他の特例も考慮しない。
- （注3）説明の都合上、計算の結果1万円未満の端数を生じたときには切り捨てて表示しこれを計算結果としている。

1．未上場株式等の贈与税納税猶予額

① 特例の対象となる未上場株式等の数（特例対象未上場株式）

12,000株 × 2 ÷ 3 ＝ 8,000株

② 贈与を受けたすべての財産の価額の合計額に基づく贈与税額の計算額

9,000株 × 10,000円 ＝ 9,000万円……贈与を受けた財産の総額

（9,000万円 − 110万円）× 55％ − 640万円 ＝ 4,249万円（A）

③ 贈与を受けた財産が特例の適用を受ける未上場株式のみと仮定した場合の贈与税額

8,000株 × 10,000円 ＝ 8,000万円

（8,000万円 − 110万円）× 55％ − 640万 ＝ 3,699万円（B）……納税猶予税額

④ 納税猶予適用後の贈与税額

（A）4,249万円 − （B）3,699万円 ＝ 550万円

2．未上場株式等の相続税の納税猶予額

① 課税価額の合計額に基づく相続税額

現金及び預金7,000万円 ＋ 土地5,000万円 ＋ 甲株式会社株式8,000万円

＝ 20,000万円……取得した財産の価額

20,000万円 − （3,000万円 ＋ 600万円 × 2 人）＝ 15,800万円

15,800万円 × 1 ÷ 2 ＝ 7,900万円

7,900万円 × 30％ − 700万円 ＝ 1,670万円

1,670万円 × 2 ＝ 3,340万円

Aの相続税額：3,340万円 × （現金及び預金2,000万円 ＋ 甲株式会社株式8,000万円）

251

Ⅱ　事業承継スキームと関連法規

÷ 20,000万円 = 1,670万円

Ｂ の相続税額：3,340万円 ×（現金及び預金5,000万円 + 土地5,000万円）÷ 20,000万円
= 1,670万円

② 　Ａ の取得した財産が特例の適用を受ける未上場株式等のみであると仮定して計算した Ａ の相続税額

現金及び預金5,000万円 + 土地5,000万円 + 甲株式会社株式8,000万円
= 18,000万円……取得した財産の価額

18,000万円 −（3,000万円 + 600万円 × 2 人）= 13,800万円

13,800万円 × 1 ÷ 2 = 6,900万円

6,900万円 × 30% − 700万円 = 1,370万円

1,370万円 × 2 = 2,740万円

2,740万円 × 甲株式会社株式8,000万円 ÷ 18,000万円 = 1,217万円

③ 　Ａ の取得した財産が特例の適用を受ける未上場株式等の20%のみであると仮定して計算した Ａ の相続税額

現金及び預金5,000万円 + 土地5,000万円 + 甲株式会社株式（20%）1,600万円
= 11,600万円……取得した財産の価額

11,600万円 −（3,000万円 + 600万円 × 2 人）= 7,400万円

7,400万円 × 1 ÷ 2 = 3,700万円

3,700万円 × 20% − 200万円 = 540万円

540万 × 2 = 1,080万円

1,080万円 × 甲株式会社株式1,600万円 ÷ 11,600万円 = 148万円

④ 　甲株式会社株式に係る納税猶予額

1,217万円 − 148万円 = 1,068万円

⑤ 　Ａ の納付する相続税額

1,670万円 − 1,068万円 = 601万円

第4章　事業承継に係る税制

 4-15.
納税猶予制度を親族外承継等で活用する場合

納税猶予制度を直系親族以外で活用する場合に注意すべきポイントを教えてください。

 nswer

▶ポイント
- 平成27年1月1日以降に生ずる相続・遺贈又は贈与に関する納税猶予制度については、相続税、贈与税ともに親族外も経営承継者として株式を取得する対象者になりました。
- 親族に後継者がなく、仮に親族のすべてが経営に関与しない相続人であったとすると、親族外承継に納税猶予を活用することで、相続人の負担する相続税額は相続した他の財産に比して増加するリスクがあります。

1．平成25年度税制改正

　これまで、親族のみでしか利用できなかった相続税・贈与税の納税猶予制度が、平成27年1月1日以降生ずる相続・遺贈又は贈与について、親族外についても適用が認められました。これにより、直系親族等に後継者候補がいない場合でも、事業承継を幅広く考えられるようになりました。

2．親族外に納税猶予制度を適用する場合の論点

　上記の改正以降でも相続税もしくは贈与税における課税財産総額の計算枠組みについては、特段の変更がありませんので、仮に納税猶予制度を使って、親族外である後継者に贈与もしくは遺贈によって、自社株を譲る場合でも、納税猶予制度の対象外であるその他の相続人にとっては、80％の評価減適用がありませんので、特に自社株の評価額が相続財産に多くの割合を占める場合には、結果、その他の相続人が相続する財産の割合に比して相続税負担が通常より重くなります。

　そのため、直系親族等に後継者がなく、かつ、後継者にふさわしい親族外承継者候補がいる場合には、早い段階から暦年贈与を活用することでその他の相

Ⅱ　事業承継スキームと関連法規

続人の相続税負担を軽減するスキームも検討しなければなりません。

　また、養子縁組していない娘婿や甥姪など1親等以内の直系親族以外への納税猶予の適用時にも、同様の考え方で対応策を講ずる必要があります。なお、親族外への納税猶予制度を適用する場合でも、遺留分の特例制度の対象となります（遺留分の特例制度についてはQ2-5参照）。

3．相続税の2割加算

　相続税法上、被相続人の1親等の血族及び配偶者以外の者が相続により財産を取得した場合や、遺贈により財産を取得した場合、当該者の相続税額にその相続税額の2割に相当する金額が相続税額に加算されます（相法21の15、16）。この「1親等の血族」には、被相続人の直系卑属である者であって、その被相続人の養子となっている者は含まないこととされています（相法182）。そのため、親族外承継の場合も、この対象となります。

参考文献
・中村淳一編『図解 相続税・贈与税（平成26年版）』大蔵財務協会、平成26年
・藤原忠文編『図解 財産評価（平成26年版）』大蔵財務協会、平成26年
・藤原忠文編『相続税・贈与税 土地評価の実務（平成26年版）』大蔵財務協会
・水口清一・山岡美樹・野口雅史共著『相続税・贈与税 特例の判定と税務処理』新日本法規出版、平成24年
・中村純一編『図解 相続税・贈与税（平成27年版）』大蔵財務協会、平成27年
・税理士法人プライスウォーターハウスクーパース編『完全ガイド 事業承継・相続対策の法律と税務』税務研究会出版局、平成25年
・牧口晴一・齋藤孝一著『図解＆イラスト 中小企業の事業承継―最新！相続税大増税対応』清文社、平成27年
・中小企業庁財務課『中小企業経営承継円滑化法申請マニュアル』（平成26年12月改訂）
・中小企業庁財務課『中小企業経営承継円滑化法申請マニュアル』（平成25年4月改訂）

第 5 章
組織再編・M＆A等の活用

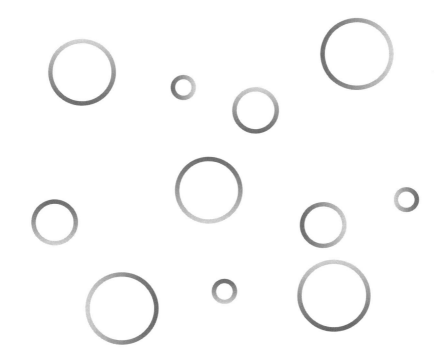

Q5-1. M＆Aを活用した事業承継

M＆Aの活用による事業承継について説明してください。

Answer

▶ポイント

　後継者問題に直面している経営者にとって、M＆Aを活用した事業承継を行うことにより、友好的な第三者へ会社や事業を引き継ぐことが可能であり、また、相続税の納税資金を確保することができます。

　M＆Aとは、"Mergers（合併）and Acquisitions（買収）"の略で、「企業の合併・買収」の総称です。会社の「経営権」を取得する「買収」と「合併」を総称してM＆Aといいます。

　事業承継においてM＆Aが利用されるのは、経営者の親族や社内に後継者がいない場合、会社の経営成績や財政状態が良好な時期に第三者に「経営権」を譲渡し、創業者利潤として譲渡代金を獲得する場合などです。

1．後継者問題を抱える事業承継とM＆A

　近年、後継者となるべき子ども・親族がいない場合や、子ども・親族がいたとしても経営能力等の問題や本人の意思（会社や事業の将来性に不安があるため後継者になるという選択をしない。）等の理由により、後継者問題に直面しているオーナー経営者の事業承継に係る解決策として、親族以外の役員・従業員や社外の第三者に事業承継を委ねる傾向が増加してきています。

第5章　組織再編・M&A等の活用

図表1　規模別・事業承継時期別の現経営者と先代経営者の関係

（単位：％）

		20年以上前 （n＝446）	10～19年前 （n＝348）	0～9年前 （n＝507）
小規模企業	親族以外の役員・従業員	3.8	9.5	13.8
	社外の第三者	2.7	5.7	10.5
中規模企業	親族以外の役員・従業員	4.8	15.6	24.6
	社外の第三者	3.9	6.0	21.4

出典：中小企業庁『中小企業白書2013年版』「第2-3-7図　規模別・事業承継時期
　　　別の現経営者と先代経営者の関係」

　このような親族外承継の場面においては、以下のような効果が期待されることから、M&Aを活用することが増えてきています。

図表2　M&Aの効果

売り手側の効果	1．会社・事業を清算・廃業することを回避することができる。 2．従業員の雇用や取引先との関係を維持することができる。 3．オーナー経営者は、株式売却等により株式を現金化もしくは換金化が比較的容易な上場会社株式等に交換することができ、相続税の納税資金確保を図ることができる。
買い手側の効果	1．これまでのオーナー経営者が経営する会社・事業が有していた技術・ノウハウ等を引き継ぐことができる。 2．自社の事業との関係において、シェア拡大や収益力の向上等のシナジー効果が期待できる。

2．M&Aの手法

　M&Aの手法には、株式譲渡、株式交換等様々な手法がありますが、その概要は下記のように区分されます。

Ⅱ　事業承継スキームと関連法規

図表3　M＆Aの手法

会社の全部を事実上譲渡する方法	株式譲渡（全部譲渡）
	株式交換
	事業譲渡（全部譲渡）
会社の一部を譲渡する方法	株式譲渡（一部譲渡）
	会社分割
	事業譲渡（一部譲渡）

⑴　会社の全部を譲渡する方法

　親族内にも社内にも後継者として適任者が見当たらない場合で、かつ、Q
4-11で説明した納税猶予制度を親族外承継に適用することが妥当でない場合
等は、会社の全部を譲渡する方法がとられます。代表的な手法として、株式譲
渡（全部譲渡）があります。発行済株式のすべてを買い手に譲渡する方法です
ので、M＆Aの中で最も多く採用されるのがこの方法です。株式の売買だけで
完了するので、手続きが簡単であるという特徴があります。

⑵　会社の一部を譲渡する方法

　会社の一部を譲渡する理由として、会社の営む事業に不採算事業が存在する
場合に採算事業だけを事業承継したい等が考えられます。その場合、不採算事
業を切り離した後、残った採算事業を後継者に譲渡する方法や、採算事業を後
継者に譲渡した後、残った不採算事業を整理して会社を清算する方法等が考え
られます。

3．M＆Aの手順

　M＆Aの手順は、どのM＆Aの手法を採用するかにより異なってきますが、
大きく分類すると、①M＆Aの準備プロセス、②M＆Aの実行プロセス、③M
＆A実行後のプロセスに分類することができます。

図表4　Ｍ＆Ａの手順[89]

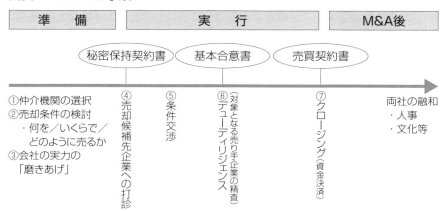

出典：中小企業庁「事業承継ガイドライン」（平成18年6月）

(1)　Ｍ＆Ａの準備プロセス

　Ｍ＆Ａを実施する場合、まず準備段階として、Ｍ＆Ａに関するアドバイザー等の選定の有無と会社の実態把握を行うことになります。

　また、Ｍ＆Ａの形態や想定する売却金額、役員・従業員の処遇など売却時及び売却後の要望・条件等の検討を行うことや自社の本業に直接関係しない資産の整理等を行っておくことも必要になります。なお、Ｍ＆Ａの準備プロセスにおいては、情報漏えいがＭ＆Ａの障害となる可能性もあることから、情報管理や秘密厳守を徹底する点に留意する必要があります。

(2)　Ｍ＆Ａの実行プロセス

　Ｍ＆Ａの準備プロセスが完了した後は、売却候補先への打診と実際の売却条件の交渉等を行い、最終手続として契約を締結することとなります。

①　売却候補先企業への打診

　売却を予定しているオーナー会社の買収に興味のありそうな企業を探索・選定し、Ｍ＆Ａに関する打診を行います。関心をもつ企業が発見できた場合、秘密保持契約書を締結し、対象企業の決算書や税務申告書等の資料を提供します。

89　中小企業庁「事業承継ガイドライン」（平成18年6月）より作成

Ⅱ　事業承継スキームと関連法規

② 条件交渉

　①の手続きが完了し、手続きを進捗させる点について双方が合意した場合、M＆Aの形態や想定する売却金額、役員・従業員の処遇など売却時及び売却後の要望・条件についての交渉を行います。交渉がまとまった時点で条件交渉結果を取りまとめた基本合意書を作成・締結します。

③ デューディリジェンス

　基本合意書が締結された後に、売却候補先企業によって売り手側企業のデューディリジェンスが実施されます。デューディリジェンスによって、売り手側企業の資産・負債の状況や潜在的債務の有無等の財務面のほか、会社の業務内容や従業員の状況等の法務や人事など、多方面から調査を行うこととなります。

④ 契約締結と譲渡代金の決済

　デューディリジェンス終了後、基本合意書で合意した条件等について調整を行い、M＆Aの契約締結を行います。契約締結後、株式譲渡や譲渡代金の支払い等の決済を行うこととなります。

⑶　**M＆A実行後のプロセス**

　事業外承継にM＆Aを利用する場合、会社・事業の経営者はこれまでのオーナー経営者とは異なる人物が経営権を取得することになります。

　M＆Aを成功させるためには、新しい経営者によって、異なる経営理念や経営方針、企業文化等を適切に調整することによって融合させ、対象企業の役員や従業員が安心して働くことができるような環境を整備することが重要です。

　対象企業によっては、役員や従業員、取引先等がオーナー経営者の経営理念や人柄を慕って働いていたり取引をしていたりするケースも多いことから、M＆A後の環境整備を疎かにするとM＆Aが失敗する可能性があります。

４．M＆A実行時の売り手の課税関係

　M＆A実行時の売り手の課税関係は、M＆Aの手法や税務上の適格要件を満たすかどうかにより異なってきますが、その概要は以下のとおりです。

第5章　組織再編・M＆A等の活用

図表5　M＆A実行時の売り手の課税関係

M＆A の手法		相続税の納税資金確保の視点	売り手の課税関係
組織再編	合併	合併を選択する場合、相手が上場会社となることは想定しづらく、また、合併の対価が未上場会社株式では相続税対策とはなりません。そのため、合併の場合には、合併の対価が金銭等になることが想定されるが、この場合、税制非適格合併になることから実務上は選択しにくい。	・適格合併の場合　売り手に課税関係は生じません。 ・非適格合併の場合　被合併法人の株主に対し、みなし配当金と株式譲渡益課税の2つの課税関係が生じます。
	株式交換	上場会社が株式交換の相手先であった場合、未上場株式から換金化が比較的容易な上場株式に交換することができ、相続税の納税対策に一定の効果があります。	適格株式交換の場合と非適格株式交換によって課税関係が異なってきます。
	会社分割	基本的な考え方は、合併と事業譲渡で記載したとおりであるが、合併の場合と同様、分割の対価が金銭等になることが想定されるが、この場合、税制非適格合併になることから実務上は選択しにくい。	適格分割の場合と非適格分割によって課税関係が異なってきます。
譲渡	株式譲渡	未上場株式を換金化することができます。	株式譲渡益課税が生じます。
	事業譲渡	収益部門等を譲渡対象事業にできれば、会社に譲渡代金を留保することが可能となり、繰越欠損金や純資産の部との関係で、退職金支給による相続税の納税資金対策等を講ずることが可能となります。	事業譲渡に伴う譲渡損益は、売り手会社の他の所得と合算され、法人税の課税所得となります。

261

Ⅱ　事業承継スキームと関連法規

5-2.
組織再編を活用した事業承継
組織再編の活用による事業承継について説明してください。

nswer

▶ポイント
- 組織再編の活用による事業承継の手法としては、合併、会社分割、株式交換、現物出資、事業譲渡などがあります。これらの手法を活用することにより、自社株の評価額を引き下げることが可能になる場合があります。ただし、その組織再編が法人税法上、適格要件を満たすかどうかに留意する必要があります。

1．組織再編について
(1) 組織再編の導入経緯と動向

　組織再編は、明確に定義されているわけではありませんが、会社法上は合併、会社分割、株式交換、株式移転などの行為をいいます。組織再編税制の経緯をみていくと、平成13年度税制改正により、組織再編税制が創設されました。この税制改正により、分割・合併など組織再編税制を通じてバランスのとれた税制が整備されました。その後、数回の改正を経て現在に至っていますが、平成22年度税制改正でグループ法人税制が導入されるとともに、組織再編税制についても、大幅な見直しが行われました。これにより、組織再編税制・グループ法人税制・連結納税制度が、ある程度整合性を持つ形となりました。

　組織再編に関する各種制度が整備され、近年では中小企業にも広がりを見せており、事業承継のために組織再編を活用するケースも増えてきています。

(2) 事業承継のために組織再編を活用するメリット

　事業承継のために組織再編を活用するメリットとしては、以下の点が挙げられます。
- 後継者の人数や得意分野に応じて会社の数や事業内容を組み替えることができます。
- 法人税法上、企業組織再編税制の対象となり、一定の要件を満たせば、資

産の譲渡損益の繰延べ等の特例が適用されます。

● 組織再編を活用することにより、自社株の評価額を引き下げることが可能になる場合があります。ただし、自社株の株価引下げだけを目的とした組織再編は税務調査により組織再編に関する行為計算の否認規定（法法132の2）の適用等の可能性があるため、事前の慎重な検討が必要となります。なお、税制適格要件の詳細については後述します。

2. 組織再編の手法

組織再編の手法としては、合併、会社分割、株式交換、現物出資、事業譲渡などがありますが、これらをまとめると以下のようになります。

再編の目的	手法	対価	対価の取得者
統合	合併	株式又は金銭等	被合併会社、分割会社、株式交換完全子法人の株主
	分割（分割型）		
	株式交換		
分離	分割（分社型）	株式又は金銭等	分割会社、現物出資会社、事業譲渡会社
	現物出資		
	事業譲渡	金銭	

出典：税理士法人プライスウォーターハウスクーパース編『事業承継・相続対策の法律と税務』税務研究会出版局、394頁

再編の目的により大きく2種類に分類できますが、特徴としては、再編の手法により対価を取得する者が異なることが挙げられます。つまり、合併等においては、対価を取得する者は株主であるのに対して、分社型分割等においては、対価を取得する者は会社自身ということになります。

(1) 合併

合併とは、2つ以上の会社を契約により1つの会社に合体させる方法のことであり、新設合併と吸収合併の2つの方法があります。

Ⅱ　事業承継スキームと関連法規

⑵　会社分割

　会社分割とは、株式会社又は合同会社（分割会社）が事業に関して有する権利義務の全部又は一部を、分割により他の会社（承継会社）に承継させることをいいます。

　会社分割の形態としては、承継会社の属性により新設分割と吸収分割に分かれます。分割した事業を新たに設立した会社に承継させるのが新設分割であるのに対し、分割した事業を既存の会社に承継させるのが吸収分割です。

　別の分け方としては、承継会社の発行する株式の割当先により、分社型分割と分割型分割に分かれます。承継会社の発行する株式を分割会社に割り当てるのが分社型分割で、分割会社の株主に割り当てるのが分割型分割です。

⑶　株式交換

　株式交換とは、株式会社がその発行済株式の全部を他の株式会社又は合同会社に取得させることをいいます。つまり、既存の会社に発行済株式の全部を取得させることにより、100％の親子関係を作る手法として利用されています。

⑷　事業譲渡

　事業譲渡とは、会社の事業のうち必要な事業のみを売買する手法です。会社分割の制度が導入されるまでは、事業の一部を譲渡するには事業組織再編の譲渡による手法が一般的でした。ただ、その後も事業譲渡はよく行われている手法です。

3．組織再編の活用と留意点

　まずは組織再編全体の留意点として組織再編税制について述べ、その後、組織再編の手法ごとに事業承継の活用方法をみていきます。

⑴　組織再編税制

　組織再編については、一定の要件を満たせば、資産の譲渡損益の繰延べ等の特例が適用されますが、事業承継のために実施しようとしている組織再編の内容が譲渡損益繰延べ等の要件に該当するかどうかを慎重に検討する必要があり

第5章　組織再編・M&A等の活用

ます。なお、譲渡損益繰延べ等の要件に該当することを税制適格といい、税制適格の組織再編を適格組織再編成といいます。

　資産の譲渡が行われた場合は、譲渡損益を計上するというのが税務における基本的な考え方であり、組織再編の場合も同様です。つまり、組織再編により資産が移転した場合、時価により移転があったものとして譲渡損益を計上するのが原則です。ただし、組織再編前後で経済的実態が変わらないときは資産の保有が連続していると考えるべきであり、譲渡損益を計上するのは合理的でないとの考え方に基づき、一定の要件を満たす場合は、移転資産の譲渡損益の繰延べが認められています。これにより、組織再編は適格と非適格に分類されることになり、この取扱いをまとめると以下のようになります。

適格／非適格	適格組織再編の類型	移転資産の譲渡損益	被合併法人等の株主が有する株式の譲渡損益	被合併法人等の株主に対するみなし配当課税
適　格	企業グループ内の組織再編成 共同事業を行うための組織再編成	繰り延べ	繰り延べ	なし
非適格		認識する	認識する（ただし、金銭等が交付されない場合は繰り延べる）	あり（合併及び分割型分割で金銭等が交付される場合のみ）

出典：税理士法人プライスウォーターハウスクーパース編『事業承継・相続対策の法律と税務』税務研究会出版局、396頁

⑵　合併

　事業承継に合併を利用する場合の効果として、会社規模を大きくすること等により株式評価を引き下げることがあります。相続税法上、①会社規模により株式の評価方法に相違があること、②株式の保有比率により株式の評価方法に

265

Ⅱ　事業承継スキームと関連法規

相違があること、③特定評価会社か一般の評価会社かにより株式の評価方法に相違があること、④株式評価の一手法である類似業種比準価額方式では利益や純資産額等を利用するため、この金額の相違により株式の評価額が変わってくること等から相続対策として、合併によりオーナー経営者の保有する自社株式の評価額を引き下げることが考えられます。相続税法上の評価については、**第8章**で説明しています。この場合、相続税法上の株価対策のみを目的とした経済合理性のない合併については、租税回避行為として組織再編に係る行為計算が否認される可能性（相法64④）があるため、合併を検討する場合、経済合理性の有無等に留意する必要があります。

(3)　会社分割

　会社分割は事業承継を検討する際に多様な用いられ方をしますが、ここでは比較的シンプルなケースを取り上げます。例えばオーナー社長がA社の発行済株式のすべてを所有し、長男、次男がいる場合を考えてみます。オーナー社長はA社のすべてを長男に継がせたいのではなく、次男にも継がせたいと思っていますが、経営方針に不一致が生ずる可能性を否定はできず、将来のA社の経営に頭を悩ませています。そういった場合に分割型分割が有効な手段となります。つまり分割型分割により、例えば、販売地域や異なる製造ラインをB社として新設分割し、もとのA社株式を長男にB社株式を次男に譲渡するのです。

　ここで留意すべき事項は、上記の会社分割が法人税法上、適格要件を満たすかどうかということです。適格要件を簡単に説明しますと、100％支配関係のある企業グループ内の分割の場合、①株式以外の資産が交付されないこと、②100％支配関係が継続することが、適格要件となります。適格要件を満たし、適格分割型分割として処理できる場合、分割型分割に伴う譲渡損益を繰り延べることができます。

(4)　株式交換

　株式交換を事業承継に活用するケースとして多いのは、株価対策として兄弟会社を子会社化することにより、新たに持株会社の株主の相続税評価額を引き下げるという手法です。例えば、オーナー経営者がA社とB社の発行済株式の

すべてを保有しており、Ａ社株式の相続税評価額がＢ社よりも低いとします。この場合、オーナーとＡ社で株式交換を行い、Ａ社がオーナーからＢ社株式を取得し、株式交換完全親法人となります。そして、オーナーにはＡ社株式を割り当てます。相続税評価額はもともとＡ社＋Ｂ社分でしたが、株式交換後はＡ社分からそれほど大きく増加しないことが一般的です。したがって、このような株式交換により全体としての相続税評価額を引き下げることが可能になるのです。

　この場合も留意すべき事項は、上記の株式交換が法人税法上、適格要件を満たすかどうかということになります。会社分割と同様、100％支配関係のある企業グループ内の株式交換の場合、①株式以外の資産が交付されないこと、②100％支配関係が継続することが、適格要件となります。適格要件を満たし、適格株式交換として処理できる場合、株式交換に伴う譲渡損益を繰り延べることができます。

参考文献
・佐藤信祐・岡田貴子著『組織再編による事業承継対策』清文社、平成25年
・鈴木義行編著、奥谷浩之・石崎勝夫著『事業承継実務ハンドブック（第２版)』中央経済社、平成25年
・税理士法人プライスウォーターハウスクーパース編『完全ガイド 事業承継・相続対策の法律と税務』税務研究会出版局、平成25年

第6章

従業員持株会、信託、投資育成会社、財団等の活用

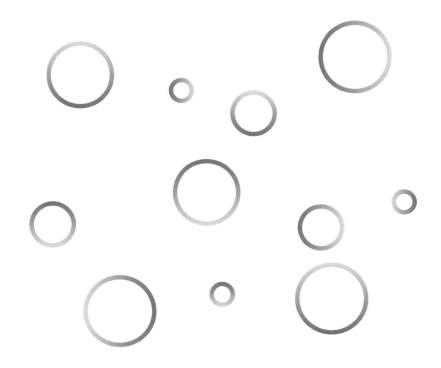

Ⅱ　事業承継スキームと関連法規

Q6.
事業承継における財団、投資育成会社、従業員持株会及び信託

事業承継における、財団、投資育成会社、従業員持株会及び信託の活用
について説明してください。

Answer ‥‥‥‥‥‥‥‥‥‥‥‥‥‥‥‥‥‥‥‥

▶ポイント

● 財団（社団を含む。以下同じ）、投資育成会社、従業員持株会及び信託[90]（以下、
まとめて財団等）は、それぞれ株主としての権利能力を持ち、それぞれの保
有目的などの性格から、一般的な株主より長期かつ安定的な株主で経営陣の
自主性を尊重することが一般に期待されています。

● 事業承継においては、経営陣の事業承継方針を長期かつ安定的に支持してく
れる可能性が高い株主であると一般に期待されています。

● 財団等の株主としての保有比率が高くなると、相対的にオーナー一族の持分
比率が低くなる効果があります。

● 財団等株主は必ずしも財務内容や業績に問題がなければ経営にきわめて協力
的ですが、理論上株主としての権利を行使することが可能であるため、それ
ぞれの保有事情をよく理解する必要があります。

　財団、投資育成会社、従業員持株会及び信託[90]は、それぞれ株主としての権
利能力を持ちます。法的地位は、財団、投資育成会社は法人であり、従業員持
株会は組合となります。

　これらの株主は、その保有目的において「売買による収益の最大化」や「経
営支配権の獲得」という性格は薄く、むしろ配当による財産の運用などに重き
を置いていることが多いと考えられています。よって、安定的な配当などそれ
ぞれの株式の保有目的が達成していれば、一般的な株主に比べて長期かつ安定
的に保有し、経営陣の自主性を尊重する姿勢が強い株主と考えられています。

90　信託の対象は株式であり、受託者が株主との権利能力を行使するが、ここでは便宜的
　に同一の扱いをしています。

第6章　従業員持株会、信託、投資育成会社、財団等の活用

　また、これらの株主の保有比率が全体の株主構成において高くなると、オーナー一族の持分比率が相対的に低くなります。このため、会社価値全体に占めるオーナー一族の株式の価額が下がり、事業承継において移動する株式の価額が低下する場合があります。

　もっとも、これらの株主においても、株主としての権利を行使することが可能であるため、それぞれの保有事情をよく理解して、経営陣に理解ある安定株主として株式を保有してもらう努力が必要となります。

1. 定義

⑴　財団

　「財団」とは、「一般社団法人及び一般財団法人に関する法律」により設立される財団（以下、「一般財団法人」という。）をいい、この一般財団法人のうち、「公益社団法人及び公益財団法人の認定等に関する法律」に基づいて、行政庁において公益認定を受けたものを公益財団法人といいます。

⑵　投資育成会社

　「投資育成会社」は、中小企業投資育成株式会社法に基づく民間の株式会社で、東京・名古屋・大阪にある「中小企業投資育成株式会社」をいいます。

⑶　従業員持株会

　「従業員持株会」は、会社の従業員が当該会社の株式を保有する制度で、民法上の組合です。

⑷　信託

　「信託」は、信託法に基づく制度で、株式の保有に関して、株式の運用や管理を委託する者（委託者）、これを受託する者（受託者）、投資果実を受益する者（受益者）などを各々指定できる枠組みと理解できます。

2．財団法人

　財団法人は、一般に「一定の目的のために提供された財産を運用するため、その財産を基礎として設立される法人」[91]とされます。よって、財団は財産運用を目的とした法人格であれば足りますが、平成20年の公益法人制度改正までは財団法人は公益財団法人として主務官庁によりその「公益性」を認可されて設立され、財団法人の公益性と法人格は不可分でした。

　ただし、平成20年改正で、従来の財団法人制度は法人格と公益性が分離され、財団法人としての法人格は登記で一般財団法人として設立可能となりました。この一般財団法人のうち、公益法人認定法が定める公益性の基準を満たすものが公益財団法人として認められることとなったので、公益財団法人は一般財団法人の一形態となりました。

(1)　財団法人への寄附・贈与等の課税関係

　オーナー一族の個人が財団法人に株式を寄附・遺贈などをした場合において、結果として贈与者等の相続税等が減少している場合、これが不当に減少したものにあたるかどうかは留意する必要があります（相法64④）。一般に法人が相続税・贈与税を課されることはありませんが、法人が贈与や遺贈を受け、贈与や遺贈した者等の税負担が不当に減少する場合は、当該法人を個人とみなして贈与税又は相続税を課するとされます（相法66④）。

　不当に減少しているかどうかの判断は、事業運営が適正であることや、事業が社会的存在として認識される程度の規模を有しているかなどの要件を満たし、法人の運営組織が適正か否かによりなされるとされています（相令33③、昭和39年通達14、15）。

　また、個人においても無償の譲渡の際のみなし課税（所法59①一）を適用しない特例（措法40①）の適用を受けるためには、その贈与又は遺贈が公益の増進に著しく寄与し、一定の期間内に公益目的事業の用に直接供される等の諸要件を満たす必要があります。

91　小学館『デジタル大辞泉』の「財団」より

第6章　従業員持株会、信託、投資育成会社、財団等の活用

⑵　相続又は遺贈により取得した財産の財団法人への寄附

例えば、相続人が相続により取得した財産のうち、長期間配当実績のある未上場会社株式や上場会社株式もしくは美術品や著作権等公益目的事業に直接資する財産を有効活用できる財団法人等に寄附する場合、相続又は遺贈により財産を取得した者が、当該取得した財産をその取得後当該相続又は遺贈に係る申告書の提出期限までに国・地方公共団体もしくは公益財団等の公益増進法人に贈与をした場合には、一定の場合を除き、相続税が課税されません（措法70①）。

⑶　遺言による財団法人への寄附等[92]

上記⑶のケースで、相続人が相続により取得した財産のうち、長期間配当実績のある未上場会社株式や上場会社株式もしくは美術品や著作権等公益目的事業に直接資する財産を遺言により当該財産に係る有効活用できる公益財団法人等に寄附する場合、当該財産について相続税は課されません（相法1の3）。また、当該贈与に係るみなし譲渡益課税についての取扱いは⑴と同様です。

同様に、遺言により財団を設立して相続財産を当該財団に寄附することも可能です。しかしながら、財産の贈与時に法人がすでに設立されていることが相続税の課税対象財産から外れるための条件ですので、法人を設立するための寄

---

[92]　遺言によっても、一般財団法人を設立することが可能です。その場合、遺言で一般財団法人を設立する意思を表示し、定款に記載すべき内容を遺言で定め、遺言執行者が遺言の内容の実現（遺言の執行）を行います。遺言執行者は、遺言に基づいて遅滞なく定款を作成して公証人の認証を受け、財団法人成立までに必要な事務を行い、代表理事が、財団法人の設立登記の申請を行います。その際の手続きの流れの概略は、次の⑴から⑹までのとおりです。
　⑴　設立者が遺言で一般財団法人を設立する意思を表示し、定款に記載すべき内容を遺言で定める。
　⑵　遺言執行者が遺言の内容の実現（遺言の執行）を行い、遺言に基づいて遅滞なく定款を作成して公証人の認証を受ける。
　⑶　遺言執行者が財産（価額300万円以上）の拠出の履行を行う。
　⑷　定款で設立時評議員、設立時理事、設立時監事（設立時会計監査人を置く場合は、この者も含みます。）を定めなかったときは、定款の定めに従い、これらの者の選任を行う。
　⑸　設立時理事及び設立時監事が設立手続の調査を行う。
　⑹　設立時理事が法人を代表すべき者（設立時代表理事）を選定し、設立時代表理事が法定の期限内に主たる事務所の所在地を管轄する法務局に設立の登記の申請を行う。
　出所：法務省　「一般社団法人及び一般財団法人制度Q&A」
　　　　　　（http://www.moj.go.jp/MINJI/minji153.html#11）

Ⅱ　事業承継スキームと関連法規

附行為その他の財産の提供については、上記で触れた租税特別措置法70条の適用がありません（措通70-1-3）。この場合、みなし譲渡益課税の特例の適用もありません。

3．従業員持株会

　従業員持株会は、法的には民法上の組合にあたり、従業員からの拠出金、会社からの奨励金などを原資として株式を買い付けたり、退職や退会など従業員からの引き出しなどに応じて保有株式を処分するなどして保有株式を増減させます。

　企業側が雇用を長期的かつ安定的に増加させていけば、従業員持株会への参加も増大し安定株主としての持分比率が増加していくことが期待できます。また、企業側が持株会への参加に対して奨励金などの施策をとれば、さらに持株会の持分が増加することになり、相対的にオーナー一族の持分比率が低下する効果があります。

　企業にとっては、奨励金による福利厚生や従業員の経営参加意識を高めるなどの効果があり、一般の株主に比べて経営陣の方針などを説明しやすいと予想されますので、事業承継においてもその方針等への理解を示してくれる可能性が高いと期待されています。

　ただし、持株会も株主であり、総会への議決権行使を行うことができます。また、理事長名での行使が一般的ですが、不統一行使を妨げないので、持株会の構成員の意思が分かれたときは、その構成員それぞれの持株比率に応じた行使が反映されることになります。

　したがって、次のような場合には、類似業種比準価額及び純資産価額を引き下げる効果があります。

- 従業員持株会にオーナーの自社株式を配当還元価額で譲渡する。
- 従業員持株会が第三者割当増資の引受けをする。

　これは、株式譲渡の前後で1株当たりの評価額は変動しないものの、オーナーの保有株式数が減少することにより、オーナーの保有株式の相続税評価額が減少するためです。

274

第6章 従業員持株会、信託、投資育成会社、財団等の活用

図表1 譲渡前後のオーナーの保有株式の相続税評価額

	譲渡前	譲渡額（数）	譲渡後
オーナーの保有株式数	100株	▲ 10株	90株
1株当たりの評価額	5,000,000円	－	5,000,000円
株式の相続税評価額	500,000,000円	▲ 50,000,000円	450,000,000円

　また、第三者割当増資（配当還元価額500,000円で10株だけ増資）の場合は、その前後でオーナーの保有株式数は変動しないものの、保有株式割合が低下して、1株当たりの評価額が減少することにより、オーナーの保有株式の相続税評価額が減少するためです。

図表2 増資前後のオーナーの保有株式の相続税評価額

	増資前	増資額（数）	増資後
オーナーの保有株式数	100株	－	100株
1株当たりの評価額（注）	5,000,000円	▲ 409,091円	4,590,909円
株式の相続税評価額	500,000,000円	▲ 40,909,100円	459,090,900円

（注）1株当たりの評価額
　　　＝（500,000,000円＋500,000円×10株）÷（100株＋10株）
　　　＝4,590,909円

4．投資育成株式会社

　中小企業投資育成株式会社は、中小企業投資育成株式会社法に基づく民間の株式会社です。基本的に成長見込みのある資本金3億円以下の中小企業に投資し、投資先の事業が成長発展する見込みがあること、及び、投資先が経営基盤の強化等の努力を行っていると認められることを投資先の選定基準としていま

275

Ⅱ　事業承継スキームと関連法規

す。また、持株比率は議決権総数の50％以内の投資を原則としており、「長期安定株主として、健全な成長発展を支援」し、「経営の自主性を尊重します」[93]。

　よって、中小企業としては、経営陣の自主性を尊重する長期安定株主としての期待が一般にあります。また、出資を受ける中小企業は、出資金の払込みを受け自己資本が増額となります。投資育成会社に一定の持株比率を保有されることになるので、経営者一族の株式の持分比率は相対的に低下することになります。また、投資育成会社は円滑な事業承継に向けてのサポートも行うとしています[94]。

(1)　資金調達コストとしての配当利回り

　投資育成会社の投資目的は、投資した会社からの配当収益であることから、安定した配当利回りが期待できる会社に投資を行うと考えられています。よって、投資を受ける前提として、長期的に一定の配当利回りを安定的に出すことが投資先としての中小企業に期待されます。

　一方、会社側からすると、配当も資金調達コストの一つであり、融資などの資金調達コストとの比較を行う必要があります。投資は、負債ではなく資本であり自己資本の増大に寄与するので、単純に有利子負債と資金調達コストを比較できませんが、税引後の利益を原資とする配当は、一般に有利子負債の資金調達コストより高くなることが予想されます。よって、投資額、予想配当額を企業全体の資本構成や資金戦略の中でどのように位置づけるのか検討が必要です。

(2)　投資育成会社の持分比率

　配当の益金不算入について、平成27年度改正により、負債利子控除額を差し引いた配当収入を益金不算入とするために求められる持株比率は25％から3分の1超となりました（法法23①⑥⑦）。このため、投資育成会社が投資参加の際に求めてくる持分比率が、より高くなることが予想されています。例えば、

93　「投資先の皆さまへの約束」http://www.sbic.co.jp/main/company/promise.html
94　「わかりやすい投資育成会社のご案内」http://www.sbic.co.jp/about/pdf/touiku_annai.pdf

第6章　従業員持株会、信託、投資育成会社、財団等の活用

税負担を考慮した投資育成会社の投資リターンを満足させる最低持分比率が従来なら25％だったのが３分の１超となる場合もありえます。求められる持分比率の構成の変化は、企業支配にも影響を与えることがあるので、投資を受ける際には、企業にとって最適な株主構成とは何かを検討する必要があります。

5．信託

「信託」は、信託法に基づく制度で、株式の保有に関して、株式の運用や管理を委託する者（委託者）、これを受託する者（受託者）、投資果実を受益する者（受益者）などを各々指定できる枠組みです。

現経営者が自社株式を信託財産として、議決権行使の指図者を現経営者、受益者を後継者とする信託を設定し、信託終了時に後継者が自社株式を引き継ぐ方法について、中小企業庁がそのスキームを紹介しています。

図表3　信託の活用

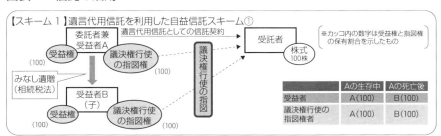

出典：中小企業庁「信託を活用した中小企業の事業承継円滑化に関する研究会における中間整理」（平成20年9月）

このスキームは、委託者と受益者が異なるという意味で、他益信託になりますので、信託設定時に、税務上は原則として委託者から「受益者」へ財産の移転（贈与）があったものとみなして贈与税が課税されることになります。

この場合、信託の設定を株価が低いタイミングで行うことにより、後継者の贈与税を低く抑えることができます。

277

事業承継に係る各種評価方法

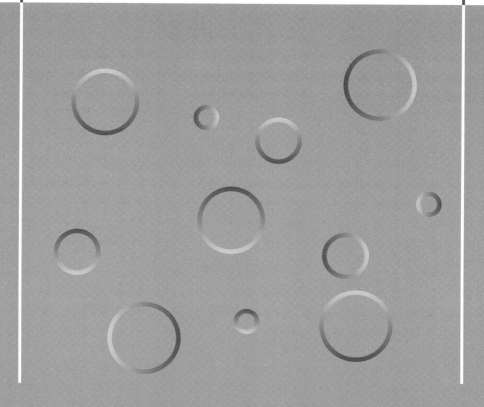

第 7 章

企業価値評価

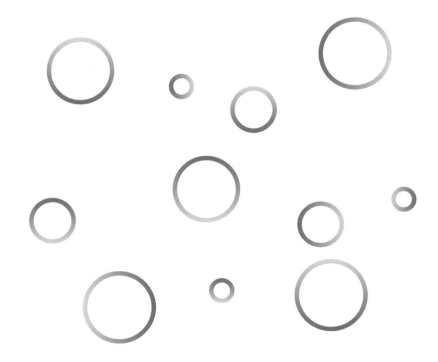

Ⅲ　事業承継に係る各種評価方法

Q7-1.
企業価値評価が必要な理由

事業承継を考える上で、企業価値評価が必要な理由を説明してください。

Answer ••

▶ポイント

● 事業承継スキームの中で、法人との間で未上場株式を売買する場合は適正な
時価で行うこととされています。

１．事業承継を考える上で企業価値評価が必要な理由

　取引相場のない株式は、全くといっていいほど流通していないため、売買事
例となりうる第三者間取引が多数ある状態ではありません。会社法、法人税法
及び所得税法は、その性格上、実際に取引された価額あるいは、独立当事者間
の合意した価額を前提とした株価が税務上公正な株価とみなしています。取引
相場のない株式の発行会社は、同族会社が多く、同族会社もしくは同族経営者
間のみで株価合意をしても、それが独立当事者間株価と同水準であるか否かの
判断は難しいといえます。ここに、適正な株式の時価を算定するために、企業
価値評価を行う意義があります。

　企業価値評価は様々な目的で行われます。例えば、事業承継に際し、M＆A
や第三者割当増資を実施する際には、買収価格や増資株価の参考になります。
また、譲渡制限株式等種類株式の売買価格決定の参考にする場合もあります。
さらに、中小企業における経営の承継の円滑化に関する法律（経承法）では、
後継者が贈与によって取得した自社株式について、固定合意[95]を行うことがで
きますが、この固定合意における価額は、「合意の時における価額（弁護士、
弁護士法人、公認会計士、監査法人、税理士又は税理士法人がその時における相当
な価額として証明したものに限る。）」と定められており、この固定合意における
価額の算定のためにも、企業価値評価が行われる場合があります。

95　遺留分を算定する際の価額を合意の時における価額に固定することを内容とする合意
をいいます。固定合意の詳細については、Q2-6を参照ください。

第7章　企業価値評価

　なお、相続、遺贈又は贈与により株式を取得する場合は、相続税及び贈与税の課税価格の算定における株式及び株式に関する権利の評価は財産評価基本通達に規定されていますので、財産評価基本通達による評価がかえって課税の公平性を害する場合等を除き、原則として財産評価基本通達に基づいて評価することになります。

　また、法人が株式を売買等により取引する場合の株式の評価は法人税基本通達に基づいて評価することになり、個人が株式を取得又は法人に譲渡等する場合の株式の評価は所得税基本通達に基づいて評価することになります。

　しかし、これは本来、課税目的のために用いられたものであり、これらの税務上の時価が必ずしも適正な時価にならない可能性があることに留意する必要があります。

　例えば、税務上の時価が、本章で詳述する一般的な評価方法であるインカム・アプローチ、マーケット・アプローチ、ネットアセット・アプローチなどの評価方法のレンジに収まらない場合には、裁判になった場合に適当ではないと判断される可能性があります。

　財産評価基本通達における株式評価については、第8章で説明することとし、本章では、一般的な企業価値評価方法について説明します。

283

Ⅲ　事業承継に係る各種評価方法

Q7-2.
企業価値評価の方法

企業価値評価の方法について説明してください。

Answer ··

▶ポイント

- 企業価値評価の方法としては、インカム・アプローチ、マーケット・アプローチ、ネットアセット・アプローチ（コスト・アプローチともいいます。）があります。

1．企業価値評価アプローチの種類と特徴

企業価値評価の手法は、大きく分けて、インカム・アプローチ、マーケット・アプローチ、ネットアセット・アプローチの3つに分類できます。

⑴　インカム・アプローチ

「インカム・アプローチは評価対象会社から期待される利益、ないしキャッシュ・フローに基づいて価値を評価する方法[96]」です。

主な評価手法としては、ＤＣＦ（Discounted Cash Flow）法、配当還元法、収益還元法（利益還元法）などがあります。

インカム・アプローチは、評価対象会社の将来獲得することが期待される収益やキャッシュ・フローに基づいて評価を行うことから、会社の静的な価値である純資産の価値だけではなく、評価対象会社の将来の収益獲得能力や固有の性質を評価の結果に反映することができる点で優れているといわれています。

したがって、経営支配株主[97]又は経営参加株主[98]にとっては適当な評価方法であるとされており、また、貸借対照表に計上されない無形資産や知的財産が

96　日本公認会計士協会「経営研究調査会研究報告第32号　企業価値評価ガイドライン」26頁
97　経営支配株主とは、株主総会の意思決定を支配し、取締役の選任・解任を決定できる大株主をいいます。
98　経営参加株主とは、株主総会に出席して間接的に経営に参加する株主をいいます。

企業価値の多くを占める会社の場合には、インカム・アプローチによる評価方法が望ましいと考えられます。

一方で、インカム・アプローチによる評価は、将来獲得することが期待される収益やキャッシュ・フローを予測して将来の事業計画を作成し、現在価値に割り引くため、将来予測の事業計画に恣意性が入る余地が大きく、客観性に乏しいと考えられます。また、インカム・アプローチは継続企業を前提にしているため、評価対象会社が継続性に疑義がある場合には、適用することに注意が必要です。

⑵　マーケット・アプローチ

マーケット・アプローチとは、評価対象会社と類似する上場会社の株式の市場価額を参考に評価したり、評価対象会社自体の過去の株式の価額を参考に評価したり、類似するM＆Aの取引事例における売買価額を参考に評価する方法です。

主な評価手法としては、類似上場会社法、市場株価法、類似取引法、取引事例法などがあります。なお、財産評価基本通達に規定されている類似業種比準法もマーケット・アプローチに分類されます。

マーケット・アプローチは、類似上場会社や評価対象会社の株価や、実際の取引事例を参考に評価を行うため、客観性に優れた方法であると考えられます。一方で、類似する上場会社がない場合や評価対象会社の規模が上場会社に匹敵する規模でない場合には、説得力に欠けると考えられます。また、類似する上場会社が存在しても、評価対象企業と成長ステージやライフステージが異なる場合にも適切な評価ができない可能性があり、説得力に欠けると考えられます。

⑶　ネットアセット・アプローチ

ネットアセット・アプローチとは、コスト・アプローチとも呼ばれており、評価対象会社の純資産価額を基に評価する方法です。

主な評価手法としては、簿価純資産法、時価純資産法（修正簿価純資産法）などがあります。

ネットアセット・アプローチは、評価対象会社の貸借対照表の純資産価額を

Ⅲ　事業承継に係る各種評価方法

基に評価するため、客観性に優れており、その計算方法も理解されやすいと考えられます。一方で、企業の静的価値に着目した評価方法であるため、将来の収益獲得能力は反映されないため、継続企業の評価には適さない方法であると考えられます。

図表1は、上述した各評価アプローチのメリットとデメリットをまとめたものです。

図表1　各評価アプローチのメリットとデメリット

評価方法	主要な評価手法	メリット	デメリット
インカム・アプローチ	DCF法 配当還元法 収益還元法（利益還元法）	将来の収益獲得能力を反映できる。企業固有の性質を反映できる。	評価に恣意性が入る余地が大きい。
マーケット・アプローチ	類似上場会社法 市場株価法 類似取引法 取引事例法 類似業種比準法	市場における取引環境を反映できる。客観性が高い。	類似する上場会社がない場合には評価が困難。規模が上場会社に匹敵しない場合は説得力に欠ける。
ネットアセット・アプローチ	簿価純資産法 時価純資産法（修正簿価純資産法）	客観性が高い。計算方法が理解されやすい。	将来の収益力の反映がされないため、継続企業の評価には向いていない。

3．評価目的と企業価値評価アプローチの選定

(1)　企業のライフステージの状況

評価対象企業が成長段階にある場合には、ネットアセット・アプローチによる評価は、企業の将来の収益獲得能力を適正に評価できない可能性があり、過小評価になる可能性があります。一方で、衰退段階にある企業で、かつ、会計監査人が設置されていないなどの理由により、税務中心の会計処理になってい

るなど、企業会計の基準に従って適切に会計処理を実施していない場合には、ネットアセット・アプローチによる評価は、過大評価になる可能性があります。

⑵　企業の事業の継続性の状況

　インカム・アプローチやマーケット・アプローチは、企業の事業の継続を前提とした評価方法であり、企業の事業の継続性に疑義がある場合には、このような評価アプローチを適用することには慎重にすべきであると考えられます。

⑶　知的財産等超過収益力を持つ企業

　ネットアセット・アプローチは、貸借対照表の純資産を基礎として評価を行うため、評価対象会社が、貸借対照表に表示されていない無形資産や、知的財産等が価値の源泉になるような場合には、不向きであるといえます。したがって、このような企業は、超過収益力を評価に反映させやすいインカム・アプローチを採用すべきであると考えられます。

⑷　類似上場会社がない場合

　新規ビジネス等で、類似上場会社が存在しない場合や、規模的に上場会社に匹敵しない場合には、マーケット・アプローチによる評価は困難であると考えられます。

Ⅲ　事業承継に係る各種評価方法

Q 7-3.
インカム・アプローチとは
インカム・アプローチによる企業価値評価について説明してください。

A nswer ···

▶ポイント

● インカム・アプローチとは、評価対象会社に期待される利益やキャッシュ・フローに基づいて評価する方法であり、主な手法としては、ＤＣＦ法、配当還元法、収益還元法（利益還元法）があります。

1．はじめに
⑴　インカム・アプローチ
　「インカム・アプローチは評価対象会社から期待される利益、ないしキャッシュ・フローに基づいて価値を評価する方法[99]」です。

⑵　インカム・アプローチの長所
　インカム・アプローチは、評価対象会社の将来獲得することが期待される収益やキャッシュ・フローに基づいて評価を行うことから、会社の静的な価値である純資産の価値だけではなく、評価対象会社の将来の収益獲得能力や固有の性質を評価の結果に反映することができる点で優れているといわれています。
　したがって、経営支配株主又は経営参加株主にとっては適当な評価方法であるとされており、また、貸借対照表に計上されない無形資産や知的財産が企業価値の多くを占める会社の場合には、インカム・アプローチによる評価方法が望ましいと考えられます。

⑶　インカム・アプローチの短所
　インカム・アプローチによる評価は、将来獲得することが期待される収益や

---

[99]　日本公認会計士協会「経営研究調査会研究報告第32号　企業価値評価ガイドライン」26頁

288

キャッシュ・フローを予測して将来の事業計画を作成し、現在価値に割り引く
ため、将来予測の事業計画に恣意性が入る余地が大きく、客観性に乏しいと考
えられます。また、インカム・アプローチは継続企業を前提にしているため、
評価対象会社の継続性に疑義がある場合には、適用することに注意が必要です。

⑷　インカム・アプローチの種類

　インカム・アプローチの評価方法としては、フリー・キャッシュ・フロー（Ｆ
ＣＦ）に基づいて評価を行うＤＣＦ（Discounted Cash Flow）法、株主が評価
対象会社から将来獲得することが期待される配当金に基づいて評価を行う配当
還元法、評価対象会社から将来獲得することが期待される利益に基づいて評価
を行う収益還元法（利益還元法）などがあります。

２．ＤＣＦ法

⑴　ＤＣＦ法とは

　ＤＣＦ法とは、評価対象会社の将来獲得することが期待されるフリー・キャッ
シュ・フローを株主資本と負債の加重平均資本コスト（ＷＡＣＣ：Weighted
Average Cost of Capital）で現在価値に割り引くとともに、予測フリー・キャッ
シュ・フローを基に継続価値を算出して企業価値を算出する方法です。

　ＤＣＦ法はインカム・アプローチの代表的な評価方法ですが、上場会社、非
上場会社を問わず採用される評価手法です。

⑵　ＤＣＦ法の長所と短所

① 　ＤＣＦ法の長所

　ア．評価対象会社の将来の収益獲得能力を評価に反映させることができます。

　イ．評価対象会社の将来の収益獲得能力を基に評価を行うため、評価対象会
　　　社の固有の性質を価値に反映させることができます。

② 　ＤＣＦ法の短所

　ア．将来の事業計画には恣意性が入る余地があり、客観性に欠けていると考
　　　えられます。

　イ．フリー・キャッシュ・フローの予測や割引率の算出など、プロセスが複

Ⅲ　事業承継に係る各種評価方法

雑なため、評価を行うのに時間がかかります。

ウ．継続企業を前提にしているため、評価対象会社の継続性に疑義がある場合には適用が困難であると考えられます。

3．配当還元法

⑴　配当還元法とは

配当還元法とは、「株主への直接的な現金支払いである配当金に基づいて株主価値を評価する[100]」方法です。ここで掲げている配当還元法は財産評価基本通達に定める配当還元価額方式とは異なりますので、留意が必要です。

⑵　配当還元法の長所と短所

①　配当還元法の長所

非上場会社の非支配株主の場合、会社から受け取る財産的利益は配当のみであり、その配当額を評価に反映させることができます。

②　配当還元法の短所

ア．企業の配当額は、企業の業績や配当政策によって影響を受けるため、将来の配当予測については、不確実性が大きいと考えられます。

イ．多額に欠損が生じているために配当できない企業や、将来の投資のために内部留保を優先して配当を実施しないベンチャー企業等については、将来の配当額の予測が困難であると考えられます。

ウ．会社の売上規模や資産規模に比較して配当利回りが低水準で安定している企業の場合は過小評価になる可能性があります。

4．収益還元法

⑴　収益還元法とは

収益還元法とは、「会計上の純利益を一定の割引率で割り引くことによって株主価値を計算する[101]」方法です。

100　日本公認会計士協会「経営研究調査会研究報告第32号　企業価値評価ガイドライン」36頁

第7章　企業価値評価

⑵　収益還元法の長所と短所

①　収益還元法の長所

　ア．収益還元法は利益に基づいているので、ＤＣＦ法や配当還元法に比較し、
　　比較的容易に計算することができます。

　イ．企業の将来期待される収益に基づいて算定するため、経営支配株主又は
　　経営参加株主にとっては適当な算定方式であるといわれています。

②　収益還元法の短所

　会計上の利益と将来フリー・キャッシュ・フローとの間に乖離がある場合に
は、適切な評価とはならないと考えられます。

101　日本公認会計士協会「経営研究調査会研究報告第32号　企業価値評価ガイドライン」
　　37頁

Ⅲ　事業承継に係る各種評価方法

Q 7-4.
マーケット・アプローチとは

マーケット・アプローチによる企業価値評価について説明してください。

A nswer ··

▶ポイント

● マーケット・アプローチとは、評価対象会社の株式の過去の取引における価額や評価対象会社と類似する上場会社の株式の市場価額を参考に評価したり、類似するM＆Aの取引事例における売買価額を参考に評価する方法です。主な手法としては、類似上場会社法、市場株価法、類似取引法、取引事例法、類似業種比準法があります。

1．はじめに

⑴　マーケット・アプローチ

　「マーケット・アプローチは上場している同業他社や類似取引事例など、類似する会社、事業、ないし取引事例と比較することによって相対的に価値を評価するアプローチ[102]」です。

⑵　マーケット・アプローチの長所

　マーケット・アプローチは、類似上場会社や評価対象会社の株価を参考に評価したり、実際の第三者間や市場で取引されている取引事例を参考に評価を行うため、市場における取引環境を反映させることができ、また、誰が評価しても同様の評価結果が得られやすいことから、一定の客観性があると考えられます。

⑶　マーケット・アプローチの短所

　マーケット・アプローチは、類似する上場会社がない場合や評価対象会社の

102　日本公認会計士協会「経営研究調査会研究報告第 32 号 企業価値評価ガイドライン」26 頁

第7章　企業価値評価

規模が上場会社に匹敵する規模でない場合には、評価することが困難であった
り、評価結果に対する説得力に欠けると考えられます。また、類似する上場企
業が存在しても、評価対象企業と成長ステージ、ライフステージが異なる場合
にも、適切な評価ができず、説得力に欠けると考えられます。

⑷　マーケット・アプローチの種類
　マーケット・アプローチの評価方法としては、評価対象会社と類似した上場
会社の市場株価と比較して評価をする類似上場会社法、評価対象会社が上場会
社である場合にその市場株価を基準に評価する市場株価法、類似のM＆A取引
の売買価格を参考に評価対象会社の評価をする類似取引法、過去に評価対象会
社の株式について取引の事例がある場合にその取引価額を参考に評価を行う取
引事例法などがあります。
　なお、財産評価基本通達に規定されている評価方法である類似業種比準法も、
マーケット・アプローチに属するものとされています。個人間での売買、特に
親族間での売買の場合は、個人の税金に影響があるため、税務を意識して類似
業種比準法を採用する場合もあります。

２．類似上場会社法
⑴　類似上場会社法とは
　評価対象会社と類似した上場会社の市場株価と比較して非上場会社の株式の
評価をする方法で、倍率法、乗数法ともいわれており、マーケット・アプロー
チの代表的な評価方法です。

⑵　類似上場会社法の長所と短所
①　類似上場会社法の長所
　ア．市場の取引環境を反映できます。
　イ．将来の事業計画が不要であり、評価を比較的短期間で行うことができま
　　す。
　ウ．ロジックがシンプルでわかりやすいといえます。

293

Ⅲ　事業承継に係る各種評価方法

② 類似上場会社法の短所

ア．評価対象会社が非上場会社の場合は、上場会社と比較し、非流動性ディスカウントを行う場合がありますが、非上場会社の中でも株式上場を全く予定していない会社と上場準備会社とでは事情が異なると考えられます。また、評価対象会社が小規模の場合には、小規模ディスカウントを考慮することが考えられます。さらに、支配権に関わるプレミアム（コントロール・プレミアム）も考慮することがあります。

そして、これら非流動性ディスカウント、小規模ディスカウント、コントロール・プレミアムをどの程度の率にするかの判断が困難であると考えられる。

イ．類似上場会社の市場株価がゆがんでいる場合には、適正な評価にならない可能性があります。

3．市場株価法

⑴　市場株価法とは

評価対象会社が上場会社である場合にその市場株価を基準に評価する方法です。上場企業同士で合併や株式交換を実施する場合にも利用される方法です。

⑵　市場株価法の長所と短所

① 市場株価法の長所

ア．市場の取引環境を反映できます。

イ．将来の事業計画が不要であり、評価が比較的短期間で行うことができます。

ウ．ロジックがシンプルでわかりやすいといえます。

② 市場株価法の短所

特殊株主による株式の買占めや、決算発表や業績修正発表及び企業再編等の発表などによる一時的な株価の異常変動などにより市場株価がゆがんでいる場合には、適正な評価にならないと考えられます。

第7章 企業価値評価

4．類似取引法
⑴ 類似取引法とは
　類似取引法とは、類似のM＆A取引の売買価格を参考に評価対象会社の評価
をする方法です。M＆Aに関するデータを正確に収集することは困難なことか
ら、一般的に利用することは少ないと考えられます。

　ただし、特定の業界において、ある一定の時期に頻繁にM＆Aが行われる場
合もあり、そのような場合には、ある程度M＆Aに関するデータを入手できる
場合もあります。

⑵ 類似取引法の長所と短所
① 類似取引法の長所

　ア．市場の取引環境を反映できます。

　イ．将来の事業計画が不要であり、評価が比較的短期間で行うことができま
　　す。

　ウ．ロジックがシンプルでわかりやすいといえます。

② 類似取引法の短所

　ア．類似の取引の売買価格やM＆Aに関するデータを入手するのが困難な場
　　合があります。

　イ．データを入手できる取引件数が少ないことから、適切な倍率が求められ
　　ない可能性があります。

5．取引事例法
⑴ 取引事例法とは
　「取引事例法とは、評価対象会社の株式について過去に売買がある場合に、
その取引価額を基に株式の評価をする方法[103]」です。

103　日本公認会計士協会「経営研究調査会研究報告第32号 企業価値評価ガイドライン」
　　46頁

295

Ⅲ　事業承継に係る各種評価方法

⑵　取引事例法の長所と短所

①　取引事例法の長所

　評価対象会社の株式について、比較的直近で売買がある場合には、納得感を得やすいといえます。

②　取引事例法の短所

　　ア．過去の取引事例そのものが合理的な評価が行われているかどうかの検討が必要です。

　　イ．過去の取引事例の評価時点以後の経営成績や財政状態の変動を考慮する必要があります。

6．類似業種比準法

⑴　類似業種比準法とは

　類似業種比準等とは、財産評価基本通達に規定する評価方法の1つで、類似業種の税務上定められた「配当金額」「利益金額」及び「純資産価額（帳簿価額によって計算した金額）」を基にして、評価対象会社のそれを比準要素として株価を算定する方法です。

⑵　類似業種比準法の長所と短所

①　類似業種比準法の長所

　　ア．相続税や贈与税の税額計算にあたって国税庁が定めた評価方法であり、客観性があります。

　　イ．評価は比較的短期間で行うことができます。

②　類似業種比準法の短所

　課税のための評価方法ですので、一般の取引に際して採用するケースは少ないといえます。

第7章　企業価値評価

Q7-5.
ネットアセット・アプローチ（コスト・アプローチ）とは

ネットアセット・アプローチ（コスト・アプローチともいいます。）による
企業価値評価について説明してください。

Answer

▶ポイント

● ネットアセット・アプローチとは、コスト・アプローチとも呼ばれており、
会社の純資産を基準に評価する方法です。主な手法としては、簿価純資産法、
時価純資産法があります。

1．はじめに

⑴　ネットアセット・アプローチ

「ネットアセット・アプローチはコスト・アプローチとも呼ばれており、会
社の純資産を基準に評価する方法[104]」です。

⑵　ネットアセット・アプローチの長所

ネットアセット・アプローチは、会社の帳簿上の純資産額に基づいて、1株
当たり純資産額を計算するため、客観性に優れているといえます。

⑶　ネットアセット・アプローチの短所

ネットアセット・アプローチは、ある時点の会社の帳簿上の純資産額に基づ
いて評価を行うため、将来の収益能力の反映や市場における取引環境の反映は
難しいと考えられます。そこで、継続企業を前提としている会社を評価する場
合には、この方法のみで評価することは適切ではないと考えられます。

104　日本公認会計士協会「経営研究調査会研究報告第32号 企業価値評価ガイドライン」
　　47頁

Ⅲ　事業承継に係る各種評価方法

⑷　ネットアセット・アプローチの種類

　ネットアセット・アプローチの評価方法としては、会計上の帳簿上の純資産額に基づいて評価を行う簿価純資産法と会計上の帳簿の資産及び負債を時価で評価して純資産額を算出し、その純資産額に基づいて評価を行う時価純資産法（修正簿価純資産法）があります。

２．簿価純資産法
⑴　簿価純資産法とは
　簿価純資産法は、帳簿上の純資産額に基づいて評価を行う方法で、１株当たり簿価純資産額をもって評価額とする方法です。

⑵　簿価純資産法の長所と短所
①　簿価純資産法の長所
　簿価純資産法は、会計上の帳簿価額を基礎とした評価方法なので、客観性に優れていると考えられます。
②　簿価純資産法の短所
　土地や有価証券など、各資産の時価と簿価とは乖離している場合が多いため、簿価純資産法をそのまま企業価値の評価として採用することは少ないと考えられます。
　また、ある時点の会社の帳簿上の純資産額に基づいて評価を行うため、将来の収益能力の反映や市場における取引環境の反映は難しいと考えられます。そこで、継続企業を前提としている会社を評価する場合には、この方法のみで評価することは適切ではないと考えられます。

３．時価純資産法
⑴　時価純資産法
　時価純資産法は、会計上の帳簿上の資産及び負債を時価評価し、１株当たりの時価純資産額をもって評価額とする方法です。すべての資産及び負債を時価で評価することは困難なことから、土地や有価証券などの主要資産のみを時価評価する場合が多いので、修正簿価純資産法と呼ぶ場合もあります。

298

時価純資産法は、各資産をどのように評価するかにより、①再調達時価純資産法、②清算処分時価純資産法があります。

(2)　時価純資産法の長所と短所
①　時価純資産法の長所
時価純資産法は、簿価純資産法と同様、会計上の帳簿価額を基礎とした評価方法なので、客観性に優れていると考えられます。
②　時価純資産法の短所
時価純資産法は、簿価純資産法と同様、ある時点の会社の帳簿上の純資産額に基づいて評価を行うため、将来の収益能力の反映や市場における取引環境の反映は難しいと考えられます。そこで、継続企業を前提としている会社を評価する場合には、この方法のみで評価することは適切ではないと考えられます。

参考文献
・四宮章夫監修、グラックス・アンド・アソシエイツ、弁護士法人淀屋橋・山上合同編『事業再編のための企業価値評価の実務』民事法研究会、平成23年
・日本公認会計士協会「経営研究調査会研究報告第32号 企業価値評価ガイドライン」（平成25年7月3日）
・中小企業庁「経営承継法における非上場株式等評価ガイドライン」（平成21年2月）

第8章

財産評価基本通達に基づく株式評価

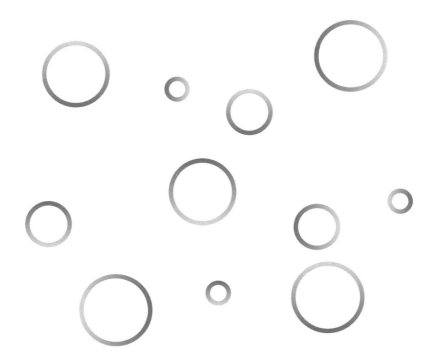

Ⅲ　事業承継に係る各種評価方法

Q 8-1.
法人税法、所得税法、及び相続税法上の取引相場のない株式の評価方法

法人から法人に対する譲渡、法人から個人に対する譲渡、個人から法人に対する譲渡、個人から個人に対する譲渡、それぞれにおいて適用される取引相場のない株式の評価方法の違いについて説明してください。

Answer

▶ポイント

• 法人から法人に対する譲渡、法人から個人に対する譲渡については、法人税法上の株価が適用されます。

• 個人から法人に対する譲渡については、所得税法上の株価が適用されます。

• 個人から個人に対する譲渡については、相続税法上の株価が適用されます。

1．法人間、法人－個人間、個人－法人間、個人間で適用される税法

　取引相場のない株式の売買に際して、適用される株価については、売買の当事者が、法人か個人かによって適用される税法が異なります。具体的には、以下のように税法が適用になります。

(1)　法人税法上の株価

　法人が無償又は低い価額で株式を譲渡した場合には、譲渡額と時価との差額が寄附となりますが、そのときの時価は法人税基本通達 4 - 1 - 5 及び 4 - 1 - 6 の取扱いを準用します（法基通 2 - 3 - 4 ）。したがって、売主が法人の場合、つまり、法人から法人に対する譲渡、法人から個人に対する譲渡については、法人税上の株価が適用されます。

(2)　所得税法上の株価

　個人の有する株式の移転があった場合には、譲渡所得の計算については、贈与や時価の 2 分の 1 に満たない著しく低い価額で譲渡があったときには、そのときの時価で譲渡があったものとされます（所法59①、所令169）。この場合の

302

第8章　財産評価基本通達に基づく株式評価

時価は所得税基本通達23〜35共9に従うことになります（所基通59-6）が、所得税が適用されるのは、個人が法人に対する譲渡に限られます（所法59①）。したがって、個人から法人に対する譲渡については、所得税法上の株価が適用されます。

(3)　相続税法上の株価

著しく低い価額の対価で株式の譲渡を受けた場合においては、株式の譲渡があったときにおいて、株式の譲渡を受けた個人が、株式の対価と時価との差額に相当する金額を譲渡した個人から、贈与により取得したものとみなされ（相法7）、贈与税が課税されることになります。したがって、個人から個人に対する譲渡については、相続税法上の株価が適用されます。具体的には、財産評価基本通達の178から189-7までの規定に従って算定した株価が適用されます。

2．法人税法、所得税法で採用される株価と相続税法で採用される財産評価基本通達による株価との違い

(1)　法人税法で採用される株価と相続税法で採用される財産評価基本通達による株価との違い

法人税基本通達4-1-5により、取引相場のない株式の評価については、売買実例価額、公募価格等を参酌して通常取引されると認められる価額、事業の種類、規模、収益の状況等が類似する法人の価額を比準して推定した価額、1株当たりの純資産額等を参酌して通常取引されると認められる価額を原則としていますが、法人税基本通達4-1-6において、財産評価基本通達の178から189-7までの例によって算定した価額によっているときは、課税上弊害がない限り、次によることを条件としてこれを認めるとしています。

【条件】

① 　当該法人が株式の発行会社にとって財産評価基本通達188(2)に定める「中心的な同族株主」に該当するときは、当該発行会社は常に同通達178に定める「小会社」に該当する。

② 　株式の発行会社が土地又は金融商品取引所に上場されている有価証券を有しているときは、財産評価基本通達185の本文に定める「1株当たりの純資

産額（相続税評価額によって計算した金額）」の計算にあたり、これらの資産は譲渡があった時における価額（時価）によること。

③　財産評価基本通達185の本文に定める「１株当たりの純資産額（相続税評価額によって計算した金額）」の計算にあたり、同通達186-2により計算した評価差額に対する法人税等に相当する金額は控除しない。

　純然たる第三者間の売買においては、法人税基本通達４-１-５の評価方法で評価することが多いですが、同族会社が売主となる場合においては、法人税基本通達４-１-６の評価方法で評価するのが一般的です。この場合、多額の含み益がある土地や有価証券を保有している場合には、相続税法上の株価より法人税法上の株価のほうが大幅に高くなるケースが多いため、留意が必要です。

(2)　所得税法で採用される株価と相続税法で採用される財産評価基本通達による株価との違い

　所得税法上も、法人税法上と同様に所得税基本通達23 ～ 35共-9(4)において、取引相場のない株式の評価については、売買実例価額、公募価格等を参酌して通常取引されると認められる価額、事業の種類、規模、収益の状況等が類似する法人の価額を比準して推定した価額、１株又は１口当たりの純資産額等を参酌して通常取引されると認められる価額を原則としています。また、所得税基本通達59-6において「１株又は１口当たりの純資産額等を参酌して通常取引されると認められる価額」とは原則として次によることを条件に財産評価基本通達の178から189-7までの例によって算定した価額とするとしています。

【条件】
①　「同族株主」に該当するかどうかは、株式を譲渡又は贈与した個人の譲渡又は贈与直前の議決権の数により判定すること。
②　株式を譲渡又は贈与した個人が当該株式の発行会社にとって財産評価基本通達188の(2)に定める「中心的な同族株主」に該当するときは、当該発行会社は常に同通達178に定める「小会社」に該当する。
③　株式の発行会社が土地又は金融商品取引所に上場されている有価証券を有しているときは、財産評価基本通達185の本文に定める「１株当たりの純資

産額（相続税評価額によって計算した金額）」の計算にあたり、これらの資産は譲渡又は贈与の時における価額（時価）によること。

④　財産評価基本通達185の本文に定める「１株当たりの純資産額（相続税評価額によって計算した金額）」の計算にあたり、同通達186-2により計算した評価差額に対する法人税等に相当する金額は控除しない。

　法人税法上と異なり、所得税法上は、財産評価基本通達に準じた評価方法を原則的な評価方法にしています。

　同族会社に譲渡する場合においては、所得税基本通達59-6の評価方法で評価するのが一般的です。多額の含み益がある土地や有価証券を保有している場合には、相続税法上の株価より所得税法上の株価の方が大幅に高くなるケースが多いため、留意が必要です。なお、この場合は、相続発生後、３年内に対象会社が相続人から自己株式の取得を実施すれば、高い株価で譲渡できるため、有利になる場合もあります。

Ⅲ　事業承継に係る各種評価方法

3．設例

以下の場合のＡ社の相続税法上の株価、法人税法上の株価を教えてください。
【前提条件】
① Ａ社は、財産評価基本通達上の大会社に該当し、その際の類似業種比準価額は5,600円である。
② Ａ社は、発行済株式総数は60,000株であり、すべて普通株式である。
③ Ａ社の直近の貸借対照表は、下記のとおりであり、その際の土地の帳簿価額は50,000千円、路線価は800,000千円であり、含み益のある資産は当該土地のみである。
【直近の貸借対照表】　　　　　（単位：千円）

資産	560,000	負債	260,000
		純資産	300,000

④ 課税時期は、平成27年4月1日以降であり、評価差額に対する法人税等相当額は、38%である。
⑤ 売買の対象となる株主は中心的な同族株主である。

（1）相続税法上の株価

① 純資産価額の算定

純資産価額は、以下のようになります。

（560,000千円（資産の帳簿価額）＋（800,000千円－50,000千円）（土地の含み益）－ 260,000千円（負債の帳簿価額）－（800,000千円－50,000千円）×0.38（評価差額に対する法人税等相当額））÷60,000株＝純資産価額12,750円

② 相続税法上の株価の算定

類似業種比準価額5,600円＜純資産価額12,750円となることから、相続税法上の株価は5,600円となります。

（2）法人税法上の株価

① 純資産価額の算定

法人税法上の純資産価額を算定するに際しては、土地は路線価で評価するのではなく、課税時期の時価で算定することになります。路線価は、通常、公示

価額の8割を目処に設定していることから、実務上は、路線価を0.8で割戻しして時価（公示価額ベース）を算定します。（800,000千円÷0.8＝1,000,000千円）

したがって、純資産価額は以下のようになります。

（560,000千円（資産の帳簿価額）＋（1,000,000千円－50,000千円）（土地の含み益）－　260,000円（負債の帳簿価額））÷60,000株＝純資産価額20,833円

② 法人税法上の株価の算定

類似業種比準価額は、大会社は0.7の斟酌率、小会社は0.5の斟酌率で算定されます。したがって、5,600円が大会社の類似業種比準価額であることから、小会社に置き直した類似業種比準価額は4,000円（＝5,600円÷0.7×0.5）になります。

小会社方式による折衷株価は、類似業種比準価額4,000円×0.5＋純資産価額20,833円×0.5＝12,417円となります。

したがって、20,833円＞12,417円であることから、法人税法上の株価は12,417円となります。

⑶ 留意点

本件においては、類似業種比準価額＜純資産価額、かつ土地の含み益が多額にあることから、相続税法上の株価に比べて、法人税法上の株価が高くなっています。本件のようなケースでは、法人税法上の株価が高くなる場合が多いので留意する必要があります。

Ⅲ 事業承継に係る各種評価方法

 8-2.
上場株式の評価方法

財産評価基本通達における上場株式の評価について説明してください。

Answer

▶ポイント
- 上場株式は「取引所の公表する価格」を用いて評価します。財産評価基本通達は、「取引所の公表する価格」としてどのような価格を用いるかについて、定めています。

1. 原則的な取扱い

上場株式は、その株式が上場されている取引所の公表する課税時期の最終価格によって評価します（国内の複数の取引所に上場されている株式については、納税義務者が選択可能）。ただし、相続や一般的な贈与の場合は、株式市況の一時的な価格騰落を排除するべく、一定期間の市況の実勢を評価方法に取り入れています。具体的には、次の①～④のうち最も低い価額をもって評価額とします（評基通169(1)）。

① 課税時期の最終価格
② 課税時期の属する月の最終価格の月平均額
③ 課税時期の属する前月の最終価格の月平均額
④ 課税時期の属する前々月の最終価格の月平均額

上場株式は「取引所の公表する価格」で評価されますが、通常は多数の取引実績に基づき、市場原理を通じた客観的な価格が形成されていることを根拠とするものです。ただし、取引価格が一時的な要因で変動する可能性があることを考慮し、一定の期間における平均額（上記②から④）を使用することが定められています。

2．負担付贈与又は個人間の対価を伴う取引により取得した場合

　負担付贈与（受贈者に一定の債務を負担させることを条件にした財産の贈与）（タックスアンサー No.4426）や個人間の売買で取得した場合の上場株式は、上記１①の評価方法、すなわち「課税時期の最終価格」によって評価します（評基通169（２））。これは、１のような複数の価格が可能な場合に恣意的に低い税負担額となるように操作することを防ぐ趣旨です。

3．課税時期が権利落等の日から株式の割当て等の基準日までの間にある場合

　株主が株式の割当て、株式の無償交付又は配当金交付（以下、「株式の割当て等」という。）の権利を得るには、名義書換に要する手続き等の関係から、権利付き最終日（権利確定日の３営業日前）までに取得しておくことが必要とされます。

　課税時期が権利落又は配当落（以下、「権利落等」という。）の日から株式の割当て等の基準日以前の間にあるときは、その権利落等の日の前日以前の最終価格のうち、課税時期に最も近い日の最終価格をもって課税時期の最終価格とします（評基通170）。

　これを図により例示すれば、次のようになります。

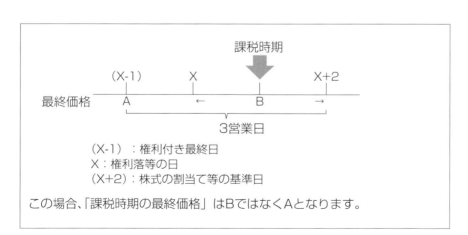

Ⅲ　事業承継に係る各種評価方法

４．課税時期に最終価格がない場合

　課税時期に市場が休日の場合や、取引がなく株価が付かない場合があります。その場合、上記３で解説した評基通170の適用を受ける場合を除き、以下の取扱いが定められています（評基通171）。

① 　原則的な考え方

　課税時期の前日以前の最終価格又は翌日以降の最終価格のうち、課税時期に最も近い日の最終価格又は最も近い日が課税時期を挟んで前後２つある場合には、その平均額をもって評価額とします（評基通171(1)）。

　これを図により例示すれば、次のようになります。

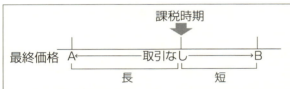

この場合、課税時期に最も近い日の最終価格であるBが「課税時期の最終価格」とされます。

この場合、課税時期から最も近い日が２つあるため、その平均額である「(A+B)÷2」が「課税時期の最終価格」とされます。

② 課税時期が権利落等の日の前日以前で、上記①の定めによる最終価格が、権利落等の日以後のもののみである場合又は権利落等の日の前日以前のものと権利落等の日以後のものと2つある場合は、課税時期の前日以前の最終価格のうち、課税時期に最も近い日の最終価格をもって評価額とします（評基通171(2)）。

これを図により例示すれば、次のようになります。

この場合、課税時期から最も近い日の最終価格であるBは権利落等の日以降であるために採用できず、Aが「課税時期の最終価格」とされます。

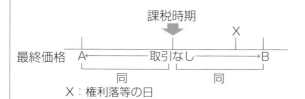

この場合、課税時期から最も近い日の最終価格はAとBの2つがありますが、Bは権利落等の日以後であるために採用できず、Aが「課税時期の最終価格」とされます。

③ 課税時期が株式の割当て等の基準日の翌日以後で、上記①の定めによる最終価格が、その基準日に係る権利落等の日の前日以前のもののみである場合又は権利落等の日の前日以前のものと権利落等の日以後のものと2つある場合は、課税時期の翌日以後の最終価格のうち、課税時期に最も近い日の最終価格をもって評価額とします（評基通171⑶）。

これを図により例示すれば、次のようになります。

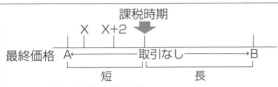

この場合、課税時期から最も近い日の最終価格であるAは権利落等の日の前日以前であるために採用できず、Bが「課税時期の最終価格」とされます。

この場合、課税時期から最も近い日の最終価格はAとBの2つがありますが、Aは権利落等の日の前日であるために採用できず、Bが「課税時期の最終価格」とされます。

5．課税時期の属する月以前3か月間に権利落等がある場合における最終価格の月平均額

「1．原則的な取扱い」に基づき上場株式の価額を評価する場合において、課税時期の属する月以前3か月間に権利落等がある場合があります。その場合、以下の取扱いが定められています（評基通172）。

① 課税時期が株式の割当て等の基準日以前である場合

原則、その月の初日からその（配当落を除く）権利落等の日の前日までの毎日の最終価格の平均額とします（評基通172(1)）。

以下に例示します。

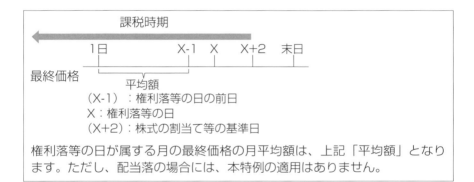

権利落等の日が属する月の最終価格の月平均額は、上記「平均額」となります。ただし、配当落の場合には、本特例の適用はありません。

② 課税時期の属する月の初日以前に権利落ち等の日がある場合

　課税時期が株式の割当て等の基準日以前で、その（配当落を除く）権利落等の日が課税時期の属する月の初日以前である場合における課税時期の属する月の最終価格の月平均額は、次の算式によって計算した金額になります。

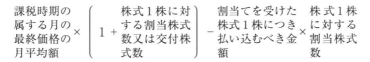

　以下に例示します。

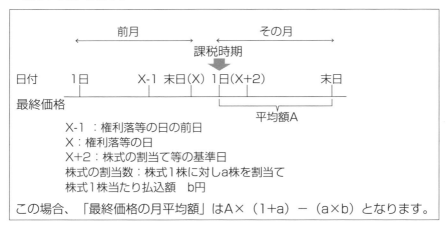

　配当落が除外されているのは、実務的に証券取引所から当該権利落を考慮した取引価格が公表されていないからです。

③ 課税時期が株式の割当て等の基準日の翌日以後である場合

　権利落等の日が属する月の最終価格の月平均額は、その権利落等の日からその月の末日までの毎日の最終価格の平均額とします。

　これを図により例示すれば、次のようになります。

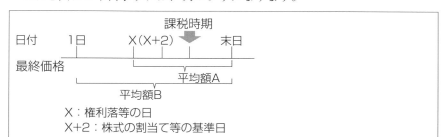

　また、課税時期が株式の割当て等の基準日の翌日以降である場合におけるその権利落等の日が属する月の前月以前の各月の最終価格の月平均額は、次の算式によって計算した金額とします。

$$\left(\begin{array}{l} \text{その月の最終価} \\ \text{格の月平均額} \end{array} + \begin{array}{l} \text{割当てを受けた株式1株に} \\ \text{つき払い込むべき金額} \end{array} \times \begin{array}{l} \text{株式1株に対す} \\ \text{る割当株式数} \end{array} \right) \div \left(1 + \begin{array}{l} \text{株式1株に対する割当株式数} \\ \text{又は交付株式数} \end{array} \right)$$

　これを図により例示すれば、次のようになります。

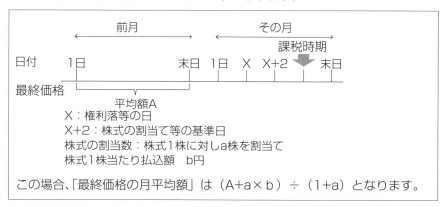

　配当落が除外されているのは、実務的に証券取引所から当該権利落を考慮した取引価格が公表されていないからです。

Ⅲ　事業承継に係る各種評価方法

Q 8-3.
取引相場のない株式の評価（株主の態様による評価方法の選定）

取引相場のない株式の評価方法について説明してください。

Answer ･･

▶ポイント

● 相続税法においては、株式を含む財産の評価は取得の時の時価によるものと
されており（相法22）、基本的取扱いは、財産評価基本通達に定められてい
ます。

● 取引相場のない株式については、財産評価基本通達178 〜 189- 7 に規定され
ており、発行会社の規模、同族株主の有無、資産の保有状況により異なる評
価方法となっています。

1 ．評価方式の区分

　取引相場のない株式の評価方法は、同族株主の有無や会社規模等（Q 8 - 4 参
照）によって評価方法が規定されています。

⑴　株主の態様による区分（原則的評価方式と特例的評価方式）

　株式を取得する株主により評価方式が異なり、同族株主の有無及び取得後の
議決権割合等により次頁の表のとおりとなります（評基通178、188）。

　これは、取得株主の所有割合や同族株主の保有割合、会社における地位に鑑
みて、その所有目的が会社の支配や経営権に着目しているか、配当金の受取り
に期待しているかに着目したものです。

316

同族株主の有無	株主の態様				評価方式
同族株主のいる会社	同族株主	取得後の議決権割合が5％以上の株主			原則的評価方法（純資産価額方式又は類似業種比準方式との折衷法）
		取得後の議決権割合が5％未満の株主	中心的な同族株主がいない場合		
			中心的な同族株主がいる場合	中心的な同族株主	
				役員である株主又は役員となる株主	
				その他の株主	特例的評価方法（配当還元方式）
	同族株主以外				
同族株主のいない会社	取得後の議決権割合が15%以上のグループに属する株主	取得後の議決権割合が5％以上の株主			原則的評価方法（純資産価額方式又は類似業種比準方式との折衷法）
		取得後の議決権割合が5％未満の株主	中心的な株主がいない場合		
			中心的な株主がいる場合	役員である株主又は役員となる株主	
				その他の株主	特例的評価方法（配当還元方式）
	議決権割合の合計が15%未満の株主グループに属する株主				

　表中における原則的評価方法とは、純資産価額方式（Q8-6参照）又は純資産価額と類似業種比準方式（Q8-5参照）の折衷法（大会社の場合は類似業種比準方式）による評価であり、特例的評価方法とは配当還元方式（Q8-7参照）をいいますが、一般に配当還元方式によったほうが算定される株価は低くなります。

　したがって、配当還元方式の活用が株価対策、ひいては事業承継対策にとっ

Ⅲ　事業承継に係る各種評価方法

ても有効な手段となる場合があります。

① 評価方式判定における株主分類

ア．同族株主

　課税時期における評価会社の株主のうち、株主の１人及びその同族関係者の有する議決権の合計数がその会社の議決権総数の30％以上（その評価会社の株主のうち、株主の１人及びその同族関係者の有する議決権の合計数が最も多いグループの有する議決権の合計数が、その会社の議決権総数の50％超である会社にあっては、50％超）である場合におけるその株主及びその同族関係者をいいます（評基通188(1)）。

イ．中心的な同族株主

　課税時期において同族株主の１人並びにその株主の配偶者、直系血族、兄弟姉妹及び１親等の姻族（これらの者の同族関係者である会社のうち、これらの者が有する議決権の合計数がその会社の議決権総数の25％以上である会社を含む。）の有する議決権の合計数がその会社の議決権総数の25％以上である場合におけるその株主をいいます（評基通188(3)）。

ウ．中心的な株主

　課税時期において株主の１人及びその同族関係者の有する議決権の合計数がその会社の議決権総数の15％以上である株主グループのうち、いずれかのグループに単独でその会社の議決権総数の10％以上の議決権を有している株主がいる場合におけるその株主をいいます（評基通188(4)）。

エ．役員

　社長、理事長並びに法人税法施行令71条１項１号、２号及び４号に掲げる者をいいます（評基通188(2)）。

　　１号：代表取締役、代表執行役、代表理事及び清算人
　　２号：副社長、専務、常務その他これらに準ずる職制上の地位を有する役員
　　４号：委員会設置会社の取締役、会計参与及び監査役並びに監事

オ．同族関係者

　同族関係者とは法人税法施行令４条に規定されている特殊な関係のある個人又は法人をいいます。

第8章　財産評価基本通達に基づく株式評価

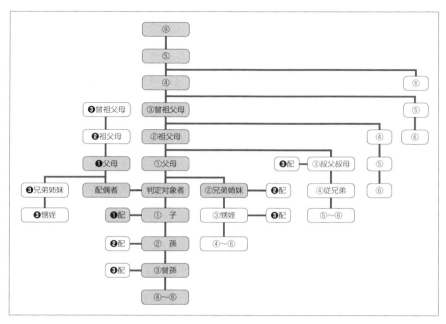

（注）①～⑥血族　　●～❸姻族
　　　網掛部分が中心的同族株主の判定の範囲

カ．親族の範囲

親族の範囲は上図のとおりであり、6親等以内の血族及び3親等以内の姻族をいいます。

(2) 配当還元方式によることができる株主

配当還元方式によると株価が低く算定されることとなりますが、その条件について説明すると下記のとおりとなります。

① 同族株主のいる会社の場合

同族株主のいる場合には取得する株主が下記の条件のいずれかを満たす必要があります。

　ア．同族株主でないこと
　イ．同族株主であって次の要件を満たす株主

Ⅲ　事業承継に係る各種評価方法

　　　・中心的同族株主が存在しており、自身が中心的同族株主に該当しないこと
　　　・当該会社の役員でないこと
　　　・取得後の議決権割合が5％未満であること。

② 　同族株主がいない会社の場合

　同族株主がいない場合には、取得する株主が下記の条件のいずれかを満たす必要があります。

　ア．議決権割合が15％未満の株主グループに属すること。

　イ．議決権割合が15％以上のグループに属しているが次の要件を満たす株主
　　　・中心的な株主がいること
　　　・当該会社の役員でないこと
　　　・取得後の議決権割合が5％未満であること。

　上記の条件に該当する株主への株式の移転は、評価額の低い配当還元方式で行うことが可能となることから、その活用次第では相続対策や事業承継対策に有効となります。

　ただし、株式分散は会社経営権への弊害等も生じうるため、無議決権株式の活用や従業員持株会の活用も同時に検討することが望ましいといえます。

第8章 財産評価基本通達に基づく株式評価

Q 8-4.
会社規模の判定及び採用する評価方法

会社規模の判定及び採用する評価方法について説明してください。

Answer

▶ポイント
- 原則的評価においては、一定の基準により会社規模を判定することとなっています。
- 判定された会社規模により、類似業種比準方式と純資産価額方式の株価算定上の割合が異なります。

1．会社規模による算定方式の判定

取引相場のない株式の評価においても、その評価対象会社は上場会社にも比肩しうる大会社から個人企業のような小会社までさまざまであり、それを一律に評価することは妥当ではないため、原則的評価においても会社を大会社、中会社、小会社とに区分し純資産価額方式と類似業種比準方式のウェイト付け(Lの割合)という形で一定の調整をしています。その適用関係は下表のとおりです。

下記のうち、中会社の折衷方式における純資産額部分及び小会社の評価における純資産価額部分については、取得者とその同族関係者の議決権割合が50％以下の場合には80％評価とすることができます（評基通185）。

会社規模	評価方法
大会社	類似業種比準価額
	1株当たり純資産価額（納税者の選択による）
中会社	類似業種比準価額×L＋1株当たり純資産価額×（1－L）
	1株当たり純資産価額（納税者の選択による）
小会社	1株当たり純資産価額
	類似業種比準価額×0.5＋1株当たり純資産価額×0.5（納税者の選択による）

（注）Lの割合については(2) Lの割合の判定参照。

Ⅲ　事業承継に係る各種評価方法

　類似業種比準方式と純資産価額方式はそれぞれＱ8-5とＱ8-6で説明しますが、一般に内部留保の多い非上場会社においては、純資産価額方式によると株価が高く算定されることが多くなります。したがって、算定要素として類似業種比準方式の割合が高いほど株価が低く算定されやすいため、会社規模が大きいほど株価が低く算定されやすくなります。

　ただし、自社の業種区分が高株価の上場会社と同じ業種区分に属している場合等には、必ずしも類似業種比準方式が有利ともいえないことに留意する必要があります。

(1)　会社規模の判定

　会社規模の判定は、従業員数、総資産価額、取引金額によって次頁の表のように区分されます（評基通178）。

①　会社規模判定における従業員数

　「従業員数」は、直前期末以前1年間においてその期間継続して評価会社に勤務していた従業員（就業規則等で定められた1週間当たりの労働時間が30時間未満である従業員を除く。）の数に、直前期末以前1年間において評価会社に勤務していた従業員（継続勤務従業員を除く。）のその1年間における労働時間の合計時間数を従業員1人当たり年間平均労働時間数で除して求めた数を加算した数とします。

　この場合における従業員1人当たり年間平均労働時間数は、1,800時間とします（評基通178(2)）。

②　総資産価額

　課税時期の直前に終了した事業年度の末日における評価会社の各資産の帳簿価額の合計額とします（評基通178(1)）。

③　取引金額

　その期間における評価会社の目的とする事業に係る収入金額（金融業・証券業については収入利息及び収入手数料）とします（評基通178(3)）。

　なお、評価会社の業種を判定するに際しては、当該取引金額の最も多い取引金額に係る業種によります（評基通178(4)）。

第8章　財産評価基本通達に基づく株式評価

規模区分	区分の内容		総資産価額（帳簿価額によって計算した金額）及び従業員数	直前期末以前1年間における取引金額
大会社	従業員数が100人以上の会社又は右のいずれかに該当する会社	卸売業	20億円以上（従業員数が50人以下の会社を除く。）	80億円以上
		小売・サービス業	10億円以上（従業員数が50人以下の会社を除く。）	20億円以上
		卸売業、小売・サービス業以外	10億円以上（従業員数が50人以下の会社を除く。）	20億円以上
中会社	従業員数が100人未満の会社で右のいずれかに該当する会社（大会社に該当する場合を除く。）	卸売業	7,000万円以上（従業員数が5人以下の会社を除く。）	2億円以上80億円未満
		小売・サービス業	4,000万円以上（従業員数が5人以下の会社を除く。）	6,000万円以上20億円未満
		卸売業、小売・サービス業以外	5,000万円以上（従業員数が5人以下の会社を除く。）	8,000万円以上20億円未満
小会社	従業員数が100人未満の会社で右のいずれにも該当する会社	卸売業	7,000万円未満又は従業員数が5人以下	2億円未満
		小売・サービス業	4,000万円未満又は従業員数が5人以下	6,000万円未満
		卸売業、小売・サービス業以外	5,000万円未満又は従業員数が5人以下	8,000万円未満

Ⅲ　事業承継に係る各種評価方法

⑵　Lの割合の判定

　中会社の評価方法において定められているLの割合は中会社をさらに規模により３つに分類し、その判定によりLの割合が決まることとなります。

　具体的には、次の「①総資産価額及び従業員数に応ずる割合」と「②直前期以前１年間における取引金額に応ずる割合」の、いずれか大きい割合となります。

① 総資産価額及び従業員数に応ずる割合

卸売業	小売・サービス業	卸売業、小売・サービス業以外	割合
14億円以上（従業員数が50人以下の会社を除く。）	７億円以上（従業員数が50人以下の会社を除く。）	７億円以上（従業員数が50人以下の会社を除く。）	0.9
７億円以上（従業員数が30人以下の会社を除く。）	４億円以上（従業員数が30人以下の会社を除く。）	４億円以上（従業員数が30人以下の会社を除く。）	0.75
7,000万円以上（従業員数が５人以下の会社を除く。）	4,000万円以上（従業員数が５人以下の会社を除く。）	5,000万円以上（従業員数が５人以下の会社を除く。）	0.6

② 直前期以前１年間における取引金額に応ずる割合

卸売業	小売・サービス業	卸売業、小売・サービス業以外	割合
50億円以上80億円未満	12億円以上20億円未満	14億円以上20億円未満	0.9
25億円以上50億円未満	６億円以上12億円未満	７億円以上14億円未満	0.75
２億円以上25億円未満	6,000万円以上６億円未満	8,000万円以上７億円未満	0.6

第8章 財産評価基本通達に基づく株式評価

③ 会社規模における株価対策

　会社規模は上記で説明したように、総資産、従業員数、取引金額、業種に応じて判定されるため、会社規模の上位への変更は限定的な状況において可能であるといえます。

　例として、営業部門や製造部門を分社化している場合等で、当該会社を合併する場合や、事業効率化の観点等から必要な投資がある場合等です。

　ただし、上記の場合にも合併する会社の収益性によっては逆効果になる場合や、そもそも課税時期の直前に当該合併等を実施している場合や資産が土地や株式の場合にはその取得後の資産構成によっては純資産価額方式での評価になる場合があることに留意する必要があります。

　むしろ現実的には、従業員数や総資産の額が上位の規模にきわめて近い場合等に人員の増員をする等が実現可能性は高いといえます。

⑶　設例

以下の条件の場合のＡ社の会社規模ごとの評価額を教えてください。
【前提条件】
Ａ社の課税時期において算定された株価は以下のとおりである。
・類似業種比準価額は大会社の場合１株1,400円、中会社の場合１株1,200円、小会社の場合１株1,000円
・純資産価額は１株3,200円
・評価対象者の議決権割合は50％超である。
・事例を単純化するために会社規模の変更に伴う、純資産額の変動に変更はないものとする。

①　大会社に判定される場合

　類似業種比準価額1,400円

②　中会社（Ｌの割合0.75）の場合

　類似業種比準価額1,200円×0.75＋純資産価額3,200円×（１−0.75）

　＝1,700円

③　小会社の場合

　類似業種比準価額1,000円×0.5＋純資産価額3,200円×（１−0.5）

　＝2,100円

Ⅲ　事業承継に係る各種評価方法

　上記のとおり、類似業種比準価額が純資産価額に比して低く算定される場合には、会社規模が上がると、当然に評価額は下落することとなります。

　ただし、実際には会社規模を上位へ変更しようとする場合、前述のとおり合併や事業譲受や設備投資等が伴うことが多く、その結果として類似業種比準価額で評価することが困難なため、類似業種比準価額が適用できない場合や、類似業種比準価額や純資産価額も変動する等も考えられるため、経営上の判断も含めた総合的な検討が必要であることに留意する必要があります。

【参考】取引相場のない株式（出資）の明細書

	ト 直前期末以前1年間における従業員数に応ずる区分				100人以上の会社は、大会社（チ及びリは不要） 100人未満の会社は、チ及びリにより判定			
	チ 直前期末の総資産価額（帳簿価額）及び直前期末以前1年間における従業員数に応ずる区分				リ 直前期末以前1年間の取引金額に応ずる区分			会社規模とLの割合（中会社）の区分
	総資産価額（帳簿価額）			従業員数	取引金額			
	卸売業	小売・サービス業	卸売業、小売・サービス業以外		卸売業	小売・サービス業	卸売業、小売・サービス業以外	
判定基準	20億円以上	10億円以上	10億円以上	50人超	80億円以上	20億円以上	20億円以上	大会社
	14億円以上20億円未満	7億円以上10億円未満	7億円以上10億円未満	50人超	50億円以上80億円未満	12億円以上20億円未満	14億円以上20億円未満	0.90（中会社）
	7億円以上14億円未満	4億円以上7億円未満	4億円以上7億円未満	30人超50人以下	25億円以上50億円未満	6億円以上12億円未満	7億円以上14億円未満	0.75（中会社）
	7,000万円以上	4,000万円以上4億円未満	5,000万円以上4億円未満	5人超30人以下	2億円以上25億円未満	6,000万円以上6億円未満	8,000万円以上7億円未満	0.60（中会社）
	7,000万円未満	4,000万円未満	5,000万円未満	5人以下	2億円未満	6,000万円未満	8,000万円未満	小会社

・「会社規模とLの割合（中会社）の区分」欄は、チ欄の区分（「総資産価額（帳簿価額）」と「従業員数」とのいずれか下位の区分）とリ欄（取引金額）の区分とのいずれか上位の区分により判定します。

判定	大会社	中会社			小会社
		Ｌ の 割 合			
		0.90	0.75	0.60	

出典：国税庁ホームページ「第1表の2　評価上の株主の判定及び会社規模の判定の明細書（続）」より抜粋

Ⅲ 事業承継に係る各種評価方法

Q 8-5.
類似業種比準価額による評価方法

類似業種比準方式による評価について説明してください。

Answer

▶ポイント

- 類似業種比準方式は、「類似業種の株価並びに1株当たりの配当金額、年利益金額及び純資産価額（帳簿価額によって計算した金額）の3つの要素（比準要素）」を基礎として株式評価額を計算する方法です。純資産価額方式とともに原則的評価方式に用いられます。

1．類似業種比準方式の算定方法

類似業種比準方式とは、類似業種の株価並びに1株当たりの配当金額、年利益金額及び純資産価額（帳簿価額によって計算した金額）を基とし次の算式で評価します。

$$\text{1株(50円)当たりの比準価額} = A \times \left[\frac{\frac{Ⓑ}{B} + \frac{Ⓒ}{C} \times 3 + \frac{Ⓓ}{D}}{5} \right] \times 0.7$$

$$\text{1株当たりの類似業種比準価額} = \text{1株(50円)当たりの比準価額} \times \frac{\text{直前期末の資本金等の額} \div \text{直前期末の発行済株式数（自己株式控除後）}}{50円}$$

A＝類似業種の株価
B＝課税時期の属する年の類似業種の1株当たりの配当金額
C＝課税時期の属する年の類似業種の1株当たりの年利益金額
D＝課税時期の属する年の類似業種の1株当たりの純資産価額
Ⓑ＝評価会社の1株当たりの配当金額
Ⓒ＝評価会社の1株当たりの年利益金額
Ⓓ＝評価会社の1株当たりの純資産価額

上記の算式中の0.7（斟酌率）は、大会社の場合であり、中会社においては0.6、小会社においては0.5を使用します。

また上記B、C、Dについては1株当たりの資本金等を50円に換算して計算されているため、Ⓑ©Ⓓについても1株当たりの資本金等を50円として算定することになります（評基通180）。

(1) 各比準要素の意味と引下げ対策
① 類似業種の株価

類似業種の株価を算定するために、評価会社の業種目を決定することになります。この際、国税庁が評価通達として公表している「類似業種比準価額計算上の業種目及び業種目別株価等」の定める業種のどれに該当するかで判定することになります。評価会社が複数の業種を兼業している場合には、直前期末1年間の取引金額の割合によって、次のフローチャートに従って判定します（評基通178、181、181-2）。

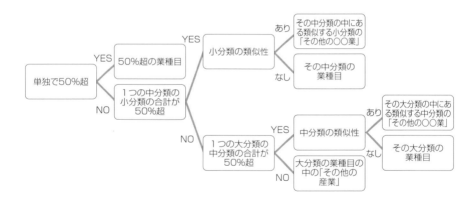

業種が決定されると、当該業種の比準株価を決定することになります。その際には、課税時期の属する月以前3か月間の各月の株価の最も低いものとすることとされていますが、前年平均株価を選択することもできます（評基通182）。

Ⅲ　事業承継に係る各種評価方法

② 「１株当たりの配当金額」とは、直前期末以前２年間におけるその会社の剰余金の配当金額の合計額の２分の１に相当する金額を、直前期末における発行済株式数で除して計算した金額とします。具体的な算定式は次のとおりです（評基通183⑴）。

$$\frac{直前期末以前２年間の配当金額（※１）÷２}{直前期末における発行済株式数（※２）}$$

（※１）特別配当、記念配当等の将来毎期継続することが予想できない金額を除きます。また、各事業年度中に配当金交付の効力が発生した剰余金の配当金額とし、資本金等の額の減少によるものを除きます。

（※２）１株当たりの資本金等の額が50円以外の金額である場合には、直前期末における資本金等の額を50円で除して計算した数によるものとします。また、自己株式数を控除して算定します。

【対策例】

・記念配当などで配当した場合は、比準要素から記念配当が除かれるので、類似が低くなる場合があります。

・２年間無配の場合には、配当の比準要素が零になります。

ただし、比準要素数が０や１の場合には、純資産額も考慮して評価されるので留意が必要です。

③　１株当たりの利益金額

「１株当たりの利益金額」とは、直前期末以前１年間における法人税の課税所得金額に、その所得の計算上益金に算入されなかった剰余金の配当等の金額及び損金に算入された繰越欠損金の控除額を加算した金額を、直前期末における発行済株式数で除して計算した金額とします（金額がマイナスとなる場合は０とします。）。具体的な算定式は次のとおりです（評基通183⑵）。

$$\frac{法人税の課税所得金額（※１）＋受取配当金等の益金不算入額（※２）＋損金算入繰越欠損金控除額}{直前期末における発行済株式数（※３）}$$

（※１）固定資産売却益、保険差益等の非経常的な利益の金額を除きます。

（※２）資本金等の額の減少によるものを除きます。また、所得税額に相当する金額を除きます。

（※３）１株当たりの資本金等の額が50円以外の金額である場合には、直前期末における資本金等の額を50円で除して計算した数によるものとします。また、自己株式数を控除して算定します。

第8章　財産評価基本通達に基づく株式評価

　　　なお、納税義務者の選択により、直前期末以前2年間の各事業年度について、それぞれの算定金額の合計額の2分の1に相当する金額を直前期末における発行済株式数で除して計算した金額とすることもできます（評基通183(2)）。

【対策例】
　・退職金の支給
　・損金性ある保険の活用
　・企業再編の手法の活用（高収益部門の分割等）
　・滞留在庫や不良債権の整理
　・含み損のある資産の売却等
　上記を含む対策を実施するに際しては、経済合理性の観点等にも留意して、総合的に判断することが必要となります。

④　1株当たり純資産額

　直前期末における資本金等の額及び利益積立金額に相当する金額（定義は法人税法2条を参照）の合計額を直前期末における発行済株式数で除して計算した金額とします。ただし、利益積立金額がマイナスである場合に、算式中の分子がマイナスとなる場合には、分子の金額を0とします（評基通183(3)）。

$$\frac{資本金等の額＋法人税法上の利益積立金額}{直前期末における発行済株式数（※）}$$

（※）　1株当たりの資本金等の額が50円以外の金額である場合には、直前期末における資本金等の額を50円で除して計算した数によるものとします。また、自己株式数を控除して算定します。

【対策例】
　1株当たりの純資産額の対策としては、概ね③1株当たり利益金額の対策事例と同様になります。

331

Ⅲ　事業承継に係る各種評価方法

2．設例

　A社の株式の評価を原則的評価による場合の株価について、説明してください。

【前提条件】

ケース1　退職金支給なし

①　A社の状況は次のとおり

・会社規模は中会社（Lの割合0.75）

・株式取得株主は社長（議決権割合40％）の長男（議決権割合25％）である。

・発行済み株式数は100,000株、資本金等の額は5,000,000円

・年間利益額5,000,000円

・簿価純資産額は50,000,000円（相続税評価額も同額）

・類似業種比準要素は以下のとおり。

比準要素	A社	類似業種
1株当たりの年配当金額	5円	3.50円
1株当たりの年利益金額	50円	33円
1株当たりの簿価純資産額	500円	257円

類似業種の株価の状況

課税時期の属する月の平均株価	310円
課税時期の属する月の前月の平均株価	316円
課税時期の属する月の前々月の平均株価	328円
課税時期の前年の平均株価	298円

ケース2　退職金支給あり

②　退職金以外は①の条件と同様

③　直前期において退職金の支給を4,000,000円実施

④　その他特別損益項目なし

第8章 財産評価基本通達に基づく株式評価

(1) ケース1の場合

① 類似業種比準価額の算定

$$298円 \times \left[\frac{\dfrac{5円}{3.5円} + \dfrac{50円}{33円} \times 3 + \dfrac{500円}{257円}}{5} \right] \times 0.6 = 283円$$

② 純資産価額の算定

1株当たり純資産価額＝純資産価額50,000,000÷発行済み株式総数100,000株
＝500円

③ 株価の算定

類似業種比準価額×L＋純資産価額×（1－L）
　283円×0.75＋500円×（1－0.75）＝337円
（注）計算結果は円未満を切り捨てている。

(2) ケース2の場合

① 退職金支給後の比準価額

比準要素	退職金支給あり	類似業種
1株当たりの年配当金額	5円	3.50円
1株当たりの年利益金額	10円	33円
1株当たりの簿価純資産額	460円	257円

② 類似業種比準価額の算定

$$298円 \times \left[\frac{\dfrac{5円}{3.5円} + \dfrac{10円}{33円} \times 3 + \dfrac{460円}{257円}}{5} \right] \times 0.6 = 147円$$

③ 純資産価額の算定

1株当たり純資産価額＝純資産価額46,000,000÷発行済み株式総数100,000株
＝460円

Ⅲ　事業承継に係る各種評価方法

④　**株価の算定**

類似業種比準価額×Ｌ＋純資産価額×（１－Ｌ）
147円×0.75＋460円×（１－0.75）＝225円
（注）計算結果は円未満を切り捨てている。

(3)　**留意事項**

　比準要素が下がると、類似業種比準価額も下がります。その中でも、年利益額は他の要素の３倍のウェイト付がされていることから、利益額の少ない時ほど、株価は低くなる傾向にあります。

　また、会社規模が大きいほどＬの割合が高まり、類似業種比準価額の引下げ影響が株価に影響を与えることになります。

第8章　財産評価基本通達に基づく株式評価

8-6.
純資産価額による評価方法

取引相場のない株式の評価方法のうち、純資産価額による評価方法について説明してください。

nswer

▶ポイント

- 純資産価額方式とは、会社の各資産及び各負債を相続税の評価に置き換えた1株当たりの純資産価額によって株式評価額を計算する方法です。類似業種比準方式とともに原則的評価方式に用いられます。

1．純資産価額方式の定義

　純資産価額方式は、課税時期における各資産（財産評価基本通達により評価）の合計額から課税時期における各負債の合計額及び評価差額に対する法人税額等（評基通186-2により計算）を控除した金額を、課税時期における発行済株式数で除して計算する方法です。

　小会社の評価及び中会社、大会社において選択された場合に使用されるほか、中会社の原則的評価及び小会社において折衷法を選択する場合にも使用され、具体的には下表の**網掛け**の部分に使用されます。

会社規模	評価方法
大会社	類似業種比準価額
	1株当たり純資産価額（納税者の選択による）
中会社	**類似業種比準価額×L＋1株当たり純資産価額×（1－L）**
	1株当たり純資産価額（納税者の選択による）
小会社	**1株当たり純資産価額**
	類似業種比準価額×0.5＋**1株当たり純資産価額**×0.5 （納税者の選択による）

Ⅲ　事業承継に係る各種評価方法

　上記のうち、中会社の折衷方式における純資産額部分及び小会社の評価における純資産価額部分については、取得者とその同族関係者の議決権割合が50％以下の場合には80％評価とすることができます（評基通185）。

２．算定式

　算定式は以下のとおりです。

$$\frac{総資産価額（相続税評価額）- 負債の合計額 - 評価差額に対する法人税相当額（※）}{発行済株式数}$$

※：38％（法人税（地方法人税を含む。）、事業税（地方法人特別税を含む。）、道府県民税及び市町村民税の税率の合計に相当する割合）（評基通186－２）

⑴　算定上の留意点

①　評価時点

　純資産価額方式においては、課税時期における各資産及び各負債を評価通達によって通常の取引価額（相続税評価）に評価して１株当たりの純資産価額を求める方式であることから、課税時期が年度途中である場合には仮決算を組むことになりますが、直前期末から課税時点までの資産、負債に著しい変動がない場合には、直前期末の決算によることもできます。

②　資産評価上の留意事項

ア．資産の範囲

　評価対象会社の貸借対照表に計上されている資産に限らず、相続税法上規定する金銭に見積もることのできるすべてのものが対象となります（相基通11の2-1）。例えば無償で取得した特許権（評基通140）や自己創設のれん（評基通165）等も財産評価基本通達によって評価されることとなります。

　一方で、貸借対照表上に計上されていても、財産性のない前払費用や繰延税金資産、繰延資産等は算定対象の資産には含まれません。

イ．評価の基準

　相続税法においては、財産の評価は取得の時の時価によるものとされており（相法22）、財産評価の基本的な取扱いは、財産評価基本通達に定められていま

第8章　財産評価基本通達に基づく株式評価

す。

ウ．課税時期3年以内に取得又は新築した土地及び土地の上に存する権利並びに家屋等があるときは、これらの価額は課税時期における通常の取引価額によるとされています（評基通185）。

③　負債評価上の留意事項

負債の金額は相続税法上の規定により債務控除の対象になる債務、すなわち確定債務に限られます（相法14）。

したがって、貸倒引当金、退職給与引当金、納税引当金その他の引当金、準備金は負債に含まれません（評基通186）。

ただし、下記のものは負債に含まれます。

● 課税時期の事業年度に対応する法人税等で、課税時期までの期間に対応する金額で、課税時期において未払いのもの

● 課税時期以前に賦課期日のあった固定資産税で、課税時期において未払いのもの。

● 被相続人の死亡により相続人に支給することが確定した退職手当金、功労金等。

④　評価差額の取扱い（評基通186-2）

相続税評価額で評価した資産から負債を控除した金額から、帳簿価額上の純資産を控除した評価差額に38％を乗じて算定します。

ただし、下記については評価差額控除の適用はありません。

● 評価会社が所有する株式等の純資産価額の算定の場合（評基通186-3）

● 著しく低額で受け入れた現物出資資産等（ただし、総資産に占める割合が20％以下の場合を除きます（評基通186-2）。）

(2)　純資産価額引下対策

①　土地、建物等の購入等により相続税評価額と帳簿価額の乖離を利用する。ただし3年以内に取得した資産については2．(1)②**ウ**の規定が適用されることに留意する必要があります。

②　遊休資産等の転用等による相続税評価額の引下げ

③　生命保険契約の活用

337

Ⅲ　事業承継に係る各種評価方法

④　退職金の支給
⑤　配当還元法式が可能な相手先への第三者割当増資の実施等

3．設例

　Ａ社の株式の評価を純資産価額方式での評価による場合の株価について説明してください。
⑤　　Ａ社の状況は次のとおり
　　　・会社規模は小会社
　　　・発行済み株式数100,000株
　　　・相続税評価額による純資産額150,000,000円
　　　・帳簿価額による純資産額100,000,000円
　　　・年払い保険料10,000,000円の定期保険を検討しており、
　　　　当該保険契約は全額が保険料に計上される。
　　　　当該保険の初年度の解約返戻金は3,000,000円である。

ケース１　保険契約を締結しない場合
ケース２　保険契約を締結する場合

⑴　ケース１の場合

①　評価差額の算定

相続税評価額の純資産価額150,000,000円－帳簿価額の純資産額100,000,000円
＝評価差額50,000,000円

②　評価差額に係る法人税相当額の算定

評価差額に係る法人税相当額＝50,000,000円×38％＝19,000,000円

③　株価の算定

$$\frac{150,000,000円－19,000,000円}{発行済株式総数100,000株}＝1,310円$$

338

第 8 章　財産評価基本通達に基づく株式評価

(2)　ケース 2 の場合

① 帳簿価額による純資産価額

100,000,000円－保険料10,000,000＝90,000,000円

② 相続税評価額による純資産価額

150,000,000円－保険料10,000,000円＋解約返戻金3,000,000円＝143,000,000円

③ 評価差額の算定

143,000,000円－90,000,000円＝53,000,000円

④ 評価差額に係る法人税相当額の算定

53,000,000円×38%＝20,140,000円

⑤ 株価の算定

$$\frac{143,000,000円－20,140,000円}{発行済株式総数100,000株}＝1,228円$$

339

Ⅲ　事業承継に係る各種評価方法

 8-7.
取引相場のない株式の評価 ・ 配当還元方式

財産評価基本通達における取引相場のない株式の評価として、配当還元方式について説明してください。

 nswer

▶ポイント

- 配当還元方式とは、評価対象の株式に係る年配当金額を基準として株式評価額を計算する方法です。特例的評価方式に用いられます。ただし、その金額が原則的な評価方法による評価額を超える場合には、原則的評価方法によって評価することとされます。

1．定義

　その株式に係る年配当金額を基礎として評価します。具体的な算定式は次の2に記載のとおりです。ただし、その金額がその株式を取引相場のない株式の評価の原則の定めにより評価するものとして計算した金額を超える場合には、取引相場のない株式の評価の原則の定めにより計算した金額によって評価します（評基通188-2）。特例的評価として配当還元方式が採用できるのは、株主総会の議決権を通じて会社経営に影響力を発揮できる株主と、このような影響力を持たず配当受領を主な目的とする株主とを比較した場合に、その保有する株式価値が異なることを考慮したものです。

2．算定式

$$\frac{年配当金額（※）}{10\%} \times \frac{1株当たり資本金等の額}{50円}$$

※：2円50銭未満のもの及び無配のものにあっては2円50銭とします。

第8章　財産評価基本通達に基づく株式評価

3．特徴及び留意点

⑴　特徴

　取引相場のない株式とは、上場会社及び気配相場等のある株式以外の株式であり、規模の大きい会社から小さい会社まで様々です。

⑵　留意点

- 配当金額は類似業種比準方式における1株当たりの配当金額のことを指します。このため、留意点も同様です（Ｑ8-5参照）。
- 年配当金額が2円50銭未満又は無配の場合は、いずれも2円50銭の配当があったものとして評価します（評基通188-2）。
- 配当還元価額が原則的評価における評価額よりも高い場合には、原則的評価方式で評価します（評基通188-2）。

4．設例

　特例的評価方法である配当還元方式は、原則的評価方法と比較して低い株価となることがあります。

> Ａ社株式に関して、配当還元方式に該当しますが、株価対策を教えてください。
> 【前提条件】
> 1株当たり資本金等の額500円
> 配当金額3円（直前期末以前2年間の平均）

　配当還元価額（3円÷10％）×（500円÷50円）＝300円

　ここで、特別配当や記念配当といった非経常的な配当を利用することが考えられます。これらの配当は一時的なものであるため、評価の公平性を保つために除外されています。ここで、例えば創業50周年等で特別配当3円を実現し、普通配当は0円とすることを考えます。この場合、評価額は250円となることで株価を抑えることが可能です。

　配当還元価額（2円50銭÷10％）×（500円÷50円）＝250円

　（※）2円50銭未満又は無配の場合には、2円50銭として計算

341

Ⅲ　事業承継に係る各種評価方法

Q 8-8. 株式保有特定会社の株式の評価方法

財産評価基本通達における取引相場のない株式の評価として、特定の評価会社の株式評価（土地保有特定会社、株式保有特定会社、比準要素数１の会社、開業後３年未満の会社等、開業前又は休業中の会社、清算中の会社）が定められています。このうち、株式保有特定会社の株式評価方法について説明してください。

Answer

▶ポイント
- 特定の要件を満たす会社（特定の評価会社）については、特別の評価方法によって株式の評価を行います。これは、規模の大きさ等でははかれない、評価会社の資産の保有状況、営業の状態等に応じた特別な評価方法を定めたものです。ここでは、特定の評価会社のうち、「株式保有特定会社」について説明していきます。

　財産評価基本通達において、取引相場のない株式の評価としての「特定の評価会社の株式」とは、評価会社の資産の保有状況、営業の状態等に応じて定められています。具体的には、土地保有特定会社、株式保有特定会社、比準要素数１の会社、開業後３年未満の会社等、開業前又は休業中の会社、清算中の会社に区分されており、それぞれ評価方法が定められています。
　なお、評価会社が株式保有特定会社又は土地保有特定会社に該当する評価会社かどうかを判定する場合において、課税時期前において合理的な理由もなく評価会社の資産構成に変動があり、その変動が株式保有特定会社又は土地保有特定会社に該当する評価会社と判定されることを免れるためのものと認められるときは、その変動はなかったものとして当該判定を行います。ここでは、特定の評価会社のうち、「株式保有特定会社」に言及します。

1．株式保有特定会社
(1) 定義
　株式保有特定会社とは、株式等の保有割合の高い会社のことをいいます。具

第8章　財産評価基本通達に基づく株式評価

体的には、課税時期において評価会社の有する各資産を評価した価額の合計額のうちに占める株式及び出資の価額の合計額の割合が50％以上である会社（土地保有特定会社、開業後3年未満の会社等、開業前又は休業中の会社、清算中の会社のいずれかに該当するものを除く。）をいいます（評基通189(2)）。

なお、判定の基礎となる「株式及び出資」の範囲として、証券会社が保有する商品としての株式、外国株式、株式制のゴルフ会員権は含まれますが、匿名組合の出資、証券投資信託の受益証券は含まれません[105]。

(2)　株式の評価

株式保有特定会社の株式の評価は、財産評価基本通達189-3において以下のように定められています。

「株式保有特定会社の株式」の価額は、1株当たりの純資産価額（相続税評価額によって計算した金額）によって評価します。

この場合における当該1株当たりの純資産価額は、当該株式の取得者とその同族関係者の有する当該株式に係る議決権の合計数が株式保有特定会社の議決権総数の50％以下であるときには、上記により計算した1株当たりの純資産価額に100分の80を乗じて計算した金額とします。

ただし、上記の株式保有特定会社の株式の価額は、納税義務者の選択により、次の「①S1の金額」と「②S2の金額」との合計額によって評価することができます。

なお、当該株式が同族株主以外の株主等が取得した株式に該当する場合には、配当還元方式によって評価することとされています。そして、配当還元方式によって評価した価額が、1株当たりの純資産価額を超える場合には、純資産価額によって評価します。

①　S1の金額

S1の金額は、株式保有特定会社が保有する株式等とその株式等の受取配当金等を除外して計算した場合の同社株式の会社の規模に応じた原則的評価方法により評価した金額です。なお、この場合の会社の規模の判定は一般的な評価

105　国税庁ホームページ「質疑応答事例」抜粋

343

Ⅲ　事業承継に係る各種評価方法

会社と同様に判定を行います。

ア．原則的評価方式が類似業種比準方式である場合

　原則的評価方式が類似業種比準方式である場合のＳ１の金額は次のとおりです。

$$
A \times \cfrac{\cfrac{Ⓑ-ⓑ}{B} + \cfrac{Ⓒ-ⓒ}{C} \times 3 + \cfrac{Ⓓ-ⓓ}{D}}{5} \times 0.7
$$

（注１）　上記算式中符号の内容は次のとおりです。

　　Ａ＝類似業種の株価

　　Ｂ＝課税時期の属する年の類似業種の１株当たりの配当金額

　　Ｃ＝課税時期の属する年の類似業種の１株当たりの年利益金額

　　Ｄ＝課税時期の属する年の類似業種の１株当たりの純資産価額（帳簿価額によって計算）

　　Ⓑ＝評価会社の１株当たりの配当金額

　　Ⓒ＝評価会社の１株当たりの利益金額

　　Ⓓ＝評価会社の１株当たりの純資産価額（帳簿価額によって計算）

　　ⓑ＝Ⓑ×「＊受取配当金収受割合」

　　ⓒ＝Ⓒ×「＊受取配当金収受割合」

　　ⓓ＝（イ）＋（ロ）　ただし、Ⓓを限度とします。

$$
（イ）= Ⓓ \times \frac{評価会社の保有する株式等の価額（帳簿価額）}{評価会社の総資産価額（帳簿価額）}
$$

$$
（ロ）= \frac{評価会社の１株（50円換算）}{当たりの利益積立金} \times 「＊受取配当金収受割合」
$$

＊受取配当金収受割合
・受取配当金収受割合は、１を限度とし、小数点以下３位未満を切り捨てます。

（注２）　上記算式中の「0.7」は、「取引相場のない株式の評価上の区分」（評基達178）に定める大会社の場合であり、中会社の場合には「0.6」、小会社の場合には「0.5」とします。

イ．原則的評価方式が純資産価額方式である場合

　原則的評価方式が純資産価額方式である場合のＳ１の金額は次のとおりで

第8章　財産評価基本通達に基づく株式評価

す。

　なお、この場合の純資産価額は、財産評価基本通達185ただし書きの80％評価の適用はありません。

$$\frac{\left[\begin{array}{l}株式等以外の資産の相続\\税評価額の合計額＝X\end{array}\right]-\left[\begin{array}{l}負債の相続税評価\\額の合計額＝Y\end{array}\right]-\left[\begin{array}{l}評価差額に対する法人\\税額等相当額＝Z\end{array}\right]}{課税時期おける発行済株式数－自己株式の数}$$

　なお、Zの金額は以下の算式で算出します。

$$Z=\left\{X-Y-\left[\begin{array}{l}株式等以外の資産の\\帳簿価額の合計額\end{array}-\begin{array}{l}負債の帳簿価額の\\合計額\end{array}\right]\right\}\times38\%$$

ウ．比準要素数1の会社にも該当する場合

　株式保有特定会社が「比準要素数1の会社」にも該当する場合には、会社の規模にかかわらず、S1の金額は、比準要素数1の会社の評価の定めに準じて計算することになります。すなわち、S1の金額は、上記イの算式により計算した純資産価額、または、納税者の選択により、Lを0.25とした類似業種比準方式と純資産価額方式との併用方式（ただし、ここでの類似業種比準価額方式及び純資産価額方式の計算は、上記ア及びイの算式により計算）により計算します。

　以上を整理すると、S1の金額は次のとおりになります。

大 会 社	修正類似業種比準価額又は 納税者の選択により修正純資産価額
中 会 社	$\left[\begin{array}{l}修正類似業種比準価額\\又は納税者の選択によ\\り修正純資産価額\end{array}\right]\times L+$修正純資産価額$\times（1－L）$
小 会 社	修正純資産価額又は納税者の選択により 修正類似業種比準価額×0.5＋修正純資産価額×（1－0.5）
比準要素1の 会社にも該当 する会社	修正純資産価額又は納税者の選択により 修正類似業種比準価額×0.25＋修正純資産価額×（1－0.25）

（注）　上記の「修正類似業種比準価額」及び「修正純資産価額」は、ア及びイにより計算した価額をいいます。

Ⅲ　事業承継に係る各種評価方法

②　S2の金額

S2の金額は、株式保有特定会社が所有する株式等のみを評価会社が所有する資産であるとした場合の1株当たりの純資産価額（相続税評価額によって計算した金額）によって計算した価額をいいます（評基通189-3(2)）。

$$\frac{株式等の相続税評価額の合計額 - \left[株式等の相続税評価額の合計額 - 株式等の帳簿価額の合計額\right] \times 38\%}{課税時期おける発行済株式数 - 自己株式の数}$$

2．留意点

株式保有特定会社の株式評価額は上記1のとおりであり、類似業種比準方式が適用されません。このため、例えば内部留保が潤沢で純資産価額の大きい株式保有特定会社では評価額が大きくなり、事業承継において相続税額が大きくなることで不利になることが考えられます。このような場合には代表的な対策として、他社との合併により株式以外の資産総額を増やすことで株式保有割合を下げ、株式保有特定会社に該当しなくすることが考えられます。

3．設例

株価対策としてよく行われるのが、持株会社を利用する方法です。例えば、株式移転を行うことで、評価を下げたい会社の株式を直接保有することなく、持株会社を通じた間接保有とすることが考えられます。この場合、純粋持株会社は株式保有特定会社となりますから、純資産価額方式を適用することになります。株式移転後に発生した利益については法人税額相当の38%が控除可能であるため、株価を抑えることが可能となります。

第8章　財産評価基本通達に基づく株式評価

> Ａ社の保有するＢ社株式に関して、株式移転により持株会社（Ｃ社）を設立する株価対策を教えてください。
> 【前提条件】
> 簡単な例とするため、新設したＣ社の保有する資産はＢ社株式のみで負債はなし、Ｃ社の発行する株式数は１株とします。
> （新設時のＣ社の貸借対照表）
> 　　Ｂ社株式：簿価1,000（相続税評価1,000）
> （評価時点のＣ社の貸借対照表）
> 　　Ｂ社株式：簿価1,000（相続税評価8,000）

　Ｂ社株式を直接保有する場合と、株式移転により持株会社（Ｃ社）を設立してＢ社株式を間接保有する場合を考えます。なお、原則的な１株当たり純資産で評価する場合を前提とします。

　　株式保有割合：株式8,000÷（株式8,000＋その他の資産4,000）＝66.7％

　　株式保有割合が50％以上であるため、特定保有会社に該当します。

　　純資産価額（直近）：株式8,000＋その他の資産4,000－負債2,000＝10,000

＜直接Ｂ社株式を保有する場合＞

　　Ｂ社株式の評価額8,000

＜Ｃ社を通じて間接的にＢ社株式を保有する場合＞

　　株式保有割合：株式8,000÷（株式8,000＋その他の資産4,000）＝66.7％

　　株式保有割合が50％以上であるため、Ｃ社は株式保有特定会社に該当します。

　　純資産価額（相続税評価）：Ｂ社株式8,000

　　純資産価額（帳簿価額）：Ｂ社株式1,000

　　評価差額に対する法人税額等相当額：評価差額（8,000－1,000）×税率38％＝2,660

　　Ｃ社株式の評価額（※）：8,000－2,660＝5,340

　　（※）Ａ社にとっての意味合いはＢ社株式の評価額

　このように、純粋持株会社を利用することで8,000＞5,340となり、株価を抑えることが可能となります。

Ⅲ　事業承継に係る各種評価方法

8-9.
営業権の評価方法

財産評価基本通達における取引相場のない株式の評価に際しての営業権の評価について説明してください。

nswer

▶ポイント
- 営業権の評価は次の算式によって計算します（ただし、前期利益を限度とします）。
    ①　超過利益金額の計算
    　　平均利益金額×0.5－標準企業者報酬の額－総資産価額×0.05
    ②　営業権の評価
    　　超過利益金額（上記①）×営業権の持続年数（原則として10年）に応ずる基準年利率による複利年金現価率

1．財産評価基本通達における営業権の意義

　財産評価基本通達における営業権は、「企業が有する伝統と社会的信用、名声、立地条件、営業上の秘訣、特殊の技術、特別の取引関係の存在等を総合した、将来にわたり他の企業を上回る企業収益を稼得することができる無形の財産価値を有する事実関係」と解されています[106]。

　取引相場のない株式の評価に際しては、純資産価額の算定にあたり営業権も評価することになります。なお、法人税法上では、事業譲受けなどに限り、承継した資産又は負債と交付した対価との差額が資産調整勘定（税務上ののれん）として資産計上されます（法法62の8）が、財産評価における営業権は財産評価基本通達165の算式により、営業権が生じる場合には、事業の譲受けなどの有無にかかわらず、営業権を評価することになります。つまり、財産評価上は、いわゆる「自己創設ののれん」も評価対象になります。

106　国税庁「財産評価基本通達の一部改正（案）に対する意見募集の結果について（平成20年3月31日）　別紙（ご意見の概要及びご意見に対する国税庁の考え方）」

第8章　財産評価基本通達に基づく株式評価

２．営業権の評価

⑴　営業権の評価

　営業権の評価については、以下の算式によって計算した金額によって評価するものとされています（評基通165）。

①　超過利益金額の計算

超過利益金額
＝平均利益金額×0.5－標準企業者報酬額－総資産価額×0.05

　超過利益金額の算定に際して平均利益金額に0.5を乗じるのは、営業権の計算上、将来にわたり平均利益金額が実現する確率が50％とみてリスク係数としているためです。

②　営業権の計算

営業権の価額＝超過利益金額×　営業権の持続年数（原則として、10年とする。）
　　　　　　　　　　　　　　　に応ずる基準年利率による複利年金現価率

　なお、医師、弁護士等のようにその者の技術、手腕又は才能等を主とする事業に係る営業権で、その事業者の死亡とともに消滅するものは、評価しません。

⑵　平均利益金額等について

　上述した算式における「平均利益金額」、「標準企業者報酬額」、「総資産価額」について、以下のように計算します（評基通166）。

①　平均利益金額

　平均利益金額は、課税時期の属する年の前年以前３年間における所得の金額の合計額の３分の１に相当する金額（課税時期の属する年の前年の所得の金額を超える場合には、課税時期の属する年の前年の所得の金額）とします（法人の場合は、課税時期の直前期末以内３年間における所得の金額の合計額の３分の１に相当する金額（その金額が、課税時期の直前期末以前１年間の所得の金額を超える場合には、課税時期の属する直前期末以前１年間の所得の金額）とします。）。

　この場合における所得の金額は、所得税法上の事業所得の金額（法人の場合は、法人税法上の各事業年度の所得の金額に損金に算入された繰越欠損金の控除額を加

349

算した金額）とし、その所得の金額の計算の基礎に次に掲げる金額が含まれているときは、これらの金額は、いずれもなかったものとして計算した所得の金額とします。

　　ア．非経常的な損益の額

　　イ．借入金等に対する支払利子の額及び社債発行差金の償却費の額

　　ウ．青色事業専従者給与額又は事業専従者控除額（法人の場合は、損金に算入された役員給与の額）

② 標準企業者報酬額

　標準企業者報酬額は、次に掲げる平均利益金額の区分に応じ、次に掲げる算式により計算した金額とします。

平均利益金額の区分	標準企業者報酬額
1億円以下	平均利益金額 × 0.3 ＋ 1,000万円
1億円超　3億円以下	平均利益金額 × 0.2 ＋ 2,000万円
3億円超　5億円以下	平均利益金額 × 0.1 ＋ 5,000万円
5億円超	平均利益金額 × 0.05 ＋ 7,500万円

　平均利益金額が5,000万円以下の場合は、標準企業者報酬額が平均利益金額の2分の1以上の金額となり、「営業権の評価」（評基通165）に掲げる算式にあてはめると、営業権の価額は算出されませんので留意してください。

③ 総資産価額

　総資産価額は、財産評価基本通達に従い評価した課税時期（法人の場合は、課税時期直前に終了した事業年度の末日）における企業の総資産の価額とします。

　上記のように営業権の評価のベースとなる超過利益金額の算定に際しては、評価対象となる所得を基礎としながらも、非経常的な損益、借入利息、役員報酬などを除外し、かわりに調達コストとして一律総資産の5％を控除及び標準企業者報酬額として利益の規模に応じて一定額を控除して計算します。したがって簿価純資産額が小さい会社であっても、特別損失が多額、総資産が小さい、多額の役員報酬を支払っている場合などでは、多額の営業権が計上され、

第8章　財産評価基本通達に基づく株式評価

純資産価額が高くなる場合がありますので、その点留意が必要になります。

3．設例

B 社の以下の場合の営業権の評価額及び純資産価額を教えてください。
【前提条件】
①B 社の直近の貸借対照表は以下のとおりであり、営業権以外含み益のある資産はない。

（単位：千円）

資産	400,000	負債	100,000
		純資産	300,000

②B 社の直近 3 年の所得金額等は以下のとおり

（単位：千円）

年度	所得金額（繰越欠損金控除前）	非経常的な損失（ネット）	支払利子	損金算入役員報酬	合計
×1	60,000	12,000	2,000	150,000	224,000
×2	80,000	3,000	2,000	150,000	235,000
×3	50,000	50,000	2,000	150,000	252,000

③課税時期の複利年金現価率は9.6（年0.75％の10年の複利現価率）とする。

(1)　平均利益金額の計算

（224,000千円（×1）＋235,000千円（×2）＋252,000千円（×3））÷ 3 ＝ 237,000千円

237,000千円と252,000千円のいずれか低い額が平均利益金額となるため、237,000千円が平均利益金額となります。

(2)　標準企業者報酬の額の計算

237,000千円（平均利益金額）×0.2＋20,000千円＝67,400千円

351

Ⅲ　事業承継に係る各種評価方法

（3）　**超過利益金額の計算**

237,000千円（平均利益金額）×0.5－67,400千円（標準企業者報酬）－
400,000千円（総資産）×0.05＝31,100千円

（4）　**営業権の評価額及び純資産価額**

営業権＝31,100千円×9.6＝298,560千円

純資産額＝300,000千円＋298,560千円＝598,560千円

（5）　**留意点**

本件は、営業権が過大に評価されることから、簿価純資産額に比して、財産
評価基本通達に基づく純資産価額が高いケースです。収益性の高い会社は、営
業権が発生する場合が多いので、留意が必要です。

第8章　財産評価基本通達に基づく株式評価

 8-10.
種類株式の評価方法

種類株式の評価について説明してください。

nswer

▶ポイント
- 国税庁が評価方法を公表している種類株式としては、
  1．配当優先の無議決権株式
  2．社債類似株式
  3．拒否権付株式

  があります。

1．種類株式の評価についての税務上の取扱い

　種類株式の評価についての税務上の取扱いは、平成19年2月19日に中小企業庁からの照会「相続等により取得した種類株式の評価について」に対する文書回答として下記の種類株式の評価方法が代表的な評価方法として公表されています。

　　　第一類型：配当優先の無議決権株式
　　　第二類型：社債類似株式
　　　第三類型：拒否権付株式

　実務上は、当該文書回答に従い評価することになります。

2．配当優先の無議決権株式（第一類型）の評価の取扱い

(1)　配当優先の株式の評価

　配当（資本金等の額の減少に伴うものを除く。以下同じ。）優先の株式の価額については次の区分に従って評価します。

①　類似業種比準方式により評価する場合

　配当優先の株式を類似業種比準方式により評価する場合には、「1株当たりの配当金額」については、株式の種類ごとに、その株式に係る実際の配当金により計算して評価します。

353

Ⅲ　事業承継に係る各種評価方法

　なお、配当還元方式により評価した場合も、上記に準じて評価することになります[107]。

②　純資産価額方式により評価する場合

　配当優先の株式を純資産価額方式により評価する場合には、配当優先の有無にかかわらず、財産評価基本通達185の定めにより評価します。

⑵　無議決権株式の評価

　無議決権株式については、原則として、議決権の有無を考慮せずにそのまま評価します。しかし、同族株主が無議決権株式（社債類似株式を除く。）を相続又は遺贈により取得した場合には、次のすべての条件を満たす場合に限り、納税者の選択により例外的に上記⑴又は原則的評価方式により評価した価額から、その価額に５％を乗じて計算した金額を控除した金額により評価するとともに、当該控除した金額を当該相続又は遺贈により同族株主が取得した当該会社の議決権のある株式の価額に加算した金額で評価することができます（以下、この方式による計算を「調整計算」という。）。

　この場合の適用条件及び調整計算の算式は次のとおりとなります。

【適用条件】

①　当該会社の株式について、相続税の法定申告期限までに、遺産分割協議が確定していること。

②　当該相続又は遺贈により、当該会社の株式を取得したすべての同族株主から、相続税の法定申告期限までに、当該相続又は遺贈により同族株主が取得した無議決権株式の価額について、調整計算前のその株式の評価額からその価額に５％を乗じて計算した金額を控除した金額により評価し、当該控除した金額を当該相続又は遺贈により同族株主が取得した当該会社の議決権のある株式の価額に加算して申告することについての届出書が所轄税務署長に提出されていること。

107　国税庁課税部資産評価企画官資産課税課審理室「種類株式の評価について（情報）」（平成19年３月９日付）別添「配当優先の無議決権株式の評価」参照

③ 当該相続税の申告にあたり、「取引相場のない株式（120％）の評価明細書」に、調整計算の算式に基づく無議決権株式及び議決権のある株式の評価額の算定根拠を記載し、添付していること。

【調整計算の算式】

$$\text{無議決権株式の評価額（単価）} = A \times 0.95$$

$$\text{議決権のある株式への加算額} = \left[A \times \text{無議決権株式の株式総数（注1）} \times 0.05 \right] = X$$

$$\text{議決権のある株式の評価額（単価）} = \left[B \times \text{議決権のある株式の株式総数（注1）} + X \right] \div \text{議決権のある株式の株式総数（注1）}$$

A…調整計算前の無議決権株式の1株当たりの評価額
B…調整計算前の議決権のある株式の1株当たりの評価額
（注1）「株式総数」は、同族株主が当該相続又は遺贈により取得した当該株式の総数をいう（配当還元方式により評価する株式及び下記3により評価する社債類似株式を除く。）。
（注2）「A」及び「B」の計算において、当該会社が社債類似株式を発行している場合は、下記3のなお書きにより、議決権のある株式及び無議決権株式を評価した後の評価額。
出典：国税庁「種類株式の評価について（情報）」（平成19年3月9日）

(3) 事業承継上の効果

　後継者には議決権株式を非後継者には無議決権株式を承継させた場合、選択により議決権株式を承継した相続人の方が多く相続税を負担することが可能なため、非後継者の不公平感を緩和することができ、後継者に議決権を集約しやすくなるというメリットがあります。
　また、配当の多寡により、類似業種比準価額が異なるため、非後継者に対する株式は配当優先株式にし、後継者に対する株式は普通株式にすることで、後継者の保有する株式の評価を抑えることも可能になります。

Ⅲ　事業承継に係る各種評価方法

３．社債類似株式（第二類型）の評価の取扱い

⑴　社債類似株式の評価

　次の条件を満たす株式（社債類似株式）については、その経済的実質が社債に類似していると認められることから、財産評価基本通達197－2「利付公社債の評価」の「金融商品取引所に上場されている又は日本証券業協会において売買参考統計値が公表される銘柄として選定された利付公社債以外の利付公社債」（評基達197-2⑶）に準じて、発行価額により評価します。ただし、株式であることから既経過利息に相当する配当金の加算は行いません。

【条件】

　　①　配当金については優先して分配する。また、事業年度の配当金が優先配当金に達しないときは、その不足額は翌事業年度以降に累積することとするが、優先配当金を超えて配当しない。

　　②　残余財産の分配については、発行価額を超えて分配は行わない。

　　③　一定期日において、発行会社は本件株式の全部を発行価額で償還する。

　　④　議決権を有しない。

　　⑤　他の株式を対価とする取得請求権を有しない。

⑵　社債類似株式を発行している会社の社債類似株式以外の株式の評価

　社債類似株式を発行している会社の社債類似株式以外の株式の評価にあたっては、社債類似株式を社債として次のように計算します。

①　類似業種比準方式により評価する場合

　ア．１株当たりの資本金等の額等の計算

　　　社債類似株式に係る資本金等の額及び株式数はないものとして計算する。

　イ．１株（50円）当たりの年配当金額

　　　社債類似株式に係る配当金はないものとして計算する。

　ウ．１株（50円）当たりの年利益金額

　　　社債類似株式に係る配当金を費用として利益金額から控除して計算する。

　エ．１株（50円）当たりの純資産価額

356

社債類似株式の発行価額は負債として簿価純資産価額から控除して計算する。

② 純資産価額方式により評価する場合

ア．社債類似株式の発行価額の総額を負債（相続税評価額及び帳簿価額）に計上する。

イ．社債類似株式の株式数は発行済株式数から除外する。

(2) 事業承継上の効果

評価方法が社債に準じた方法になるため、あまり評価上のメリットはありません。むしろ、株価が低いときに後継者に一定の株式を贈与したにもかかわらず、当該株式が社債類似株式に該当してしまったため、残りの株式を後継者に移す段階で、残りの株式の価値が総じて高くなってしまうデメリットが想定されます。種類株式を発行する場合には、逆に社債類似株式に該当するか否かの検討も必要になります。

４．拒否権付株式（第三類型）の評価の取扱い

(1) 拒否権付株式の評価

拒否権付株式については、拒否権を考慮せずに評価します。したがって、普通株式と同様に評価します。

(2) 事業承継上の効果

株価の低い段階でほとんどの株式を後継者へ承継し、若干の株式のみ拒否権付株式としてそのまま創業者が持ち続けることで、財産権のほとんどを後継者へ承継しつつも後継者が経営権を乱用した場合に備えて拒否権を創業者へ留保することが可能になります。

Ⅲ　事業承継に係る各種評価方法

5．設例

以下の場合の C 社の各株式の株価を教えてください。
【前提条件】
①C 社の直近の指標は以下のとおりである。
・拒否権付株式48株（3％）、普通株式1,072株（67％）、配当優先無議決権株式480株（30％）、発行済株式総数1,600株
・資本金等の額80,000千円（1株当たりの資本金等の額50,000円）
・1株当たりの資本金等の額を50円とした場合の発行済株式数1,600千株（80,000千円÷50円）
・直前期末以前2年間の年平均配当額　普通株式（拒否権付株式を含む）5,600千円、配当優先無議決権株式4,800千円
・年利益金額19,200千円
・純資産価額480,000千円
②C 社は大会社であり、相続税評価額による純資産価額は1株当たり300,000円である。
③C 社の類似業種の株価、1株当たりの年配当金額、1株当たりの年利益金額、1株（50円）当たりの純資産価額はそれぞれ、500円、4円10銭、41円、260円である。
④C 社の株式は、創業者である甲が100％所有しているが、拒否権付株式はそのまま甲が所有、普通株式は後継者である長男の乙が、配当優先無議決権株式は次男である丙に贈与することを予定している。

(1)　普通株式（拒否権付株式を含む）の株式評価額

① 評価会社の1株当たりの年配当金額

5,600千円÷（1,600千株×（（48株＋1,072株）÷1,600株））＝5円

② 評価会社の1株当たりの年利益金額

19,200千円÷1,600千株＝12円

③ 評価会社の1株当たりの純資産価額

480,000千円÷1,600千株＝300円

④ 類似業種比準価額

500円（類似株価）×（5円／4円10銭＋12円／41円×3＋300円／260円）

÷5（比準割合）×0.7（斟酌率）＝224円00銭（50円株）

224円×50,000円÷50円＝224,000円

第8章　財産評価基本通達に基づく株式評価

⑤　普通株式の株式評価額

類似業種比準価額224,000円＜純資産価額300,000円となり、大会社であるため、低い価額である類似業種比準価額224,000円が普通株式の株式評価額になります。

(2)　配当優先無議決権株式の株式評価額

①　評価会社の１株当たりの年配当金額

4,800千円÷（1,600千株×480株÷1,600株）＝10円

②　評価会社の１株当たりの年利益金額

19,200千円÷1,600千株＝12円

③　評価会社の１株当たりの純資産価額

480,000千円÷1,600千株＝300円

④　類似業種比準価額

500円（類似株価）×（10円／4円10銭＋12円／41円×3＋300円／260円）÷5（比準割合）×0.7（斟酌率）＝311円50銭（50円株）

311円50銭×50,000円÷50円＝311,500円

⑤　配当優先無議決権株式の株式評価額

類似業種比準価額311,500円＞純資産価額300,000円となり、大会社であるため、低い価額である純資産価額300,000円が配当優先無議決権株式の株式評価額になります。

（3）留意点

普通株式の相続財産の額は、224,000円×1,072株＝240,128千円、配当優先無議決権株式の相続財産の額は、300,000円×480株＝144,000千円となります。株価が今後上昇すると想定した場合には、現時点で普通株式、配当優先無議決権株式をそれぞれ乙、丙に相続時精算課税制度による贈与をしたほうが、トータルでの相続税は低い評価額計算によることになります。なお、この場合、甲に残る相続財産は甲が保有する拒否権付株式48株のみです。

359

Ⅲ 事業承継に係る各種評価方法

Q 8-11.
中小企業投資育成株式会社が投資する場合の株式の評価方法

中小企業投資育成株式会社が投資する場合の株式の評価方法について説明してください。

A nswer ･･

▶ポイント

● 中小企業投資育成株式会社が投資する場合には、「投資育成評価方式」に基づいて株式を評価することになります。

1．中小企業投資育成株式会社が投資する場合の株式の評価方法

　中小企業投資育成株式会社は、投資事業として、第三者割当増資に際しての新株の引受け、自己株式を処分する場合の引受け、新株予約権付社債の引受けを行っていますが、その際の引受け価額は、昭和48年11月20日国税庁が公表した「中小企業投資育成株式会社が第三者割当てに基づき引き受ける新株の価額および保有する株式を処分する場合の価額にかかる課税上の取扱いについて」に基づき評価（いわゆる「投資育成評価方式」）することになります。具体的には、以下のようになります。

⑴　第三者割当てによる新株の引受け価額及び保有する株式の処分価額の評価基準

　①　評価額＝１株当たりの予想純利益×配当性向／期待利回り

　②　①の算式に基づいて算出した価額を基準とするが相手方と協議のうえ当該算式に基づいて算出された価額の上下10％を限度とした価額で売買することを妨げない。

⑵　評価基準（上記⑴①）の各項目の算出基準

　①　予想純利益

　　　償却後かつ納税引当前の年間純利益の実績（２〜３期、半年決算のときは３期）及び当期の実績見込みを勘案し、翌期（当期の実績が期の３分の１に満

360

第8章　財産評価基本通達に基づく株式評価

たない場合は当期の年間予想純利益でも可）の年間予想純利益を算出する（一時的利益変動要因は除く。）。なお、評価時において当該企業が設備投資計画、又は新製品の生産、販売計画を有する場合においては、当該計画が実施された場合におけるその収支に及ぼす影響を織込むものとする。

②　配当性向

（予想純利益）	（配当性向）
1株当り25円以下の金	20%
1株当り26円から50円までの金額	15%
1株当り51円以上の金額	10%

③　期待利回り

当該企業の安定性、成長性などを総合的に判断して8％〜12％の範囲内で別途定めた「期待利回り格付基準」により行うものとする。

「投資育成評価方式」に基づいて評価した株価は、財産評価基本通達にもとづき評価した類似業種比準価額方式や純資産価額方式などの原則的な評価方法で評価した株価よりも低くなる場合があり、その場合は、同族株主の相続財産が少なくなります。

2．設例

D社の以下の場合の投資育成評価方式による評価額及び投資育成株式会社が第三者割当てを実施したあとの1株当たりの純資産価額を教えてください。
【前提条件】
① D社の財務状況、株主状況は以下のとおりである。
・直近の資本金は50百万円（＝＠50,000円×1,000株）
・直近の1株当たりの純資産価額（相続税評価額）は700,000円（＝700百万円÷1,000株）である。
・過去3年間の税引前当期純利益70百万円、80百万円、85百万円
・株式は、すべて同族株主が所有している。
② D社の投資育成株式会社の出資条件等
・出資株数　300株（30%）
・第三者割当増資の引受け

Ⅲ　事業承継に係る各種評価方法

> ・予想税引前当期純利益90百万円、期待利回り10%としている。

(1)　1株当たりの予想税引前当期純利益の算定
　　1株50円株式を想定して算定
　　90,000,000円（予想税引前当期純利益）／（（1,000株×1,000）（既存分）＋（300株×1,000）（投資育成引受分））＝69円

(2) 配当性向の算定
　　25円×20%（25円以下）＋25円×15%（26円から50円まで）＋19円×10%（51円以上）＝10.65
　　10.65／69円＝15.43%

(3)　投資育成評価方式による評価額の算定
　　（69円×15.43%）／10%＝106円（額面50円）
　　106円／50円×50,000円＝106,000円
　したがって、投資育成評価方式による評価額は1株当たり106,000円になります。

(4)　第三者割当増資実施後の純資産価額の算定
　　（700,000,000円＋106,000円×300株）／1,300株＝562,923円
　したがって、第三者割当増資後の純資産価額は、1株当たり562,923円になります。

(5)　留意点
　中小企業投資育成株式会社が、相続税評価額（本件では純資産価額700,000円）より低い価額で第三者割当増資を引受する場合には、第三者割当後の同族株主の相続税評価額（本件では562,923円）が低くなります。

中小企業のための事業承継ハンドブック
―事業承継スキームと関連法規・税制、各種評価方法―

2016年4月22日　発行

編　者　　日本公認会計士協会東京会 ©

発行者　　小泉 定裕

発行所　　株式会社 清文社
東京都千代田区内神田１－６－６（MIFビル）
〒101-0047　電話03（6273）7946　FAX03（3518）0299
大阪市北区天神橋２丁目北２－６（大和南森町ビル）
〒530-0041　電話06（6135）4050　FAX06（6135）4059
URL http://www.skattsei.co.jp/

印刷：大村印刷㈱

■著作権法により無断複写複製は禁止されています。落丁本・乱丁本はお取り替えします。
■本書の内容に関するお問い合わせは編集部までFAX（03-3518-8864）でお願いします。

ISBN978-4-433-64626-4